旅行教育

让孩子走进世界大课堂

罗笑 著

华南理工大学出版社
SOUTH CHINA UNIVERSITY OF TECHNOLOGY PRESS

·广州·

图书在版编目（CIP）数据

旅行教育：让孩子走进世界大课堂/罗笑著．—广州：华南理工大学出版社，2020.8

ISBN 978-7-5623-6400-9

Ⅰ．①旅… Ⅱ．①罗… Ⅲ．①旅游教育–儿童教育–家庭教育–研究 Ⅳ．①G782

中国版本图书馆CIP数据核字（2020）第096101号

Lüxing Jiaoyu: Rang Haizi Zoujin Shijie Da Ketang
旅行教育：让孩子走进世界大课堂
罗笑 著

出 版 人：	**卢家明**
出版发行：	华南理工大学出版社
	（广州五山华南理工大学17号楼，邮编510640）
	http://www.scutpress.com.cn E-mail: scutc13@scut.edu.cn
	营销部电话：020-87113487 87111048（传真）
选题策划：	梁玉琪
责任编辑：	梁玉琪 李秋云
责任校对：	詹伟文
印 刷 者：	广州市新怡印刷有限公司
开　　本：	787 mm×1092 mm　1/16　印张：17　字数：249千
版　　次：	2020年8月第1版　2020年8月第1次印刷
定　　价：	49.5元

版权所有　盗版必究　　印装差错　负责调换

序

随着旅行热潮的到来，国人亲子旅行的方式越来越多，足迹延伸的范围越来越广，距离也越来越远。笑笑喜欢旅行，一开始是夫妻俩跑，有了孩子以后，从孩子1岁开始就带着孩子出门，十几年来和孩子一起走过五大洲，留下许多美好的家庭回忆。

在一次次的旅行中，孩子慢慢长大，遇到的问题也开始增多。我开始不断思考，情商与智商的培养早已是当下的家长重点关注的领域，那旅行是否又有不同的"quotient"（商数）可以培养呢？当旅行上升到教育的视角，我们的期望值就会升高。角度不同，我们对孩子的角色认知就不同，尊重程度也不同，旅行的教育方式也不同。如何让旅行变得质量更高，构建更亲密的亲子关系？如何巧妙地在旅行中寓教育于无形，让孩子在探索精彩世界的过程中逐渐成长为一个有想法、见识广、有教养的孩子？是否可以把旅行看作是一种新的家庭教育方式，让宝贵的亲子旅游共处时间更好地助力家庭成员的成长？

众多的问题，我们归因于家长对孩子健康成长的渴望与孩子现实发展之间的矛盾。于是，"旅行教育"这一理念慢慢在我脑海中成形，"旅商"的培养也日渐成为构建亲子旅行时重要的着眼点。

"旅商"全称旅行商数（travel quotient，TQ），指的是旅行者智商、情商的综合指数，包含规划旅途、管理行程、应对突发、丰富旅程、深度体验五个方面。可以反映人们在旅行中的各种能力，用来衡量一个人的"旅行幸福指数"和"旅行幸福感"的水平。我认为，"旅商"不仅仅包含上述能力，孩子的旅商培养也不仅仅局限于巧妙规划行程、享受旅行过程和解决旅途困难等方面能力的培养，应该是远大于旅行的综合素质养成，从语言到财商培养、从价值观到责任感、从毅力到动手能力、从文化交流到性知识启蒙等综合能力的集成。

就情商、智商和旅商来说，三者之间存在交融。虽然都与遗传因素、环境因素有关，但是它们与遗传、环境因素的关系是有区别的。智商与遗传因素的关系远大于社会环境因素，情商主要靠后天培养，旅商和情商类似，它们与受遗传影响比较大的智商不同，都是可以通过全面系统的课程培养提高并且改变的，相比之下，旅商比情商更容易培养和提高，与旅行经验的积累成正比。受旅行体验的独特性与旅行的不同经历因素的影响，旅商的培养既有共性特点，又存在个体差异。

当然，"旅商"的培养并非旅行的出发点。更认可旅行教育这一理念，把亲子旅行当作一个陪伴、共同成长的过程，我也从中受益良多。以我家为个例，十几年的亲子旅行，大概经历了四个阶段：

第一阶段：初行期。在孩子1—6岁时，我们主要是"带孩子旅行"。区域主要在国内，孩子处在从属的地位，所有的行动听从大人的安排与指挥，他更多的是被动参与，甚至是被迫参与，个人意愿表达不强烈。作为家长，特别是夫妻双方都是教师，我们较少考虑孩子的意见，对孩子的各方面能力培养意识不足。

第二阶段：渐行期。孩子6岁时，开始进入小学读书。随着年龄的增长，个人的主体意识开始明确，有了更多个人的想法，甚至开始逆反。进入五六年级前后的青春期，孩子与父母之间的摩擦更多，亲子关系一度紧张。家长不断反思，慢慢改变观念，调整教育方式，更多采用"和孩子结伴旅行"的方式，认识到孩子与家长是平等的、合作的关系，开始注重孩子在旅行中的感受，探索旅行教育的方法和技巧，开始关注"旅商"的培养，不断提升旅行教育的质量。旅行地理区域扩大到亚洲和大洋洲，主要集中在澳大利亚、尼泊尔、新加坡等英语国家。

第三阶段：塑行期。孩子12—15岁的初中阶段，外语水平提高，积累了一定的出国旅行经验，我们更多地采用孩子主动参与旅行事务的方式，提议让"孩子带家长去旅行"。这种方式是更深层次的主动探索、承担，对孩子而言更具挑战。"旅商"的培养开始成为大家共同的关注点，旅行地理区域扩大到北美洲和南美洲，开始接触西班牙语系的国家。

第四阶段：升行期。 孩子上高中以后，我们的旅行方式更为艰苦，开始接触更多原始的区域，游历更多相对贫穷的国家，如非洲的埃及、肯尼亚、坦桑尼亚，体验更多野外露营、驻守汽车营地的旅行，有意识地鼓励孩子尝试独立探索、自己旅行。

四个阶段，十多年的时间，我们慢慢累积旅行教育的经验，不断改善自己与孩子的旅行方式。边旅行边陪伴、边旅行边学习、一起旅行一起成长，这是三个维度的旅行收获，是情商、智商和旅商不断得到培养的过程。陪伴是情感积累的方式，成长是共同促进的结果。寓无形教育与素质养成在亲子旅行当中，家长与孩子暂时摆脱熟悉的家庭环境，脱离学业成绩和情感冲突，在短时间或长时期的旅行中置换一个远离焦虑、对立的环境。通过自己的视角观察世界，了解当地人的生活状态，亲身体验不同的文化、教育和宗教，在旅途中重新用欣赏的眼光发现彼此的优点，重新构建愉悦和谐的亲子关系，不断提升双方的旅商、情商水平，让一次次的亲子旅行变成家长和孩子双方的成长之旅，在孩子探索精彩世界的同时实现多维度的旅行教育。

旅行教育是一种非日常化的教育，旅商培养也一样，它们都有特定的条件，那就是旅行。

旅行是一所非常美妙的学校，是以另一个角度与世界发生关系的方式。这所学校比校园空间广阔得太多太多，它有着蔚蓝的天空、新鲜的空气、流动的水、活生生的动物、讲着不同语言的肤色各异的人。它又是一本会说话的巨作，任何作家也无法书写出它的新奇与惊喜，总有许多想象和创造在观察与交流中源源不断地产生，世界上的其他人是怎样的人？他们的文化、民俗、国家制度是怎样的？真实地体验陌生的人与事带来的新鲜触觉，颠覆原来的大脑认知，让亲历其中的人在知识和心灵层面得到难以替代的收获。

2011年，我们一家三口去了尼泊尔。当时先生大Z是反对的，因为经济不太宽裕，又赶上儿子假期参加足球比赛，如果前期去旅行，参加不了集训，那么旅行回来后球队主力的位置肯定就没有了。但是，当孩子看到皑皑的雪山、猴庙那低垂的佛眼、巴德冈古城的杜巴广场，了解如何进入原始森林锻炼胆量，开始主动询问宗教对一个人、一个国家的影响时，我们知道，获取人生价值最好的方式就是阅读+亲身经历，所谓"读万卷书行万里路"，是人生深度（认知、思想）和人生宽度（行走距离）的集合。孩子路上看到的、想到的、吃到的、做过的，甚至是当前还没有领会到的，都会成为他多彩的人生储备。

从尼泊尔回来没几年，2015年的4月25日，尼泊尔地震了，大量的古迹都受到了巨大的破坏。这个时候我们除了遗憾，还有深深的庆幸。我们在这些古迹完好的时候领略过它们的风采，是一件多么幸运的事。从那以后，我们对人生的时间维度有了更直观的感悟，更加珍惜时间和眼前的美景，利用假期带孩子去了更多的地方，也开始在旅行中融入更多的教育内容。让旅行教育成为孩子走进世界课堂的一扇门，成为日常教育的补充。

人生是一本书。当孩子一次次地在与父母同行的路上不断成长、增长见识，情商和旅商不断提升，作为父母的我们，共同经历了孩子宝贵的成长时光，也在与孩子走向更美的远方中欣赏到他绽放的童真，在看得见、摸得着的陪伴中相互鼓励，学会彼此间更平等地对话、倾听、关爱。这本书，记录了亲子旅行的足迹，有我们养育孩子的收获，有孩子成长的印记，字里行间皆书写着温馨，洋溢着家的芳香，值得回味。

旅行VS教育，情商VS旅商，从不矛盾，可成一体。所谓最好的教养在路上，最美的风景在前方，最真的情感是陪伴。岁月等不起，孩子的成长更等不起。热爱亲子旅行的我们，不会错过最好的旅行教育年华，会珍惜与孩子一起走在路上的点滴，与孩子共同成长。

所谓幸福，不就是这样吗？

目录

第1篇　视界篇：外面的世界很精彩 ························ 01
  为什么去"穷"国旅游 ································· 02
  有趣的交通工具 ····································· 06
  旅馆那些事 ··· 20
  儿子未来的女朋友 ··································· 28
  不同的信仰 ··· 32
  走进故都的历史时光 ································· 42
  当法老爱上清凉油 ··································· 53
  偶遇的婚礼 ··· 58

第2篇　语言篇：直通全世界进行时 ···················· 63
  多一种语言，多打开一扇观察世界的门 ················· 64
  语言从不是障碍 ····································· 67
  拔苗助长的日子 ····································· 70
  行走的英语名片 ····································· 73
  潜移默化的语言 ····································· 76
  外语砍价进行时 ····································· 80

第3篇　毅力篇：锻炼出来的坚持 ······················ 83
  运动与旅行 ··· 84
  冰火两重天的旅行 ··································· 88
  不轻言放弃 ··· 94
  亲子游：为了更好的远离 ··························· 100
  拒绝手机旅行 ····································· 108
  一切都会好起来的 ································· 112

第4篇　责任篇：培养责任与担当 ····················· 119
  与时间赛跑 ······································· 120
  不做超人妈妈 ····································· 123
  安全就是最有责任的爱 ····························· 127
  有余力则做慈善 ··································· 133
  小背包客，自己的物品自己管 ······················· 137

目 录

男生为什么不可以做妈妈 ··· 141

第 5 篇　社交篇：世界不太大 ································· **145**
　　有教养地旅行 ··· 146
　　吃出文化 ·· 151
　　与小伙伴一起 ··· 155
　　两个小房东 ··· 158
　　各具特色的过客 ·· 162
　　游学在远方 ··· 167

第 6 篇　安全篇：考虑周全才能安全 ························ **174**
　　亲子旅行的安全修炼 ··· 175
　　戴眼镜的怪叔叔 ·· 179
　　好奇食物不要轻易尝 ··· 183
　　不一样的交通规则 ·· 186
　　国际大巴的惊魂事件 ··· 189

第 7 篇　能力篇：动手会变为能手 ··························· **193**
　　旅行的钱从哪儿来 ·· 194
　　揭秘博物馆 ··· 201
　　相煎何太急 ··· 209
　　边旅行边记录 ··· 215
　　饺子外交 ·· 220

第 8 篇　自然篇：快乐对话自然 ······························· **226**
　　陪你去看海 ··· 227
　　火山与地热 ··· 234
　　大地之理——彩虹谷的下午茶 ································ 239
　　野生动物园一二三 ·· 245
　　野外探险练胆量 ·· 250
　　不可错过非洲动物大迁徙 ······································ 256

参考文献 ·· 263

第1篇

视界篇
外面的世界很精彩

为什么去"穷"国旅游

（客观分析国家实力）

某日，儿子问我，为什么老带他去"穷"国家旅游？

不少朋友也问，老带孩子去这么"穷"的国家，好不好呀？

这个问题真有意思，"穷"的标准是什么？怎样又算是"富"呢？每个国家都有自己的特色，有他国无法替代的精神财富，怎能轻易给一个国家定义"穷"或"富"呢？不过若是从儿子简单地以经济发展的角度来区分，回头看看自己走过的地方，我发现这几年的确带儿子去了不少的"穷国"。

但是，说我喜欢带儿子去"穷国"旅游，这绝对是个误会。通常，我选择亲子旅行目的地，有三个原则：

第一，确保安全性。亲子游，一家老小的安全是第一位的，基础设施简陋没关系，但政局要稳定，有战争冲突或者恐怖袭击风险的地方切不可轻易冒险选择。安全，就是对家人最大的责任。

第二，文化有一定的独特性。相比于物质享受型的旅行，精神愉悦更重要。我们会侧重于世界文化遗产的项目，让孩子能更大范围地接触世界的过去，知古鉴今，拓展眼界。国家有疆域限制，而文化是全世界的共同财产。不同国家的文化与中国文化一起构成多元久远的世界文化，于直观中塑造孩子的世界观。

第三，美丽的地理风光。除了人文、历史遗迹之外，千姿百态、广博美奂的地理地貌和自然风光同样不可错过。要看就看最美的、最天然的风景，人工的景点犹如假花，虽美却单调乏味。尚未过度的开发最合意,过度的开发往往伴随太多刻意的迎合而失去本真,依然还保持着比较淳朴的人文地理面貌的地方具有独到之美。

这三个标准一叠加,选择去的不少地方恰好是经济不发达的国家居多,因而造成了"穷国旅行专业户"的错觉。

世界著名的演化经济学和发展经济学家埃里克·S.赖纳特(Erik S. Reined)在其所著的《富国为什么富 穷国为什么穷》一书中认为,一般情况下,高纬度温带地区的国家比低纬度热带地区的国家富裕,接近赤道的热带国家相比于温带地区国家贫穷,内陆国家相比于沿海和有可通航的河流的国家也要贫穷。

我们没有经济学家的独特视角,走过的国家也有限,逗留时间不长,了解也不甚深入,从走过的富裕国家到发展中国家,甚至到极度不发达国家,我有些浅表的观感,可分享一些有趣的发现。

一、平稳政局是国民的底气

我们去过不少经济发达的国家,如澳大利亚、新加坡等。这些国家政局相对平稳,经济发达,人民生活富足,当地的百姓脸上普遍洋溢着自信的笑容,社会秩序井然。市井间,人们在比较安心地排队,极少有很跋扈的、争抢的行为,民众普遍的生活状态比较祥和,幸福感是比较高的。

部分"穷国"(相对),人们往往因为"缺",所以拼命想"要"。因为物质上缺乏,必须要争夺资源,慢了、弱了就抢不到、抢不上,所以这类国家的百姓在脸上往往流露出"渴望"的神情。如尼罗河岸的古国就是非常明显的例子,外部因素和内部因素共同引发的危机,随处可见荷枪实弹的军警充斥各大要塞、人流集中地区,恐怖组织的阴影、政局的动荡,使底层的人民处处想方设法获得财物。所以,这里的疆域虽大,但是百姓眉宇间不甚明朗。

二、再穷不能穷教育

全国只有一条高速公路的尼泊尔,是亚洲相对落后的国家,凌乱不堪的城市间最亮丽的风景就是一个个穿着国家免费发放的西装校服的学童，所有的校车都是黄色的新奔驰大巴，在满大街的二手奥拓、卡卡中鹤立鸡群。

2018年8月初我们到达肯尼亚，正是孩子们放暑假的时候，一辆又一辆的黄色校车载着一车车的学生在各大国家公园旅游。西装革履的学童与马赛部落的蘑菇顶草房碰撞在东非的艳阳下，谁能说这幅画面不动人？

三、教育程度、工作技能决定收入

经济发展落后，教育跟不上，社会提供就业机会不多，普通民众想通过自身努力改变阶层的机会就不大。在肯尼亚、坦桑尼亚的公路边，经常可以见到不少年轻人在卖烤玉米，一个玉米100—150先令（约6.8元人民币），常常一整天也卖不出去几个玉米。

在偏远的马赛部落里，接受教育的人就更少了，他们几乎是赤贫。传统的游牧生活方式与现代生活的冲突，使越来越多的年轻人离开部落，但由于缺乏谋生技能，部分人沦落为抢劫、偷窃犯。

埃及卢克索的冬宫酒店旁边的广场，总会有那么多青壮年劳动力整日无所事事地游荡。广场边有一家麦当劳，离酒店约300米，先生带着儿子在途中遇到一位约20岁的阿拉伯青年男子不邀同行。该男子到麦当劳后就向先生强行索要带路费！一个年轻力壮的大男人干什么不行，非要以此为生，也不以此为耻，虽说有文化理解的差异，也跟其接受教育、工作技能培训不足有关。

在有些国家，也许是宗教信仰问题吧，经常可以见到许多当地人懒懒散散地晒太阳度日。他们虽然家徒四壁，但也没有过高的物质需求，倒也优哉游哉，脸上的笑容一片明朗。

四、落后不仅会挨打，还会使文明断层

越南在遭受法国侵略之前使用的是中国的汉字，清末沦为法国殖民地后，法国的传教士根据越南语的发音结合法语创造了现代的拉丁式越

南文。1945年越南民主共和国成立后，沿用拉丁式越南文至今，古建筑、史册上的汉字在当地几乎无人认识。南美的秘鲁、玻利维亚被西班牙殖民后，从宗教到语言、文字全面殖民化。伴着教堂的钟声，印加孩子冲入教堂边的学校捧起西班牙语课本高腔快调时，可会听见远处的印加太阳神庙低吟的哭泣？

　　如是思，如是行，所谓学史为了鉴今。就这样，这么多年来，我们在路上边走边看边聊天，跨越时空纵横，历史的坐标年轮，找寻文化多元与世界一体化的关系。无数的点凑成了一个自身的价值观坐标，让孩子感性认识世界的同时，向理性认识飞跃，换一个方式培养孩子的世界观，形成对一个个国家囫囵吞枣的印象：这个国家总的观感是怎样的？一个国家为什么经济会落后？是战乱、种族冲突、文化教育落后？还是人本身不求上进……

　　穷与富，对立统一的哲学，并非绝对，在某种意义层面可以对换。一个国家的穷与富有诸多复杂的原因，绝非我们这等寻常百姓可以简单知晓。在用第三只眼看大千世界的同时，我们对自身的生活更有感触，对祖国的认知也变得更加客观、立体、全面。

　　能生活在一个和平的国家里，一家人悠然看完夜场电影，顺着灯火通明的城市街道返家，是一件多么幸福的事。而这，则是我可以带儿子去"穷国/富国"旅游的底气。

有趣的交通工具

（尝试当地特色交通工具）

不同的国家有不同的经济文化，所以各国人们出行的交通工具也是五花八门，各有特色。比起全程自驾或跟团，选择乘坐当地特色的交通工具，混进本土人群出行，是一种非常有意思的"融入式"旅行方式，可以更深入地体验当地社会的民俗风情。

儿子2003年出生后，我们一家三口从2005年开始加入亲子旅行的大军，至今已有十多年。每次行程中必定会安排一项乘坐当地交通工具的体验活动。旅途中，我们坐过的交通工具涵盖海陆空，天上飞的大小民用飞机，地上行的人力车、驴车、"突突车"，水里开的快艇、轮船、竹排，昂贵的、廉价的，平民的、贵族的，哪怕有些连当地人都不怎么乘坐的交通工具，我们都想办法试乘一下。这些有趣的交通工具，如同打开了一扇扇通往七彩世界的大门，载着我们走向不同的旅行地，找到不一样的出行快乐。

一、尼泊尔车顶的行李架

说起尼式客车，你的脑海里最初浮现的是不是像印度电影中的外挂式超载大彩车呢？

虽说尼泊尔是著名的旅游之国，但除景点外，连接市镇之间的交通班车不多，车次也不频密，当地百姓日常乘坐的客车条件相当简陋，不仅外表破旧、没有空调，车上也是人满为患。售票员只管卖票，希望人越多越好，根本不关心是否超员，车厢里面人山人海是无所谓的，因为他们有绝佳后备解决方式——汽车顶部的行李架！

离开尼泊尔中世纪的古城巴德冈,我们下一个目的地是位于加德满都市区以东30千米的旅游胜地——纳加阔。那里海拔2175米,视野开阔,可以看到道拉吉里峰、珠穆朗玛峰,一直到东边的康城嘉峰,喜马拉雅群峰尽收眼底。因为距离不远,我们不打算包车,大胆地选择了尼泊尔百姓出行乘坐的客车为转换交通工具。

图 1-1 尼泊尔的客车

一家子拖着行李在高温中徒步穿越了整个螺旋结构的巴德冈古城。当时儿子Joas才8岁,小男孩背着小背包、拉着小行李箱紧紧地跟在我们后面,一边走一边和我们讨论当地大巴车的款式,想象车身如同印度大篷车般装饰着鲜艳的图案。一家子当时比较乐观,认为只要汽车不要太破,安全系数不要太低就行,有没有空调应该问题不大,当地人能坐,我们应该也可以忍受。当我们气喘吁吁地到达车站后,却被现实狠狠地打击了:说是车站,其实就是在古城城门外的一块空地上停了一两辆颤颤巍巍的中巴车,车旁边还堆了不少垃圾,破鞋子、建筑垃圾与五颜六色的塑料袋散发着异味,乘客们在垃圾堆旁等候上车。登上那辆传说中的尼式大客车,更让人目瞪口呆,环境太恶劣了:小小的中巴没有空调,里面居然挤了30多人,车顶上还有几个脑袋露出来。

这怎么坐呀?有点洁癖的我怎么也提不起上车的勇气。这时,Joas在身后拉了一把我的衣服,面带愁色地说:"妈妈,我们真的要坐这辆车吗?"踌躇间,身后又走来两名当地大妈,她们毫不犹豫地上车,身手敏捷地挤占了汽车发动机机盖的位置。见此情形,先生大Z不再迟疑,立刻决定上车。尼泊尔当地人天天乘坐这样的客车,既然他们能坐,那咱们也苦一趟，体验一回当地人的生活吧。屏住呼吸挤上车，车内空气浑浊，闷热得像桑拿间一样，胖胖的司机是汽车的主人，他热心地为我们找了一块毯子铺在发动机盖上，一位当地男子绅士地给儿子让了座，于是一家人终于有了容身之地。没有空调，发动机盖如同一个不断蒸烤的平底锅，实在太难受了，我们决定硬着头皮爬到车顶的行李架上。车顶巨大的行李铁架上已坐了七八名当地男女，三个人小心地在大拇指般粗的铁条间垫了件雨衣，忐忑不安地坐下了，后来又上来了两个中国年轻男游客，总算有同胞做伴，心理上舒坦许多。

汽车慢慢驶出古城，像老牛一样喘着气，以时速30千米左右的速度慢慢地在山间盘旋，从没坐过这么危险的位置，我生怕司机一个不小心会把行李架上的人甩出去。不过，司乘人员一身绝技，像武侠高手一样飞上飞下地卖票，客车不时停下，让穿着校服返校的孩子免费乘车。原来尼泊尔山区的学童是这样上学的，这让Joas大开眼界，而车上的学童们也好奇地看着Joas窃窃私语，看久了，双方就相视而笑了。

边停边走，用了将近一个小时爬上海拔2千米的纳加阔观景台，由于天气不好，只有厚重云雾随着微凉的山风飘荡，没有看到任何的雪山。站在云端之上的山顶观景台，对着茫茫的山间雾气，对着观景台餐厅里的摄影图片想象七大雪山争奇斗艳的盛世画面，我们失望极了，快快地下山找车回旅馆住宿。下山时，又遇到上山那辆中巴车的中年胖老板，既然是熟客，天高海阔聊一番后把行李往车上一扔，我们就往车顶上爬。

说实话，坐车顶的行李架实在太刺激了。车子在山路间东摇西摆，双手紧握行李架上的铁条，同时还要小心路边的电线、路旁伸出的树枝，一遇阻碍物，远远就得低头，否则就"中招"了。一路尖叫和对面车顶的朋友大声喊"Namaste"（尼泊尔最基本的一句祝福问候语，在见面和分别的时候都可以说，相当于"你好"或者"再见"），正在得意之时，路过一个检查站，一位警察前来查车，看到我们几个外国游客坐在车顶上，很有礼貌地把我们"请"下来了，我们说了不少好话解释还是没用,只好灰溜溜地坐回车厢。

被人从车顶上赶下来,Joas有点不开心,小声向我抱怨:"当地的小孩子可以坐车顶,为什么我们不能坐呀?这位警察哥哥白长那么帅气,一点也不可爱!"

听了他的童言稚语,我解释说:"不同国家有不同的交通规则,对于尼泊尔人来说,这样的乘车方式是他们习以为常的,比起我们这些游客,他们会更熟练,有危险时也会更冷静地处理。我们则不同,如果遇到危险,可能不会处理,交警叔叔这是为我们好。"解释之后,儿子也不再说什么,但是车走了几百米,又有乘客上车,我看到他用羡慕的眼光盯着车顶上的学童……

亲子旅行的路上看社会百态,各阶层人民生活状况的生动写照不容错过。或许有人认为乘坐像尼式客车这样落后、带一定危险的公共交通工具会很辛苦,路上花费的时间会更多,但是对孩子来说,这样的经历却是一种特殊的收获,可以行走在市井之间更深刻地体验当地人原本的生活状态,窥见当地真实的社会风情。加入乘坐当地交通工具的丰富旅程构建起的认知会更立体、体验层次更深入,让我们的亲子旅行成为学习之旅,平添了特殊的乐趣。

二、越南的"你先死"VS玻利维亚的缆车

2015年的春节,我们去了越南;2017年的春节,我们在南美洲的玻利维亚。一个是有着漫长海岸线的沿海热带国家,一个是内陆高原的温带寒冷之国,迥异的地理环境和不同的人种、宗教文化使得两国的交通文化有天壤之别。

有着摩托车王国之称的越南,满大街奔跑着各式摩托。因为家里之前也曾有过两辆摩托车,摩托车一度也是我们夫妻俩上班通勤的交通工具,习以为常便不稀罕了,反倒在旧皇城顺化挖掘的人力交通工具——"你先死"给我们带来不少惊喜。

首先发现这种特别有意思的交通工具的是Joas。我们乘坐飞机从越

图1-2 越南的"你先死"

南首都河内到达中部海边城市岘港,然后从岘港包了一辆出租车前往顺化。刚进入顺化城的时候,老是喜欢在车上东张西望的Joas特别眼尖,他发现路上居然有许多与杂技团耍杂技相似的三轮车——有点像中国的黄包车和自行车的合体,不过乘客坐在前面,座位像轮椅一般,而车夫坐在后面高高地蹬着半辆自行车,很是特别。

这种倒装的三轮自行车造型可爱,但名字很吓人——"你先死",主要用于接待观光游客,本地人一般是不坐的。乘客坐在前方,景致和视野都比坐在车夫后面来得开阔,车资不贵,大约5美金可以在老皇城兜上一圈,所以很受游客欢迎。不过事物有两面性,顺化老城街道狭窄,车多人多,穿行的摩托车也不是很遵守交通规则,这种倒三轮自行车时不时要来个急刹车,刹车系统不是很好,游客坐在前面没有任何保险装置,当遇到危险时,前面的乘客也首当其冲,所以谓之"你先死"。

对于这种好玩又便宜的当地特色交通工具,我们当然不会错过!Joas一早起来,高高兴兴地背着他的小背包,戴上小墨镜,一本正经地找到小伙伴帅帅一起出门。可惜帅帅昨晚喝了冰冻的芒果汁,肚子有点不舒服,打算在酒店休息一下,我们只好自己出发了。

历尽沧桑的古城街道绿树葱茏,淡淡的黄色法式建筑包围着斑驳的古皇城顺化故宫,楼宇交叠之处隐约可见部分古建筑遗址,我们坐在慢悠悠的"你先死"上,如同在摩托车海洋中随波逐流的海龟,分外悠闲自在,一点也不觉得危险。路上遇到其他的"你先死",那车夫之间必然是要并行一下,相视一笑打个车铃以响应,我们坐在车头"先死"的游客也当然配合地挥手示意,表示咱们尚且活着可以继续潇洒行走。绿树掩映中的古城,晃悠之间的时光,车夫不时响起的车铃声成了Joas对顺化的美好回忆。

如果说越南的"你先死"是纯粹炒作概念,那么玻利维亚的缆车与之相比,危险程度明显要大一些。

地处南美洲安第斯高原腹地的玻利维亚城市拉巴斯,平均海拔高度3627米,被称为"南美版西藏",是一座建造在雪峰谷坡上的城市,西高东低,东西海拔差有400多米,看起来很有阶梯感,房屋的层次也非常鲜明。由于落差大,拥挤不堪的蜿蜒街道经常堵车,为缓解交通压力,这个神奇的城市选择修建空中缆车,作为城市的主要公共交通工具。

如蜘蛛网般的缆车索道把山上的平民区与河谷底部的富人区联通起来,缆车在空中高处运行,可以远眺城市外围的雪山,也可俯瞰拉巴斯城市美景。我们的城市观光之旅当仁不让地选择了与这座魔幻之城气质相符且独特的日常出行交通工具——缆车。

从中部的站台上车,我们从高空穿越这个位于高原河谷的干燥城市。作为类似地铁一样的平民高空公共交通工具,缆车按颜色区分线路。截至2018年7月,拉巴斯的缆车交通系统共有7条线,22座车站,缆

图 1-3　玻利维亚拉巴斯的缆车

车颜色有红色、黄色、绿色、蓝色、橙色、白色和天蓝色。据说还有4条线正在规划建设中，全部完工后，将会有11条线路及30座车站。缆车的乘客涵盖从上而下的各阶层社区，票价非常亲民，每段线路为3 soles（玻利维亚的货币），市民们的排队习惯很好，没有人插队，而且安静有序，检票速度很快。我们从山下坐到山上，在山顶吃完炸鸡块看完快乐店婚礼后又坐到山谷底部，共坐了4段，花钱不多，但却好好地过了一把缆车瘾。

高原山峰上的城市，坡度明显，想要找一段平整的路都异常艰难，几乎都是盘山公路。俯瞰整个山谷，密密麻麻的建筑铺陈眼底，杂乱无章。城市的阶层分明，穷人住高海拔山崖陡峭之地，中层阶级和政府金融机构等在中间，低海拔之处为姹紫嫣红的富人社区，一幢幢别墅奢华至极，花园里的豪车和泳池清晰可见。在这个结束内战才十来年的高原内陆之国，贫富差距依然悬殊。

坐在缆车上视野特别开阔，但是毕竟整个车厢靠那一条钢缆吊着，长时间地乘坐心里还是发颤。Joas是个喜欢刺激的男孩，每次经过缆车加速器时总是特别兴奋，看得出来，他是真心喜欢体验这种当地公共交通工具。因他的欢喜，我们大人也被感染了，高原反应也缓解了不少。

上午十点多，非上下班的高峰期，站台上的人不多，我们在中途换乘了另一条线路的缆车。人们安静地排队入站，吉吉（朋友的女儿）突然发现前面有穿着白色婚纱的女子，惊喜地小声叫了起来："看！有新娘哦！"果然，顺着小姑娘指的方向，我们看到一个穿着洁白婚纱的女子手捧着一束鲜花，脸上洋溢着幸福的笑容。她和两个女伴站在一起，正准备检票，后面还跟着一个穿灰色西装的男人，应该是新郎。怎么回事？居然有人坐缆车去结婚？真是新鲜，我们决定悄悄跟上他们，打算当一次不邀而至的特殊婚礼来客。

我们乘坐缆车，跟随着新娘新郎的脚步，开始向山顶的方向出发。缆车的速度很快，中途需要换乘，重新买票，站台的工作人员对于新婚夫妇一行见怪不怪，也没有给予特殊的礼遇，不过卖票的女售票员微笑着给他们送上了几句祝福,估计这种缆车婚礼在当地不是什么新鲜事物。一边欣赏城市风光,一边操心地讨论前方新人的婚礼安排,我们的"娱乐记者"时间度过得很愉快。

山顶的终点站是一块平地,低矮零乱的建筑你挤我占,密密麻麻地占据着每一个可以利用的角落,家家户户的衣服如万国旗一样在天台、窗外迎风招展,充分展示了这个南美洲内陆高原城市的任性和肆意。相对这样无聊的城市风光,那对可爱的新人更吸引我们的注意力。

下山时,我们经过一个足球场的上空,南美高原上的孩子是足球健将,缆车上的3个男性都是足球爱好者,尤其是儿子在业余体校踢了8年的足球,于是3个人全部挤到玻璃前往下看,恨不得马上扑到下面上场比赛。不过我很怀疑在海拔3800米的球赛中他们是否能跑得动,或许再带个氧气瓶?

三、小飞机与独木舟

小飞机与独木舟,一个在天上,一个在水里。前者是现代化的交通工具,出现不过百余年,后者历史悠久,从男耕女织的原始社会开始为人类服务,二者都具备一定的危险性。不过对于喜欢在旅行中体验不同出行方式的Joas来说,这些都是他喜爱尝试的交通工具。

世界十大未解之谜、世界八大奇迹之一的纳斯卡线条位于南美洲秘鲁的荒原上,想看大名鼎鼎的纳斯卡线条要去沙漠小县城纳斯卡,它离利马有450千米,坐大巴要8个小时左右。可爱的秘鲁中文导游Miche建议我们可以坐车到皮斯科,然后从皮斯科国际机场坐一个多小时小飞机到纳斯卡,这样可以省下不少时间,一天就可以来回。

皮斯科国际机场很新,应该才开放使用不久,机场内很干净,完全见不到什么客人,反倒是工作人员比旅客要多。小飞机真的很小,有点像国内播种用的民用飞机。出于安全考虑,我们觉得大飞机更稳一点,最大型号的飞机才坐了12个人,还有更小的只能坐6个人,估计抗风能力一般,我们就不去尝试了。

图 1-4　看纳斯卡线条乘坐的小飞机

小飞机从沙漠绿洲冉冉上升，地上的庄稼、村庄、果园从眼前逐渐变小，飞机盘旋来到太平洋上空后才掉头往南边的纳斯卡荒原飞去。穿过翻滚的云海，机窗外面白茫茫的一片，什么也看不清了，飞机遇上了不稳定气流，开始有点颠簸，有时还上下抖动。前面的一位日本女游客开始晕机，看着她从一开始憧憬的热切张望到低下头双肩涌动，大家开始害怕起来，Joas也开始闭上眼睛，双手紧紧地抓住扶手。

穿梭在厚厚的云层里，混沌不知前路，什么也看不清了。忐忑摇摆中，时间那么的煎熬，每一分钟都挠动心窝，恨不得时间如闪电般掠过，无论男的还是女的，无一不双手紧紧抓住座位前的把手，仿佛这样可以加强我们的安全感。我有点后悔选择坐那么长时间的播种小飞机了，之前道听途说的各种关于小飞机的不安全事件开始萦绕脑海，真是越想越后悔。机上静悄悄的，大家都有点发怵，出行前的欢声笑语被寂然无声代替，只有飞行员放在机头拍摄的手机时不时发出一点声响缓解着大家的紧张。看来，世界级的景色果然也是伴随着顶级的风险。

不知过了多久，忽然听到驾驶员麦克风的声音："朋友们，大家感觉美妙吗？我们将要到达纳斯卡了，请大家注意拿好相机，迎接来自南美洲最神秘的奇迹吧!"

飞机开始低空飞行,荒芜的大地,流水洗刷过的沟壑与在黄土高原所见的景象完全不同,众人的眼睛开始拼命地向下张望,寻找着传说中那些奇妙的线条。"啊!外星人!"一声兴奋的叫喊打破了僵局,机舱里热闹了起来,如同自然缔造的巨莽之画惊喜地映入眼帘。在百米高空俯瞰纳斯卡线条时,那种震撼和心灵的自我慰藉是难以超越的。这些位于秘鲁南部纳斯卡荒原上恢宏的线条质朴魅惑,以复杂排列构成各种生动的图案,比较著名的有鱼、螺旋形、藻类、兀鹫、蜘蛛、花、鬣蜥、鹭、手、树木、蜂鸟、猴子和蜥蜴等图案,猴子、蜘蛛、外星人这几个图案比我想象中的要小,比较大的是像谜一样延伸几千米的线条,一看就知道是人工作品,但也说不出是什么造型。简单朴素的线条如大地之画镶刻在大地之上,折服了无数的游客、科学家、史学家和探险家们,其成因众说纷纭,至今仍无人能破解。

260多美金一张的机票充分体现了它的价值,驾驶员非常尽职。为了

图 1-5 纳斯卡线——外星人

让小飞机两边的乘客更好地欣赏大地之画,他们运用高超的驾驶技术让飞机盘旋、90度或不同角度地倾斜、摆动,大家在刺激的晕机状态中拼命抓拍,一边是晕机,一边是对安全的极度担心,还要忙着找图案。此时此刻,我就是希望尽快结束可以回到地球表面,再神秘的风光也比不上小命宝贵,还是脚踏实地最有安全感啊!

下了飞机,我问Joas:"儿子,你怕不怕?"儿子呵了一口气:"怕,不过很刺激,跟我在尼泊尔坐的独木舟一样,有想尿尿的感觉!"闻言,我和他爸爸不禁乐了,要知道,这个小帅哥最害怕的一次交通工具体验经历就是在尼泊尔的奇特旺河坐独木舟漂流。

尼泊尔奇特旺是著名的野生动物栖息地,独木舟漂流与丛林冒险是当地最红火的旅游项目。奇特旺动物保护区有世界上体型最大的独角印度犀,河里有野生的鳄鱼、河马和水蛇等,据说这里时不时会发生村民被鳄鱼攻击的事件。Joas听了既兴奋又紧张,对独木舟漂流在期待、欣喜之余,还多了几分担心。

我们入住的酒店就在河边,花园露天餐厅外边就是蜿蜒的奇特旺河,对岸是大片大片的原始森林,绿意浓浓,风景秀美。早上8点吃完早餐后,我们跟随导游穿过酒店的花园来到河边。雨季的奇特旺河泥土较多,河水发黄,一条旧独木舟已经停靠在岸边,静静地等待我们上船开始神秘的丛林漂流之旅。独木舟是由一根巨大的树桩掏空后做成的,长七八米,宽不过六七十厘米,仅能坐下几个人。船夫是我们的导游伊索,负责用木桨划船。

独木舟慢慢地顺流而下,漂了一会儿,伊索忽然小声地提醒我们看左边的一根浮木状的物体,啊,居然是鳄鱼!原来河里真的有鳄鱼,并非导游故弄玄虚。我的心快要蹦出来了,大家坐在独木舟里仿佛忘记了呼吸,眼珠子直盯着水里的鳄鱼不敢有丝毫的动静。独木舟安然无恙地从鳄鱼身边漂过,直到离鳄鱼有十来米的距离,Joas才小声地嘀咕:"妈妈,我想要尿尿——"顿时,鳄鱼带来的紧张气氛一哄而散,大家嘿嘿地笑了,伊索笑得嘴都合不拢,露出大白牙:"小伙子,马上就送你去尿尿，哈——"三下五桨，小舟就轻松靠了岸，找了个平缓的地方，Joas就地解决问题，惧怕好似也随着滚烫的液体离开身体，小家伙开始活跃起来，甚至可以跟伊索开启找寻河马的游戏，胆子一下子大了起来。

自从经历了这次难得的独木舟漂流之后，Joas变得比以前勇敢了，在更多事情上愿意主动尝试。如果想培养孩子的胆识和勇气，不妨适当在旅行中尝试一下挑战类似这些特色交通工具的项目，体验前和孩子合理地评估安全系数，讲清注意事项，只要大人不太恐惧、缩手缩脚，孩子是可以胜任并接受挑战的。通常来说，勇敢的孩子背后会有大胆的家长，家长的鼓励和陪伴，往往就是孩子勇气的源泉，不是吗？

四、坐上地铁去看金字塔

到了埃及怎么能不看金字塔呢？必须要去！怎么去？跟团、包车？都不是，看到地图上尼罗河西岸的吉萨地铁站，大家一致决定：我们坐地铁去！

在埃及坐地铁是一件富有挑战性的事情，因为这边的人几乎不会说英语。从酒店出来就是埃及国家博物馆，一个油腻的大叔拿着一个埃及博物馆的工作证忽悠我们说，可以为我们提供一些便利服务。Joas悄悄用中文对我们做了个鬼脸："没事献殷勤、过度热情的人，非奸即盗。"大家相视一笑，一边享受着他热情洋溢的吹嘘，一边默默地往地铁站走去。

到胡夫金字塔该坐几号线？在地铁站里问了半天，完全是鸡同鸭讲，英语在这无用武之地。聪明的同伴画了一幅简笔图，嘿！人家一下就看懂了，竖起三根手指，原来要坐三号线。后来这张小小的纸片发挥了极大的作用，慢慢地我们还发现，其实只用双手做一个三角拱形手势，所有的人都明白你要去看金字塔了。谁说一定要语言沟通的，画画和手势一样管用。

埃及的地铁比较干净，虽然线路不多，但是人流量很大。由于是伊斯兰国家，所以专门开设了女性车厢。我可以选择坐男女混合车厢，但更想看看女性车厢，于是我和大小Z打了招呼，分性别进入指定车厢。

车厢里面的女性很多，见到外国人，她们很热情地让座，我微笑着道谢，站到一边暗暗打量着这个迥异的世界。大部分女性穿着黑色长袍，一双双美丽黝黑的眼睛，从面罩后面好奇地偷偷看着你。

晃荡中我们到达吉萨站，未出车站已经被外面的脏乱差吓了一跳。垃圾堆里的小路就是出口，外面挨挨挤挤布满了年代久远的残车，到处是拉客的人。看来公交车是甭指望了，我只好掏出手机开始叫Uber。

看着手机地图上转了一圈又一圈的Uber司机，时间从4分钟变成7分钟再到11分钟，等了20多分钟，可怜的Uber司机依然未能与我们相见！我让Joas帮忙看车牌，我们知道对方开的是比亚迪，可是谁能告诉我们，上面的车牌号码是多少呢？车牌的确是货真价实的阿拉伯数字，可是到了埃及，才发现阿拉伯人用的阿拉伯数字居然是大家看不懂的！

打个电话给Uber司机，司机如临大敌！为啥？因为他怎么也想不到叫车的居然是一群外国人，双方说什么都互相听不懂，给他发地址（英文+中文），他急得连话都说不清了。一个不会看车牌，一个不会英语，结果就是不停地擦身而过……

不远的地方，依稀可以看到沙漠的飞尘，那就是吉萨金字塔的所在地，可我们就是打不到车前往。身后，从地铁站走出两个估计下班回家的警察，看到我们手足无措一脸着急，上前询问。有事找警察准没错，连画带演，终于让他们明白了意图，于是，我们就有了两个威武的警察开路。并非人人都怕警察，路边的出租车司机也有漫天要价的，其中一位个子特别高大的警察帮忙找了好几辆出租车，费了点口舌才找了一辆价钱比较合理的让我们上车。

再三道谢，终于上了一辆破旧的白色出租车，还好有空调。没开一会儿，出租车半路又在车头捎了一个阿拉伯男人，男人坐在发动机前盖上，特别危险，还好几分钟后他就下车了，看样子应该是搭顺风车的吧。在马车、人群、游客与黄沙中，我们从景区后门到达吉萨大金字塔，看到了传说中的狮身人面像和胡夫金字塔。

衣食住行，是每一个国家的普通民众都离不开的日常，构成一幅当地的民生现景图。各国有钱人的奢华生活方式大同小异，顶层阶级的生活风景并不能体现一个国家真正的经济水平和人民生活。反观各种平民的公共交通工具和出行方式，它所展现的平民生活常态画面，才是当地的城市面貌和当时社会各阶层人民的生活状况生动写照。

像当地人一样，乘坐公共的交通工具，也许会很辛苦，路上花费的时间会更多，但是这样的经历对孩子来说，却是一种特殊的收获。我们所选择的特色交通工具，所经历的事，也是很多旅行团游方式无法体验的，当中有独到的趣味。带着孩子穿梭其中，多角度体会陌生国度的文化、民俗、制度，真实地体验旅行目的地的陌生，领略不熟悉的人与事带来的新鲜触觉，颠覆原来的大脑认知，让亲历其中的大人和孩子在知识和心灵上得到难以替代的收获。

当然，安全性能是我们在选择不同的交通工具时要考虑的首要因素，毕竟带孩子体验世界不是为了故意制造危险的刺激感受，要考虑孩子本身的性格、爱好及最大受激限度。如果过度让孩子留下心理阴影就得不偿失了，所以提前做好必备的安全功课还是必不可少的。

旅馆那些事

(体验特色旅馆及预订策略)

与孩子一起自助旅行并不是一件轻松的事情，衣食住行样样都离开了原有的熟悉环境，需要重新开发资源，费时费脑费精力。白天，兼顾一家大小的爱好设计、安排行程。在外面奔波一天后，当然希望在经济允许的情况下能选到一处舒心的住所好好休整。如何住得舒适又能体验到不同地区人们居住的真实状态？还别说，寻找旅行住所还真有些小窍门。

旅行时，旅馆就是临时的家，选好了，住舒服了，第二天完全可以神采奕奕再出发。我们住过各种各样的地方，如蒙古包、国际大巴、**Airbnb**的民宿，还有一些有特色的酒店，如"天空之镜"的盐旅馆、拉萨的尼泊尔领事馆改造的酒店、天山里的木头小屋，以及秘鲁的修道院和非洲的露营地。旅行中住过太多有趣的地方，成为一种难得的经历。

当然，我们也住过背包客、青年旅馆。但毕竟是家庭出行，有的时候青年旅馆、露营地等人员比较混杂，单身年轻人多的地方有些节目不太适合孩子。所以我们会根据目的地的治安及经济情况选择一些星级酒店、别墅度假村，如玻利维亚的大使馆改造的酒店、柬埔寨暹粒的皇冠酒店。

好玩的旅馆当然不能不提世界著名的"天空之镜"的盐旅馆，它在我们住过的这些旅馆中最有代表性，位于南美洲玻利维亚的乌尤尼盐沼。天空之镜的盐旅馆有三家，最有名的一家建在盐湖的中央，晚上可以清晰地看到美妙的星空，价格也不菲。考虑到财力，我们选择了湖边的那一家盐旅馆，最让人惊喜的是旅馆前面就有湖水，可以近距离感受天空之镜的镜子效果，环境比较不错，背后紧挨着一座小山。

盐旅馆当然就是盐做的啦！里面的墙、茶几、沙发、床、路面，甚至连你所看到的灶台、卫生间都是用盐做的，人踩在盐铺成的小路上面发出咯吱咯吱的声音，特别有趣。旅馆内的空气中并没有大家所想象的那种咸咸的味道，而且由于处在高原地带，这里的阳光比较强烈，很少下雨，所以不用担心房子会被雨水冲刷或腐蚀。但是住在里面并不舒服，盐砖做的床，哪怕铺上厚厚的床垫和褥子还是会觉得非常的坚硬。房间空间太小，孩子活动不开，如果不小心蹭到墙上，还是会掉下一些盐粒。晚上睡觉时，天花板上偶尔会有盐粉从空中轻轻地飘落，让人觉得脸上总有东西沾着。公共沐浴提供热水，旅馆环境布置很有民族特色，但我总觉得偶尔住一晚体验一下倒是可以，要长期在那里居住，对身体还是不太好。

在秘鲁的阿雷基帕，我们住在一家由修道院改装而成的酒店里，酒店就在著名的彩色修道院旁边，古色古香，充满了殖民建筑的风格。一进大门就是一个小院，小院里面有一家古董商店和一间小小的咖啡厅酒吧。露天的小咖啡厅没有什么顾客。走过小院，侧边就是修道院酒店的小门，白色石灰岩围墙，古色古香的前台，里面到处是几百年的历史文

图 1-6　盐旅馆

物,有年代久远的桌椅、马车车轮、烛台,还有许许多多修道院收藏的油画,氛围特别好。

酒店前台负责接待工作的是一名热情的印加女孩,她笑容满面地为我们送上了温热的古柯茶。整个修道院被独具匠心地改造成了数十个客房,小花园也被做成旅客的公共分享区。顺着小花园的阶梯可以走上酒店的二楼平台,清晰地看到对面的彩色修道院。虽然这里的环境不如平常的三四星级酒店,但是酒店里到处留有当年修士们生活过的痕迹,如当年的灶台、修士们做饭的小院子、怀表,还有当年修女们的梳妆台、镜子,以及他们坐过的马车等。浓浓的怀旧氛围,可以让我们在一个古建筑里面亲身感受修道院的真实环境,这也是我们前所未有的经历,也是后人对当年修士生活一个小小的还原,怎能让人不喜欢呢?所以我们在这个酒店住了三晚,好好地体会了一把"修道院生活"。

在库斯科,我们住的民宿是当地人买下的印加古堡然后改装的老房

图1-7 秘鲁阿雷基帕修道院酒店

子,巨大的条石堆砌做成的石头房,隐约可以见到几百年前印加人的生活风貌。外表古朴厚重,内里被屋主夫妻买下精心改装过,装饰风格是

欧式的。房子里有个小院子，院子里种了些不知名的小花和南美洲的多肉植物，景致也特别好。楼上楼下各有一个厨房，可以自己做饭。地下一层的墙壁上可以见到殖民时期的西班牙油画。高原的早晨阴森寒冷，每天起来看着古堡小院子的花儿，喝着热热的牛奶，吃着前一天傍晚从附近广场买来的修道院修士手工做的面包，一天的旅程就有了温暖的心情。

图1-8　秘鲁库斯科的石头老房子民宿

亲子旅行的喜悦程度很大程度上取决于孩子的高兴程度。孩子开心，大人当然也跟着快乐。对于小孩子来说，最喜欢的就是群居了，很多人一起住个大铺，在蒙古包里面唱歌跳舞，这是他们最渴望的事情。

新疆的哈纳斯又被称为中国的神秘之境，湖边生活着古老的图瓦族人。今天的图瓦族已经用旅游产业来代替游牧生活了，景区有不少他们开设的木头小旅馆，但是我们选择了山脚下那一朵朵像白云一样镶嵌在草原上的蒙古包。虽然是八月，但当地半夜的温度可以达到零下。苍茫的夜空中，月光不明，星汉灿烂，特别美。山谷吹来的风异常寒冷，大家在蒙古包前燃起篝火载歌载舞，品尝烤羊肉，吃着香喷喷的大盘鸡，小孩在追逐打闹，马儿羊儿归圈，炊烟冉冉。这种放空的感受，顿时让人深深品到"风吹草低见牛羊"的西部游牧民族宏大粗犷的风韵，这是我们在沿海地区无法体会到的民族特色和雄壮情怀。

此外，我们还在西藏拉萨住过尼泊尔大使馆改装的藏式风格的旅馆、玻利维亚一个大使馆改造的酒店。这些使馆改造的酒店通常都有一个特点——既有所驻国家的建筑风格，又有这个国家本身的建筑精华，住在里面好像旅行了两个国家一样，一住多得，很划算。

各式各样的旅店，丰富了我们的旅途，让我们对当地的民俗和建筑特色有更多的了解。富有历史感的当地特色建筑住宿场所，让我们感受到当年这里的人们的审美和生活习惯，贴近当地的脉搏。对不同建筑材料、风格、内部构造的认识，从深层次提升孩子对当地人生活水平的理解和认知，能够住上一两晚收获独特的体会，也是在观光游赏之余丰富了体验。

订酒店也是个技术活，尤其对于长时间的旅行来说，酒店费用也是一笔不小的开支，性价比成为订酒店考虑的要素。

亲子旅行除了要注意酒店的价格，还要关注：

①订单价格是否含税和服务费；

②需要准确如实地注明房间居住人数，否则在前台入住时会遇到麻烦，或者交纳更高的费用；

③带孩子是否要另外交费，有些国家或地区明确规定孩子可以免费与父母同住的年龄，超过规定的要另外交费或补交早餐等费用；

④留意酒店所谓的景区保护费用或城市消费税收等费用，建议入住时咨询清楚；

⑤周边环境是否安全，有无产生噪音的娱乐场所，所在区域附近出没的人群会影响出游的整体感觉；

⑥观察入住酒店的旅客群体组成结构，浏览网站的旅客评价；

⑦酒店的类型与定位是否可以给予家庭新的体验，屋内配套设施齐全程度，是否有吹风机、冰箱、空调、Wi-Fi等；

⑧酒店不要太偏远，价格差不太多时，选择离景区或市中心近的，考虑出行的交通成本和饮食便利程度。

在国内旅行，我主要在携程旅行网、去哪儿网和艺龙旅行网三个网站订酒店。其实携程和去哪儿网都是一个老板，两家的旅店费用也差不太多，相对来说去哪儿网会更加便宜亲民一点。艺龙网的发展比起前两家网站相对来说慢一点，但在全球范围可定的酒店比较多，我们在越南、南美、澳大利亚等许多国家住宿，都能够轻易地从艺龙获得比较优惠的价格并订到酒店。当然，作为精明的消费者，可以打开几个网站对比同一个酒店的价格后再下订单。不少游客常用的某程网站手续费贵一些，去哪儿网的订单跟进会快一点，艺龙网订单确认稍微会慢一点，但是价格会更优惠。相比之下，我比较喜欢在艺龙和去哪儿网订。

至于国外，为旅行提供服务的网站就多了。相对于国内的网站，这些网站定的价格会跟国内不一样，有的房价高一些手续费也多一点，有的价格又会便宜。下面分享一些我常用的国内外酒店预订网站[①]。

（1）去哪儿网

"去哪儿"为旅游者提供国内外机票、酒店、度假和签证服务的深度搜索，帮助中国旅游者做出更好的旅行选择。目前可搜索超过700家机票和酒店供应商网站，搜索范围超过10万家酒店和1.1万条国内、国际航线以及4万条度假线路、2.5万个旅游景点。

网址：http://www.qunar.com

（2）艺龙旅行网（Elong）

国内知名预订网站，是Expedia的成员，也是国人比较熟知的品牌，目前已经跟携程达成了战略合作。全球140 000余家酒店，经常会有返利推出，返利金额和携程接近。一般是入住后返还。

网址：www.elong.com　24小时服务热线：4006-161616

（3）携程旅行网（Ctrip）

比较老牌的网站，在国内的旅游服务市场占据半壁江山。酒店数量中等，同时推出了一些优惠政策，比如返现金和住几晚减多少的政策。拥有24小时服务电话，酒店价格略高，大部分包括早餐。和艺龙一样经

---

① 备注：部分链接资料来自百度。

常在推返利，两者折扣相近。酒店数量比艺龙略多。两者在同一个酒店会用不同的名字。

网址：www.ctrip.com

（4）缤客（Booking）

全球性的酒店预订网站，提供全球75 461个目的地的615 581个酒店住宿。酒店数量高达19 392家，酒店评论比较多，价格低，但酒店价格都需要加收10%左右的服务费，这样算下来价格并不算便宜，所以比较价格时要注意这点。在全球范围内，除了极少数国家（如朝鲜、伊朗）以外，都有酒店可以订。

网址：http://Booking.com

（5）Expedia

属于强势的全球在线预定旅游集团，旗下网站很多，主要优势不太大。

网址：www.expedia.com

（6）Priceline

是一个全球性大集团，Agoda是它旗下的公司。有趣的是Priceline主营淡季旅游资源，如果你在淡季旅游的话，其实旅游资源是比较过剩的，你可以给出住宿、机票、租车等一个心理价位，其他由Priceline帮你搞定，不过心理价位不代表免费！

网址：www.priceline.com

（7）Agoda

亚洲领先的在线酒店预订服务网站，全球拥有170 000多家的酒店资源，需要信用卡支付，提前扣全款。酒店范围主要集中在中国、日本、韩国、东南亚以及澳大利亚。虽然有中文界面，但是报价往往等于或者高于官网，更不要说特别优惠了。而且刚出来的报价是未含税的，也不说明是不是含早餐。要注意的是搜索的价格是未含"税+服务费"的。

网址：www.agoda.com

（8）亚航官网酒店频道

号称亚洲最大的订房网站，所列的酒店比较多，服务比较好，回复快，价格比国内的网站便宜点，但不是最便宜的。预定就要全额扣房费，且一旦预定成功，不能免费取消，取消要扣一半房费。全英文界面，没有中文。预订飞机+酒店套餐会比较优惠。

网址：www.asiarooms.com

（9）猫途鹰（TripAdvisor）

世界上最大的旅游网站之一。用户可以在其网站上预订酒店，并找到最优惠的机票价格、免费旅游指南、全球租赁列表、旅游者建议等信息。用户还可以浏览超过3.85亿条客户评论，以及酒店、餐馆、景点等照片。覆盖将近700万个住宿、景点和餐馆。

网址：www.tripadvisor.cn

（10）空中食宿（Airbnb）

Airbnb是AirBed and Breakfast（Air-b-n-b）的缩写。空中食宿是一家联系旅游人士和家有空房出租的房主的服务型网站，它可以为用户提供各式各样的住宿信息。Airbnb提供一个平台，让顾客和房东直接沟通。房源性质、房源类型也比较多。但是客户需要自己去跨时区和房东沟通了解房源情况、入住细节等。有时候看房源描述、等待房东回复，是一个很需要耐心的过程。

预订Airbnb房源可参考维度：房东个人描述、房源星级、以往住客评价、地理位置、价格。但入住Airbnb的体验是否良好，需要看运气。如果遇到很好的房东，简直觉得是天堂。如果是不好的房东，那整个旅游体验可能都糟糕透了。

网址：www.airbnb.cn

儿子未来的女朋友

（婚姻与家庭观念）

家里的小帅哥Joas和我同属羊，是我24岁生的，是一个可爱的小暖男。他从7岁开始跟着我出国旅行，一路上他经常给予我旅行的启发，让我从另一种角度反思自己的家庭教育。

和Joas聊天是一件快乐的事情。

夏天的智利沙漠小镇阿卡塔玛天气异常炎热，南美洲的艳阳果然热情如火。适逢二月的圣烛节，边境的小镇举行了热闹的嘉年华巡游，满大街都是各种节日盛装的人群拿着各式乐器在吹吹打打，我们混穿大街小巷一天，累了就坐在汽车站旁的小店喝冰冻果汁。

小店旁边的空地有几个南美女孩在热闹地嬉戏。女孩玩累了，热得大汗淋漓，其中一个十来岁的黑发姑娘二话不说，就把外面的T恤脱了，上身只穿一件蕾丝的黑色文胸，下身一条小热裤，若无其事地继续和同伴追逐打闹，玩得不亦乐乎。南美姑娘的热情恰似夏日火辣辣的太阳啊！

正在一旁喝果汁的母子俩看到这有点尴尬，我侧了侧脸，对Joas说："咱以后不找外国女人当媳妇，还是找个中国人吧，外国人太豪放了。"

13岁的少年使劲点头："那是！否则冬天我冻得穿羽绒服，女朋友在旁边穿件T恤，脚下踩双人字拖鞋，对比太明显了，别人肯定说我不够男人气概，多没面子啊！"

Joas太逗了，我赶紧趁热打铁："对对对！而且饮食习惯也不一

图 1-9 智利小镇的圣烛节嘉年华

样,天天吃三明治、培根和意粉,连个菜都不会炒,很折磨人的!"

Joas表示充分认可:"更别说连粥都不会煲,青菜都是天天生着吃!记得在澳大利亚的Stela,五六岁的年纪就整天染发、涂眼影,真受不了!"

"儿子，看人倒不能光看外表。组建家庭不仅是两个人的事，双方的家庭原生文化也会对两个人今后的共同生活产生一定的影响。文化背景不一样，大家各方面的差异还是很大的，饮食文化只是很小的一部分，价值观和传统观念等才是深层次的，而且融合起来难度更大。不反对爱情，但如果是异国通婚，考虑还是要多一点！"

Joas把自己杯子里仅剩不多的红色果汁用力地大吸几口，然后把喝完的杯子用右手一扭，捏成一团："妈妈，你放心，我估计以后还是找中国人算了！好沟通一点！"

儿子未来的伴侣应该是什么样的？我现在想这个话题有点遥远，而且也会随着孩子的长大而产生新的想法。避忌谈论性问题或者逃避恋爱问题是中国家长的通病，如果把这类事情当作普通问题正面地沟通，需要家长鼓起勇气进行大探索。

关于恋爱和性问题的亲子交流应该从什么角度达到什么深度？这很考验家长的智慧。作为家长，我们有一份真挚的爱心，希望孩子过得比我们好；也有一份天然的"私心"，用父母自己的经验给孩子以忠告，凡事总想让孩子顺我们的心，让他们又乖又听话，又聪明又能干。而孩子总想逃脱我们的视线，脱离我们的管辖，寻一块他们独立的空间，在那里自由自在。父母与孩子各自都想称自己的心意，冲突因此而生。

青春期的少男少女们，成人意识和独立意识开始增强，渴望受到尊重与异性关注。这个时期在异性交往中，心理特别敏感，一般出现三种表现：

一种表现为个性的凸显，无所顾忌地表达情感。少年阶段的情感还未成熟，有些只是朦朦胧胧，有的可能会对异性产生好感，进行表白并付诸行动，也就是大人眼中的"早恋"。对于这种情况，父母斥责、教训是没有用的，只能疏导、指点，使其转移焦点，引导其学会一些稍理性的处理方法，使感情与友谊健康发展。

第二种是暗恋，这种隐蔽的小喜欢一般不容易察觉。男女生之间的那种互送礼物的喜悦，互相观望的兴奋，那被人注意的优越感觉，以及在心中悄悄地对某一异性同学怀有的好感，这些甜蜜的小秘密，往往是伴随他们成长的小插曲。而对于这种情况，家长们不必视为洪水猛兽而谈虎色变，我们只需注意他们的动向，引导孩子能够有分寸地与异性同学交往。

第三种是孩子因为发现自己对异性产生好奇或不一样的情感，内心无所适从，采取回避、排斥、拒绝异性同学的做法。这种情况要引起家长的重视，积极性的引导是不可少的，有时家长不方便直接出面，可以通过孩子信任的他人（朋友、同伴、老师或长辈）的帮助，解开情感困惑，使之正确认识并接受青春期开始出现的对异性的爱慕的情感，教授一些与异性交往的艺术，引导青春期的少男少女进行正常、健康、和谐的人际交往。

"众"字是一个神奇的字眼，在社会中人跟人相处需要有很大的智慧，一不小心，关系就会闹僵。而在三口之家，父母对自己孩子的教育更是如此，一个细节处理不好，一句话说得过分，事情可能会向着你期待的相反方向发展。对于孩子，也要给予他们人格尊重和平等地位，绝对不要高高在上地命令、冲动斥责，否则会适得其反。

亲子旅行换了时间和空间，地点随意，心情放松，亲子静心交谈的机会变多。遇事借他人的经历说理导行，少了对立或说教的味道，利于达成共识，旅行中无形的教育也很容易收到良性的效果。有了良性的沟通，亲子关系自然就和谐了。

不同的信仰

（尊重不同的信仰）

不同地区的人们有不同的宗教与信仰。不少宗教场所是当地重要的文化产物，有些甚至是标志性建筑，如西班牙的圣家堂、巴黎圣母院等。这些文化产物不仅建筑雄伟气派、设计精美，还有许多珍贵的绘画、图案和工艺品，构成了一个有特色的宗教文化氛围。

每次制定行程，如果当地有比较著名或有特色的教堂、寺庙、神殿等宗教场所，我们一般会留出时间带孩子去参观一下。我们一家人都是无神论者，本身对宗教了解也不多，更多是带着观光游的性质去感受建筑的特色，探究一下其中呈现的不同地区的人们在人与自己、人与世界、人与自然的三重角度的相处方式，当作我们认识世界、感受多元文化的一个途径。

图 1-10　尼泊尔描绘唐卡的女画师

一、尼泊尔的苦行僧

尼泊尔是一个充满了宗教色彩的国家，不仅拥有秀丽的自然风光，而且有着浓郁的佛教氛围。距加德满都360千米的蓝毗尼是释迦牟尼佛的诞生地，佛教最重要的圣地之一。但是，当今的尼泊尔大部分民众信奉的却不是佛教，而是印度教。

尼泊尔的首都加德满都有4个杜巴广场，位于市中心的旧王宫杜巴广场作为尼泊尔最著名的旅游景点之一，是当地宗教建筑的集大成者。白色的旧王宫、红色的爱庙，还有活女神居住的神庙，让整个广场区域充满神秘的气息，吸引无数游客纷至沓来。杜巴广场有很多扮相各异的苦行僧（Sadhu），他们为了修行，数十年如一日地坚持用个人特定的方法修炼，有的甚至用各种方式折磨自己的肉体，成为广场上一道特殊的风景，不少著名的旅游杂志也刊登过他们的特写图片。

清早温度适宜，我们早早出门，沿着街道步行来到旧王宫附近，还未走到杜巴广场，便远远看到好几个苦行僧在和游客合照，赚取小费。广场入口处，有不少游客和当地民众，坐在小广场的屋檐下喂鸽子，旁边也坐着好几个苦行僧。他们的打扮非常奇异，或坐或站，肢体摆出不同的造型，这引起了Joas的好奇。

其中有两个穿黄色衣服的苦行僧比较显眼，他们顶着蓬草一样的头发，有污垢的头发上打了无数个结。个子比较高的那个把长长的头发直接盘在头顶上，有点像中国的道士发型，他的脸上涂满了黄色和白色的颜料，额头是白色的，外面用红色的颜料勾勒了个边，两边的脸颊是黄色的颜料，看上去特别诡异。

儿子悄悄地问我："妈妈，这就是传说中的苦行僧吗？"

我说："嗯，他们应该就是苦行僧。"

"他们身上和脸上都用奇怪的颜料画道道，脖子上还挂满了奇奇怪怪的串串，特别邋遢。他们为什么要打扮成这个样子呢？"儿子奇怪地问。

我压低声音悄悄地说:"苦行僧打扮成这个样子,是另外的一种修行方式。苦行是印度盛行的修炼方式,常有苦行僧蓬头垢面、衣衫褴褛,带着象征湿婆神的三叉杖,边走边吟诵古经文。苦行僧必须忍受常人认为是痛苦的事,如长期断食甚至断水、躺在布满钉子的床上、行走在火热的木炭上、忍受酷热严寒等事情,来锻炼忍耐力和离欲。他们认为通过折磨自己的肉体,死了之后能够上天堂!"

Joas觉得我解释得不够清晰,于是手机上网查了一下,然后开始当我的小老师:"梵文原意为'热',因为印度气候炎热,宗教徒便把受热作为苦行的主要手段。印度教认为,人需要经过多次轮回才能进入天堂,得到神的关照。而有些人希望能走捷径,在此生就得到神谕和真经,过苦行僧生活就被认为是这样一条捷径。"

我和爸爸认真地听着,对于儿子能主动地探究自己感兴趣的事物,我们是很乐意配合当小学徒的。于是,我们在尼泊尔旅行的时候顺带开始了"苦行僧"的命题研究。

通常在热门的景点,我们遇到苦行僧的机会是很大的。我们经常观察一些专业打扮的苦行僧(儿子觉得这些更像是乞丐,甚至是非常专业的乞丐),他们盯着游客,动不动就把手伸过来向你要钱,有的时候,还会主动问你要不要照相。如果你要选择跟他们合照,或者是以他们为人物拍摄照片的话,他们会毫不客气地向你索要小费。我们在巴德冈杜巴广场喂鸽子的时候,儿子非常专注地研究了路边的一个苦行僧。小家伙悄悄地告诉我,通过自己的观察,发现在将近一个小时的时间里,那个苦行僧和游客合照了2次,获得了2次小费,还通过祈祷向身边的游客、当地的民众获得了大概7个人给予的钱财,也就是说,这些苦行僧在热门景点的收入是非常高的。

后来,我们才知道真正的苦行僧分两派。一是天衣派,即为裸体派,全身一丝不挂,最多用一条窄窄的布条遮住下身的敏感部位。天衣派与崇拜湿婆神有关。湿婆神是破坏之神和创造之神,总是裸着身体,表示追求原始状态,远离凡尘,与世无争。身上总是涂抹着灰烬,表示罪孽、死亡和再生。二是青衣派，青衣派则穿衣服，一般都是黄色的棉布服。不知道我们在尼泊尔所见的是不是这个流派。

真正潜心修行的苦行僧在印度教徒中被视为是圣人，他们很少靠乞讨和与游客照相来

图 1-11 尼泊尔加德满都猴庙的佛眼

维持生活，因为印度教徒会主动供养他们。所以我觉得与其说尼泊尔这些苦行僧是修行者，还不如说是苦行僧打扮的乞讨从业者更加准确。不过，通过对这些苦行僧的观察和研究，我们对印度教也有了一些认识，特别是这些苦行僧与当地的寺庙结合起来，那景色真是相得益彰，也算是旅行让我们开了眼界。

二、高原上的布达拉宫

我们耳熟能详的布达拉宫和大昭寺，属于藏传佛教的圣地。Joas对布达拉宫一直都有一种莫名的向往，尤其是对印在50元人民币上那庄严圣洁的布达拉宫印象深刻，付钱时，他一般不舍得把印有布达拉宫的纸币花出去，通常会选用其他图案的纸币代替。看到孩子这么向往西藏，我们就选择在他六年级小升初考试结束后的暑假专门去一趟西藏，让他亲眼看见布达拉宫，圆他的高原梦。

出门前，我们不忘简单科普一下宗教知识：中国的原始教派是道教，但现今佛教在中国的影响力更大一点。藏传佛教属于大乘密宗，相较于汉传大乘佛教，更注重自我修为和佛经的修习，而汉传大乘佛教则更看重度人的决心和善行。

我们先从广州乘飞机到云南，然后转机拉萨，住在八角街边上一家由中华人民共和国成立前尼泊尔驻藏领事馆改装的酒店里，离大昭寺只有两三分钟的路程。凌晨时分，熠熠星光闪烁在漆黑的天幕，大昭寺这

个神奇的地方就开始向世人散发慈悲的光芒。虔诚的藏民,手里拿着铜制的转经筒,已经开始围绕着大昭寺进行转经了。依稀的星光下,明黄的路灯在大昭寺广场亮着,好几个虔诚的藏族阿姨穿着围裙、戴着手套,手里拿着木板开始磕长头。她们一遍遍地念经,一个个的长头诠释着他们对宗教的信仰、对佛祖的虔诚。一个又一个的长头仿佛不知道疲倦,又似永不停息。

当太阳渐渐升起的时候,大昭寺辉煌的金顶开始焕发出耀眼的光芒。八角街上的人越来越多了,藏民们带着酥油茶,游客们带着哈达,人潮仿佛一下子从四面八方涌来。大昭寺入口处,朝拜者们排成好几条人龙,密密麻麻地蜿蜒伸展,将近百米。然而排在长龙中等待入内的藏胞们,泛着高原红的脸上没有一丝的着急,静静地拿着供品耐心地等待着,每个人都是那么平静祥和,那是信仰的力量,这种场面深深地震撼了我们。

迎面而来的是一队队藏民在顺时针转经,他们拿着念珠,摇着经筒,走得飞快。比我们慢的自然是磕长头的人,很多都是一家人扶老携幼,带着被卷前来朝拜。他们就那样起身、点天、点头、点心,落身下跪,再伸出双臂匍匐倒地,起来走三步刚好是身体的长度,再来重复刚才的动作,虔诚地一步步以身体丈量着大地。不知他们从多么遥远的地方这样一路走来,那种单纯虔诚的感情,我们难以理解体会,但心存敬畏。

屹立在红山上的布达拉宫是拉萨的心脏,是许多人心中的圣地。陡峭山岭上高高屹立的布达拉宫红白相间,阳光洒在这座圣洁的宫殿上,高原特有的明静天空成为背景,一切是那么庄严宏大,洗涤心灵后的澄澈感也慢慢地弥漫出来。儿子和我的高原反应症状一下子解除了,头也不疼了,有序地跟着密集的人群爬上高高的布达拉宫。

在一步一步的爬行中,我们一步一步地感受到了信仰的魅力。我们没有什么宗教信仰,但是我们相信人心永远是向善的,只要是向善的话,人也会变,眉宇之间也会变得越来越平和。

布达拉宫底下还有一个雪监狱。Joas第一次亲眼看见阴森黑暗的牢房、血腥的人皮，以及残暴的刑具，感受到了农奴制度的残忍。残酷的法典反映了残酷的制度，残酷的制度产生残酷的法律，这些都加深了我们对西藏这块神奇土地的了解。

色拉寺辩经也是不可错过的项目。辩经是佛学用语，是对佛教理论的辩论。即出家人学习佛经后，为了加强对佛经的真正理解，采用一问一答或一问几答或多问一答的方式交流所学心得和所悟。

色拉寺离拉萨市区不远，这个依山而建的寺院规模大得出乎我们意料，有一个大殿、三个嘉仓，还有很多的康庄。交纳50元门票费用后，就走在一条简单粗糙的石路上，两旁分布着一个个藏式院落，一个个看似相同的院落承担着它们各自神圣的任务。最多的当然是供奉着各个佛像的殿堂，还有印刷经文喇嘛们打坐学习生活的地方。

来到辩经院，四周石阶上已坐满了来自世界各地的游客，大家手里拿着"长枪短炮"，当然还有各式智能手机，游客各显神通占据有利位置，就为了拍下精彩画面。院子里种着高大的榆树，浓荫蔽日，地上全

图1-12　西藏拉萨色拉寺辩经

是白灰色的砾石。院子里一片静悄悄，让你难以想象辩经会是什么样子。开始有喇嘛三三两两走进院子的经场，他们全都身着红衣，年纪不大，有几个看上去只有十几岁的模样。有的两手空空，有的拿着菩提佛珠串，有的手里拿着黄皮的经书，有的还拿着打坐用的海绵垫然后顺手扔在地上。

当当当，钟响了，从院子四面八方又涌进一群群喇嘛。开始辩经了，基本上两人一组，其中一方站在面前提问，另一方坐在垫子上回答，且不许反问；告一段落后再反过来，直至一人无法问出。树荫下，有的喇嘛投入过度，热汗淋漓，索性脱去背心；有的被辩友难住了，索性现场翻书；有的辩得太高深了，会有两三个学习者集体听讲，或者找在旁边观课的师傅指正……众多喇嘛之中，有一个理小平头的小喇嘛表情生动，动作幅度大，成为全场的亮点。念着一句句经文，他手舞足蹈，每句还要使劲拍着巴掌或跺脚加强气势。虽然他用密集的语言和夸张表情费尽全身的力量表述着自己的观点，可坐着的辩友一脸淡定地仔细听着，偶尔说上一句进行反驳，两人的对比明显，特别有趣。

伴随着"啪啪"的拍掌声，现场辩经的声音越来越大，喇嘛们并没有因为游客的围观而分心，他们的专注、投入和学习热情通过声嘶力竭、双手拍红的辩经充分展现，让人肃然起敬。围观的人虽然听不懂，却被这难得一见的生动的场面深深地感染，所有的人都拿着手机、相机和DV选角度、选对象、选动作去抓拍，生怕错过辩经喇嘛每一个有趣的势态和表情。场上场下，各有所忙，适得其所。

三、神秘的玻利维亚女巫市场

旅行中总会遇上许多不同的文化，各色的宗教文化让不同的地方充满神秘的色彩，从某种意义上看，原生宗教往往表现了一个地区的人们对未知事物的探索和解释。邂逅壮丽的自然景观和奇妙的人文景观是我们旅行的巨大收获。

南美洲，又称为拉丁美洲，现代居民主要由印第安民族、外来移民和新兴民族三大部分组成。由于组成的民族众多，各民族又有不同的原生宗教，他们的宗教信仰情况十分复杂。主要宗教是殖民者带来的天主教，其次是基督教。此外，印第安人信仰原始宗教，有仍保持着传统神秘文化生活的巫医术士和制药人描摹肖像。当地人平时去教堂礼拜，建房纳彩、治病祈祷时请巫师做法事，这样多宗教信仰共生的情况在拉巴斯比比皆是。

12岁的Joas对巫术的印象，基本停留在电影中看过的片断，比如阿凡达有一些巫术作法的场面，或是纪录频道播放的一些德高望重的巫师（巫婆）戴着狰狞的面具，穿着特制的服饰，手中拿着各种神奇的法器念念有词，企图借助超自然的神秘力量对某些人、事物施加影响或给予控制的方术。"降神仪式"和"咒语"构成巫术的主要内容，巫师们作法或祭祀时，通常会从祭品中获取能量，于是大量的动物毛皮、头骨、鲜血等变成了"紧俏"的物品。

在全球，有三个比较著名的巫术市场。一个是位于北美洲的墨西哥索诺拉的巫术市场，外国游客通常可以在这里买一些据称能给人带来好运的东西；另一个是位于南美洲玻利维亚拉巴斯的巫术市场，这里家家户户都会将风干的羊驼胚胎挂在门口招好运；还有一个就是位于西非多哥共和国的巫术市场，它也被公认为是世界上最大的巫术祭品市场，巫术道具应有尽有。

来到玻利维亚，怎能错过鼎鼎大名的巫术市场呢？圣弗朗西斯科教堂后面的斜坡上，拉巴斯市中心赫赫有名的奇妙之地——女巫市场就在这不起眼的街头巷尾里。沿着教堂旁坡度达到50°的石板路，在海拔3700米的山城吃力地缓缓向上爬，终于找到传说中的女巫市场。说是市场，无非就是几条短短的石板街，最长的一条也不过才30来米。别的街道在街头都有一个牌子写着街道的名字，独独这条街只在街口一间店铺的墙壁上看到一张不大的画，上面画着一个穿着玻利维亚传统服饰的女巫，意味着这个地方的与众不同，这也表示，我们已身处南美洲本土宗教中最为神秘的女巫市场了！

站在Calle Linares的十字路口，仿佛置身于旅游纪念品的海洋。在琳琅满目的商品中，七八家别有风味的店铺鹤立鸡群。这几家店铺上方没有文字广告牌，只挂着印有两个特别的女巫（男巫）手拿巫具的条幅。售卖的巫具通常是风干的羊驼胚胎（据说有镇宅妙用），各式人偶、糖果、仙人掌、石像等奇里古怪、闻所未闻的东西，还有各种独家配置的草药，按不同的祈福要求分类出售。据说，人们一般在建房子的时候，在房子四角埋下羊驼胚胎（听说是流产的小羊驼），洒下玉米酒祭祀神灵，可以辟邪并得到puchamama（大地妈妈）的保佑。如果还想祈求其他的福分，可以购买相应的祭祀用品，如古柯叶、彩色糖果、青蛙、蝙蝠、仙人掌等，到无人的高处祈祷、作法，更容易实现愿望。

图1-13　玻利维亚女巫市场的羊驼祭祀品

Joas的眼睛被店铺里奇特的巫术法器和祭祀用品吸引着，各类繁多的巫具色彩艳丽、功能各异，令人眼界大开。他小声地问："妈妈，这里叫女巫市场，卖东西的大妈是不是就是女巫呀？"我瞅了一下胖胖的印加老妈，摇了摇头："不太像，女巫应该更神秘一点吧，这个大妈也太忙了，一会儿一个客人，她哪有时间给别人做法事呀！"

我们在小街上来回扫视，寻找着可能是女巫的神秘女性，终于在回到十字路口的巫具条幅下面发现两个打着黑伞的中年妇女。她们坐在小木凳上，一个长辫子的年长女人正在握着另一个带着褐色小毡帽女人的手认真地讲解着什么，带着褐色小毡帽的女人边听边点头，她俩旁边还有一个小香炉，看得出来上面有燃烧过的古柯叶子。在马路的另一个角落，也有几个男女在寻求一男一女两个巫师为其指点迷津，这些求助者必定深信不疑，否则看上去怎会如此虔诚？

在我看来，玻利维亚的萨满巫师用香炉焚烧所有的法具向

puchamama祈祷，跟中国的祈福拜神差不多，反正一把火烧完所有精心准备的各色法具，祈求缥缈的缕缕青烟能够帮忙把愿望直接带到神灵之处，福愿就这样实现吧。而且说实话，女巫市场的"女巫们"看上去也不像女巫，更像守摊子的嬷嬷

图1-14 玻利维亚女巫市场

们——胖圆的身子，头戴深色小礼帽，梳着两条黝黑的粗辫子，披着丝制本色花拖着长流苏的披肩，穿着齐膝而多褶的大裙子，眼睛里透露的是商人的精明，而非女巫的深邃清明。不过据说她们真的可以作巫术祈求法事指导，在当地的生意不错，证明还是有不少的社会需求。

朝山的善信和朝圣的信徒，古刹佛堂等建筑的吸引点，几乎就是汇聚人、自然、文化的综合呈现。宗教在历史上曾起过积极的作用，在今后相当长的时期内仍然会发挥积极作用。一个国家的宗教文化既是其民族文化的构成部分，也是世界文化的重要组成部分。

把宗教场所或者遗迹作为旅游目的地之一，有宗教信仰的人去宗教场所的行为也可以视为一种有旅游意义的行为。我认为，宗教对旅游，特别是对孩子了解不同历史文化条件下的人们的信仰有巨大的促进作用，为孩子思考"这个地方的人们是怎样生活的、他们为什么会这样生活"提供直观的形象条件扶持。更理性地看待宗教问题，主要表现在：

①观赏价值，如代表当地最高建筑水平的宗教建筑；

②体验价值，如观礼瞻仰、心灵洗涤、焚香祈祷；

③文化价值，如宗教知识等物质和非物质的文化。

走进故都的历史时光

（深度认识历史）

"儿子,妈妈又给你买了一整套历史漫画,快来看啊!"妈妈一边炫宝似的邀功,一边期待地等着儿子的肯定。

"哦,又买了这么多!"比起妈妈的欢喜,儿子的反应有点过于平淡,甚至有点不耐烦。

"你看,这个故事多有趣,插图也配得很好。"妈妈还在孜孜不倦地唱着独角戏,而一旁的儿子已经溜到一边去逃避妈妈的"紧箍咒"了。

一个人的见闻,决定了他将来发展的经度和纬度,一个人的心声,决定了他的作为。越早接触到鲜活的历史,对孩子的一生影响也就越深远。许多人说读历史的孩子有格局,更有前瞻性和思考性,更有智慧而不是简单的小聪明。所以我买过不少历史书籍让儿子去读。然而,孩子的兴趣很一般,而且觉得妈妈在给他摊派任务,就算捧起书来也是意兴阑珊。

其实这也不能怪儿子不爱阅读历史,因为以前的我也觉得历史是割裂的、片段的、冰冷的。学校考的历史科目不仅有一大堆的数字和人名要死记硬背,而且材料也是简单堆砌起来的没有感情的文字,是散发着一股霉味的陈年旧事。

慢慢地随着年岁增长,30岁后,我发现自己想知道所处的这个时代在历史长河中是怎样的一个时期,以前的人们是怎样生活的,处在这样风云变幻的历史年代当中,我们该怎样看待前人、思索自己当下的人生，想想以后的路应该怎样走。我发现这些答案不能简单地从现在的生活视频和历史课文当中去找。千帆过尽的时候，我想到了史书。如果把历史看作是一个坐标轴，我们无数的点凑成了这个坐标，前人就是你这个坐标点之前发生的数据，后人就是无尽的延伸。个人读懂了历史就会明白，当下读懂历史也清楚地看到了自己的坐标，并开始反思自己生硬地把历史书籍推给孩子的做法。

该怎么了解历史？怎样让孩子爱上历史？怎样让孩子辩证地看待历史？对孩子来说，历史知识年代久远，史书上的文字更多的是简介或阐述，家国时代更迭与个人生活体验距离遥远，难以引起共鸣。我开始把历史阅读与亲身体验结合在一起，看完了史书走进历史的画面，在各国旅行中加入这个国家故都的参观。当孩子看到别国的成长与变迁，其实就是一个学习和反思的过程，孩子对历史进行"阅读—探究—体验—思考—沉淀"，不仅可以帮孩子开阔视野、增加智慧，而且有助于他吸取他人经验，思考将来如何选择事业，乃至形成自己独特的世界观。

北京故宫是中国明清两代的皇家宫殿，旧称为紫禁城，位于北京中轴线的中心，是中国古代宫廷建筑之精华。北京故宫以三大殿为中心，占地面积72万平方米，建筑面积约为15万平方米，有大小宫殿70多座，房屋9 000余间，是世界上现存规模最大、保存最为完整的木质结构古建筑之一。我们花了一天时间走马观花，除了感受中国传统建筑的最高水平，还引发了新的思考：明清之前的中国古都又是怎样的？

于是，我们去了西安。

西安，古谓之长安，古都之地，汉唐国都也，是中国辉煌历史的前半页，秦砖汉瓦、唐碑宋刻、明清古迹汇集之地。这座拥有着5000多年文明史、3100多年建城史、1100多年的建都史的伟大城市，是中国四大古都之一，也是中华文明和中华民族重要发祥地之一、丝绸之路的起点。

西安的历史很悠久，古迹很多。为了让孩子更好地了解西安、欣赏西安，Joas在出发前从网上看一些相关的纪录片和书籍，提前做了一个简单的了解。在西安逗留的短短几天，我们首先去了陕西历史博物馆，了解西安的前世今生，然后再按一家人整理出来的"历史年轮"的路线走访各大景点。世界闻名的秦始皇兵马俑、古城墙、大雁塔、华清宫、碑林、骊山、西安事变纪念馆，这些与中国历史有重大关联的地方都值得一去。

Joas早在四年级下册的语文书中学过一篇与秦始皇兵马俑有关的课文，课文大概是这样描述的：在这个举世闻名的秦始皇陵陪葬坑，出土了一千多个士兵陶俑，每个表情姿态各不相同。除了文字，课文还配有几幅插图帮助孩子感受世界文化遗产的魅力。

"纸上得来终觉浅"。当儿子亲眼看见博物馆一号坑那庞大的地下军队，看到带有肖像写生性质和特点的真人般大小的陶俑生动细腻、栩栩如生，情不自禁地被宏大的规模和气势深深地震撼，充分感受到两千多年前始皇帝扫平六国、统一天下的非凡气势。他小小的身子站在这些跨越历史的文物前，透过这些不会说话的特殊文物与历史对话，慢慢去感受秦朝时期的历史文化，过去与现在开始连接，开启了穿越时空看历史的大门。

西安之旅，有历史、有故事、有风景、有文物。一个个历史景点带来一个个厚重的故事，展开一幅美妙的历史壮丽画卷，对孩子的历史文化熏陶非常有帮助。从那以后，Joas对中国历史的兴趣明显增强，一直延续到现在。旅行中体验的真实情境，对他在学校的学习帮助明显，从初中到高中，历史是他所有学科中兴趣最浓厚、学习主动性最强的科目。

一个故都是一个国家的浓缩，宣告一个国家在历史的存在，呈现上层政府机构与繁荣市井的经典面貌。张择端的《清明上河图》以画面的形式再现历史，史书以文字记录史实，作为现代人的我们以旅行的方式感悟历史、重温历史。如果说中国的北京、西安等历史故都向Joas展开一幅纵向坐标的史卷，那异国的历史故都则向他展开一幅横向坐标的时空图。

顺化位于越南的中部，是越南最美的城市之一，因其悠久的历史文化和保存完好的古建筑，被联合国列为"世界文化遗产"。从17世纪到20世纪40年代，曾先后为越南旧阮、西山阮和新阮封建王朝的京城，是越南的三朝古都。19世纪法国人入侵后，改其为"承天省顺化市"。1945年越南发生八月革命，结束了法国80多年的殖民统治和日本5个月的军事占领，随之而来的，越南末代皇帝保大帝阮福晪也于8月30日退位，顺化作为越南首都的历史宣告结束。

我们在中国的春节假期到达顺化，发现春节也是越南的公众假期。越南百姓也像中国人一样进行春运大迁徙，机票、车票纷纷涨价，人们探亲访友、出门游玩，全国一片喜庆。

顺化的确是一座美丽的小城，蜿蜒清澈的香江穿城而过，将城市分为北南两区。北区是老城，又有外城和内城之分。古老顺化皇城里，沉淀着层层叠叠的历史痕迹，时不时还可以看到越南与美国在残酷的越战留下的痕迹。老百姓早已忘记战争的伤痕，他们的生活还在惬意地进行中，法国殖民时期养成的吃法包、喝咖啡的习惯，寺庙里的中国汉字对联，越战时期的炸弹坑，组成他们日常的生活画面。Joas在与爸爸的边走边看边聊中，体验到了书本记载历史的不完整性和片面性。

傍晚时分，一家人在夕阳中漫步。顺化古城临香江，倚御屏山，非常符合中国堪舆学讲究的龙脉布局，的确是皇家极好的风水。走着走着，大家总觉得顺化古城有点眼熟，好像在哪里见过一样。

"妈妈，这像不像缩小版的故宫？"Joas终于忍不住说出了自己的疑惑。

环顾四周，这个1993年被列入世界文化遗产的越南古都，大门设计挺像北京故宫午门。进去再看，竟也是中轴式一殿一广场的渐进格局，就连御花园也有点迷你

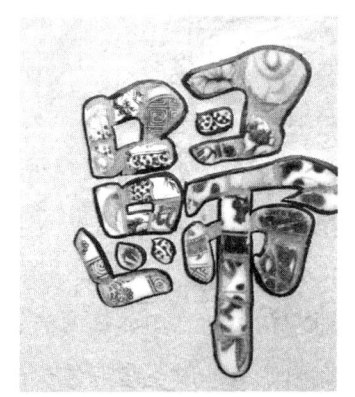

图1-15　越南顺化王宫的汉字

版的北京故宫御花园的感觉，这顺化古皇城原来是参考了明朝紫禁城蓝本。除了午门，皇城也有和平门、显仁门、彰德门四个城门，城门和不少建筑上还残留着汉字。皇家陵园也有许多汉字碑文，陵园的布局、神道石刻与石像陈设也与中国明清时期的皇陵风格相似。

除了建筑，我们还发现顺化在不少方面有明显的中国文化痕迹，如文学、音乐、戏剧、美学、风俗习惯、礼节、处世、衣着住宿等。在近距离接触顺化古城后，我们对中越两国政治与文化相交的渊源有了更深的体会。虽然当今的越南政府实行去汉化，但不可否认，历史上中国文化对这个邻国的影响颇深。中国古时，越南就被封为象郡，汉朝也曾派过地方官管理，可以说很早它就接受中国文化的影响。

史书最有意思的就是记录名垂千史的人和事。能够留下重要历史痕迹的人物和事件，每一个都是我们借鉴的对象，所谓以史为鉴。但是被史书忽略的许多普通民众的生存痕迹，我们是不了解的，甚至被历史遗忘。通过实地的旅行体验，在读历史书籍的同时，尽量抽些时间去看一些关于各国历史最主要的故都与重要的历史遗迹，站在生命的高处仰望历史的星空，谈谈年代变迁对小人物和当地百姓后代的影响，看看历史兴旺的家族如何传承，也可以用历代真实的故事来验证我们当下的生存哲理。

马丘比丘（machu picchu）是南美洲著名的世界文化遗产，将这个印加帝国神秘而著名的王城重新带回喧嚣世界的美国历史学家宾厄姆称它为"失落的天空之城"，到秘鲁不到这个高原的印加圣地，简直等于白去。

雨季中，全景天窗视野极佳的观光火车沿着咆哮汹涌的乌鲁班巴河，在崇山峻岭中穿梭而行。天空一会儿红光满天，一会儿瓢泼大雨，浑黄的河水奔腾不息，不时可见到一个又一个的大漩涡，风光异常壮丽。两边的高山陡峭对峙，透过玻璃天窗，抬头就可以看到狰狞的巨石在雨水的冲刷下吼叫的脸庞。铁道就修建在这样的崇山峻岭间，连一寸多余之地也难找，怪不得火车票如此昂贵，自然环境实在是太恶劣了。

一个多小时的旅程过得很快，火车晃荡到狭窄河道两边而建的热水镇停下。这条险峻的铁路主要的修建者就是当年的华工，南美洲的华裔大多是当年秘鲁华人苦力的后代。

现名为马丘比丘的热水镇说是小镇，其实更像是在高耸的群山中找了一个小山谷开辟出来的一个营地，主要为游客服务，像是一个依山而建的小旅馆、饭店和售卖旅游纪念品的集散地，20来分钟可以兜个来回。这里只有火车进出，不通公路，当然体力好的可以走印加古道。小镇旅客还挺多，主要是欧美游客，遇见为数不多的亚裔几乎都是韩国人和日本人，满大街暂时好像只有我们几个中国人。

凌晨四点多，起床收拾简单的行囊，我们在大堂的暗淡灯光下吃完简陋的早餐，行色匆匆顶着漆黑夜色赶往热水镇的车站。因为提前一天买的马丘比丘专营大巴票没有指定时间，按游客排队顺序上车，先到者先上车。

盼望能早点上山看日出，我们一路小跑到达车站。天啊，蜿蜒曲折如长蛇的队伍已排了很长很长，第一批次十几辆汽车早已经驶上马丘比丘了！要看日出是无望了，不过依然庆幸，昨天连绵阴雨一度让人沮丧，今早却放晴，整个乌鲁班巴河谷的天边已渗微红，可爱的太阳即将升起！今天，真的是个给予万里行人安慰的好日子，不用在风雨中攀爬马丘比丘了。

等了半个来小时，我们坐上区间旅游车。汽车从谷地缓缓爬上山顶，上下山是同一条土路，坡度很大，有的甚至超过50°，所以司机开得非常小心，车速很慢，不时还和对面下山的车辆会车让道。路旁隐约可见杂草丛生的印加古道，当年的印加人就是从这一条条笔陡的羊肠小道中走向平原、沙漠，在安第斯山脉中建立自己的霸权。历经数百年岁月的洗礼，古道雄风已不再，当年的条石古道上不时可以看见徒步的旅人大汗淋漓地攀爬的身影。尽管高海拔是不小的挑战，全程在秘鲁的高峰间爬上爬下也吓退了不少体力不支的人，但古道风光壮丽，地貌丰富多样，穿梭其中能看到不少古迹和原始村落，所以印加古道是当今世界的十大徒步路线之一，是许多旅行爱好者最大的向往，每年的徒步许可证通常需要提前半年至一年申请。

看到徒步者们在印加古道上互相鼓劲、不折不挠前行的场景，Joas想起了中国的八达岭长城："爸爸，你说印加古道和中国的长城谁更厉害？"

"不能光简单地比较谁厉害，我们可以看看它们各自的作用。"

长城是中国也是世界上修建时间最长、工程量最大的一项古代军事防御工程。修筑在崇山峻岭之间的八达岭长城只是长城的一部分，其实长城经过沙漠、戈壁、高山、高原、平原，在山海关入海，对中国的军事、文化和经济有着重要的影响。印加古道也一样，它穿梭于秘鲁、阿根廷、玻利维亚、智利、厄瓜多尔和哥伦比亚等6个国家，以库斯科城边的萨克萨瓦曼圆形古堡为起点，据说全盛时期长达上万千米，百度百科显示长二三千千米，是当时统治者传达政令、印加人生产生活和进行贸易的交通动脉。可以说，是印加古道成就印加文明的辉煌。

听了孩子爸爸的介绍，我们更多地感叹当年的印加人在恶劣环境中艰苦卓绝修筑印加古道的伟大。

"妈妈，我倒是觉得中国的秦直道与印加古道的作用更相似，你觉得呢？"看着车窗外深深的悬崖，Joas出其不意又蹦出了一个新的问题。

"呃……"自诩智多星的妈妈被难住了。

"这个问题问得好！我们可以就此展开一项研究。"儿子的爸爸总在关键时候救急……

到达马丘比丘，我们四处张望，贪婪地呼吸着山顶新鲜的空气，微醺的山风徐徐吹来，那是马丘比丘的味道吧？检完票，我们迅速从人群中穿过，向左边高处的太阳神庙走去，在那里可以看到如宣传片中的马丘比丘全景，拍摄角度特别好。这时，太阳即将升起，山谷中升腾的晨雾渐却散去，华辉初现，对面高高的怀纳比丘的山脊在闪闪发亮。当天边的第一缕阳光照射在这座史诗般的古城身上时，梦中的马丘比丘就这

图 1-16　秘鲁马丘比丘

样骄傲明媚地展现在眼前，它好像被施了魔法似的闪着金光。不停地按下各种摄影器材的快门，一种从内心深处散发出的满足感洋溢于外，整个身心如沉浸在温水中一般舒缓。

　　作为世界新七大奇迹之一，马丘比丘一直是南美印加文明的代表，享誉全球。印加文明于公元1000年形成，是与玛雅文明、阿兹特克文明并称为中南美三大文明的南美洲古代印第安文明之一。作为印加帝国的皇城，与中国的西安或北京相比，马丘比丘确实不算大。它雄踞于山之巅，四周是高高的悬崖，依山而建的石头城与山脊后面更高的怀那比丘相呼应，一起守护印加帝国的皇城。

　　一块块的巨石垒成的城邦以山顶的中央广场为中心，将它划分为了仪式区、日常居住区和劳作区。王宫、神庙、贵族房屋等在广场的近周，区域低处是一个个小牢房的监狱群，其中一个牢房的地上有秃鹰头部的巨石雕刻，区域外围则是一垄垄的梯田。聪明的印加人从山上引来水源，涓涓的清水沿着梯田间的水道流到居住区再往下流到山下，既保障了居民的生活用水和灌溉，又有着重要的消防功能，是印加人智慧的见证。

虽然我们一行人在来访前已经拿着马丘比丘的地图研究了一遍又一遍，但是6个人在巨石阵依然不亦乐乎地开展着迷宫寻宝的游戏，零星发现一些中国的同胞也在其间，倍感亲切。这里的日本人和韩国人比较多一点，而且手中的旅游小册子比咱们的更专业详尽。我忍不住好奇向一位休息的日本女孩借了一本旅游小册来看，简直大开眼界：相关历史典故就不在话下，最让人赞叹的是那一幅幅典型建筑物的分解图。虽然很多日文看不懂，但是里面的手绘图和分层的建筑结构说明让人觉得很特别，也让咋咋呼呼到此一游的我们有点羞愧。咱们的旅游层次还得再提高啊！

山巅的太阳把晨雾渐渐驱去，灿烂的金光抚摸着青黑古老的条石，屋顶的茅草已不在，三窗神庙里的神器早已被西班牙的殖民者洗劫一空。五百多年之后的马丘比丘，迎接了纷至沓来的游客。天空依然蔚蓝纯净如当年，安第斯山脉风笛依然在山间飘荡，而帝国已灰飞烟灭。

每一段历史的沉淀都有看不见的沧桑，何为失落？马丘比丘从没有消失过，但它却以悲情的方式从安第斯的政治舞台淡然离场。印加王的单纯与轻敌让西班牙侵略者轻而易举地攻破曾经宏大的帝国，这何尝不是一种历史的进程？随之而来的是印加人民语言、文化乃至宗教的沦陷。无情的历史从不同情弱者，历史宏大的轴卷通常为强者发声，走在马丘比丘的石头梯田里，耳边的高腔快调时刻提醒着人们，这已经是西班牙语的天下……

回程的路上，Joas与我们兴致勃勃地讨论："是印加王太单纯，还是西班牙人太狡猾？印加人现在完全说西班牙语，是不是自己的文化就消失了？"

"这不能简单地归结为印加王的失误，"孩子的爸爸说，"印加帝国的快速消亡是内外交困的结果。国家内部刚刚经历了一场筋疲力尽、腥风血雨的内战，这场战争皆因两兄弟为争夺王位而起。至于外因，武器以及生产技术的落后，为他的覆灭埋下危机。印加首领轻视敌人，虽然拥有青铜武器，但是相比西班牙人的铁制武器还是差了一大截。所以印加的灭亡也只是时间问题，是欧洲殖民扩张及统治的必然结果！"

"可不可以说，即使西班牙人不去侵略，也许还有其他国家的侵略者来此捣乱，而印加帝国的灭亡只是个时间问题吧。"

"可是没有这种如果呀！事实就是印加被不到两百个西班牙侵略者灭掉了，而且还沦为殖民地，宗教与语言都被殖民了。"

…………

历史最迷人的地方，是他在这个世界上真实地发生过。你知不知道、了不了解，他都曾经真实地存在于我们这个世界上。与孩子去观看历史遗迹，甚至是一个国家的故都，是有积极意义的：

①让孩子亲密地接触这个国家历史上最核心的城市，通过遗迹的观礼，让孩子从多角度看待一个国家或者朝代的兴衰成败。亲密地接触历史，感受年代的变化，让孩子更爱历史，而不是害怕历史的长河。

②用现代历史的思潮去虔诚地看待历史遗迹，让孩子从一个世界公民的大角度、大方向去认识周边的世界和新兴的国家，培养世界观。

③把机械单一的讲授变成活水引源的体验、启发，让孩子更加清晰地看见历史规律，在思维上得到启发，学会客观地看待历史。

④让孩子拥有深切的家国情怀，直面上古下今的历史画面，以直观的方式欣赏完整具体的历史轴卷，让孩子的生活经验与历史因果相结合。

⑤通过讲历史故事、画历史故事插画、实景体验、问题溯源等方法，激发孩子对学习历史的持久兴趣。

教育就是为了培养孩子的价值观、思维方式和审美。任何一门学科的学习，也离不开这几点。真实的历史画面，开启孩子思考与判断的智慧。孩子们一次一次地浸润在历史故事中，体会到当时的情境、当时的人的抉择，知道为什么如是思、如是行。以后他面临同样的生命情境，他也会如是思、如是行，所谓学史为了鉴今。

同样，生在现在的人，要知道过去的生活状况与现在各种境界的由来，需要既植根于文化传统下深厚的生命底蕴，又学会把文化同民族与国家紧密联系在一起。一个都城的建设，集中了举国高端的雕刻绘画和建筑艺术专家，越是惊心动魄的美，她所经历的苦难和创造的辉煌更容易引起孩子的敬佩和尊重。不管昨天、今天还是明天，一个都城所显现的独立文化以其非凡的辉煌成就，不难使后来人愿意探索分享，领悟到不同文化之间的共同之处。

亲子旅行VS亲子教育，跨越时空纵横与历史的坐标年轮。找寻文化多元与世界一体化的关系，让孩子感性认识世界的同时，向理性认识飞跃，换一个方式培养孩子的世界观。

当法老爱上清凉油

(客观认识小费文化)

国外旅行，常遇小费问题，给不给？如何给？给多少？真是个学问。给，心不甘情不愿；不给，情面上又过不去，纠结。在国外旅行时，我们一家也经常遇到小费难题，有时为了逃过小费，也做过不少傻事。

美国《华尔街日报》报道，中国产的清凉油已经成为埃及人趋之若鹜的"小费"。到埃及旅游的中国游客必定会带上硬币大小的红色锡盒，里面装着提神醒脑、止痒止痛的清凉油，作为小费随手送给当地的服务人员。其实，谁也不知道中国人带清凉油来埃及充当小费的习俗从什么时候开始形成的，反正所有攻略都提到这是埃及旅行的"必带神器"。如果不是2018年夏天去埃及，估计我们已忘记了还有这种东西，更难以想到，在万里之外的非洲，这个从中国百姓日常生活中渐渐淡去的"小盒子"居然有如此广阔的需求，并能起到重要的人际沟通作用。

出国前，我通过某宝已经购得60盒清凉油，当时儿子特别奇怪："买这东西干什么？"我说："当小费啊！"儿子忍不住一脸怀疑："这东西，我们自己都很少用，埃及人会乐意接受它当小费？"

儿子的质疑不是没有理由的，价格低廉的清凉油在国内都不受待见，凭什么非洲的埃及人愿意当作小费收下？我的心里也没有任何的底气。但是我知道没有准备小费就前往阿拉伯国家是非常不明智的，既然所有的游客都推荐，几盒清凉油也不值几个钱，就全部带上吧。

一入埃及境内，我们一行人5人平均每人分得12盒清凉油，并一致决定,如果当中有一个小伙伴给对方支付了清凉油当作小费,其他人就默认为团体支付了小费,不再重复支付。

实践出真知。我们很快发现,清凉油真是一件神奇的宝贝,所到之处,人见人爱。60盒仅仅是杯水车薪,根本不够,索要清凉油的人实在是太多了。无论是否为我们提供过服务,当地人只要见我们是中国人,条件反射般就出口:"中国人,有清凉油吗?"车夫问、导游问、门童问,哪怕是路上见到的小孩都追着问,更别提掌握着你性命的尼罗河船夫了,绝对无一例外。

参观完金字塔的那天晚上,我和儿子在街边的一间果汁店数着仅剩的几盒小清凉油,纳闷地讨论着:"你说这埃及人为什么这么喜欢清凉油呢?"

"我猜,可能是气候的原因,因为埃及实在太热了,你看我们在卢克索的国王谷参观,光秃秃的山谷里,什么植被都没有,风也吹不进来,温度都快50度了,涂抹上清凉油会有一种凉爽的感觉,还能防止中

图1-17 埃及开罗胡夫金字塔

暑,的确不错!"出国前对清凉油一脸怀疑的儿子此时一边说一边打开一盒清凉油,慢慢地往自己的太阳穴抹去。

我抱着一大杯甜甜的甘蔗汁,望着不远处一个阿拉伯的小孩子,既不表示认同,也不否定。

终于等到要离开埃及了,在开罗机场,行李传送带旁站着的帮夫要帮我们提行李。想到手中已经没有清凉油了,Joas还是小孩子心性,不会伪装,赶紧拒绝。没想到,利索的帮夫趁我们不注意,还是跑到从后方抬了两件行李。

完了,没清凉油了!咋办?我们面面相觑,Joas着急地问:"妈妈,清凉油早就给完了,哪还有小费给别人啊!"帮夫等了一会儿,看我们没有反应,毫不客气地翻脸了:"中国人?没清凉油!"注意,是用中文说的,还特别字正腔圆。我像做错事的孩子一样,低头很不好意思地从包里掏出了一张一美元的钞票递了过去。这时,后面来了俩非洲黑人兄弟,出手阔绰地给了一盒清凉油!天呐!非洲兄弟也用中国清凉油当小费?难道这已经成为世界通用的中国特色小费啦?

飞机盘旋上升,渐渐离开法老的国度,我心想,终于摆脱清凉油的尴尬了,终于离开这些爱上清凉油的法老们了。然而在非洲,没有清凉油是行不通的!无论在肯尼亚还是坦桑尼亚,到处都是问我们要清凉油的非洲兄弟姐妹们。大家不由得感叹:早知道批发一批清凉油来在这里摆摊补贴旅游费用了。

在非洲,光有清凉油是不够的,还得带点圆珠笔。

游轮晚饭后,我们的银行——绮老师正在对账,旁边无声地走来一个侍应生,一把抽走绮手上的中性笔,不忘在自己手上试写一下,接着理所当然地顺手放在自己的衬衫口袋里,然后把自己手上廉价的圆珠笔放在绮的手中。

众人目瞪口呆,侍应生边微笑边用手比划说,家里有两个小女孩,大孩子上学了,这支笔拿回家给她用。沮丧的绮无奈地拿起侍应生给的笔,写了两笔发现是没墨水的!侍应生一脸灿烂的笑容,继续问我们:

"你们还有笔吗？我家还有一个孩子……"

原来，圆珠笔也是埃及人喜欢的"小费"。接下来几天，我坚决不拿出随身携带的中性笔，如果一定要写字，我必定敏锐观察四周，确定没有埃及人才偷偷拿出来写几笔……

但是，清凉油、笔和美金比起来，那效果就有天壤之别了。美金一出，万事搞定。

在阿布辛贝神庙，拍照要另外购买摄影门票，价格不菲，不少游客偷偷用手机拍摄。一个西方游客和儿子看周围没人，拿出手机拍了几张，不知从哪里窜出一个穿着白袍的高大男人，轻巧地把手机从游客手中夺走。白袍男人边走边看手机里的照片，还故意发出"啧啧"的声音。游客一看着急了，追了上去，男人把他们带到一个偏僻的地方解决问题去了。事后我悄悄问解决的方法，游客小声说："一美金！"

还没笑完，我就瞥见大Z垂头丧气地回来，原来也是偷拍被人抓住了。"多少银子？""三美金！"我和儿子幸灾乐祸地看着大Z，千算万算，"聪明"的中国人遇上"更聪明"的阿拉伯人，总有意想不到的"惊喜"。呵呵，早买上一张摄影票不就了事了？

回头看，埃及趣味横生的"小费历险记"，清凉油、圆珠笔和美金等各种形形色色的小费，其实就是不同消费观念和消费文化的博弈，实质上折射出中西方在消费习惯、消费观念、消费文化上的差异性：用清凉油代替美金当小费，是国人一种折中的消费智慧，因为物美价廉的清凉油比起哗啦啦的现金，更容易被中国人接受。从心理上来说，国人也自认为埃及气候干燥炎热，蚊虫多，清凉油有消炎、醒脑、防蚊虫的功效，清凉油已表"意思意思"，相当于已经付了小费，心里面也达到了一种"阿Q"的心理平衡。

经过这一次旅行，我们一家也开始特别关注"小费文化"。

小费，一般指的是支付服务员的赏钱。在有的国家被视为陋习或歧视，有的则成为社交礼仪。但是在所有的国家，小费都不是法定要给的，数额也没有明确规定。国与国之间的小费习俗差别巨大。

图 1-18 埃及阿布辛贝神庙

在中国，古代早已有"赏钱"的习惯，赏赐对象包括店小二、奴仆、书童、小厮、跟脚等，可谓历史悠久，源远流长。反而到了现在，大家消费时更注重有形的物质消费，偏好于追求实用价值和使用价值，较多关注服务的硬件品质，而忽视无形的服务消费。所以，国人几乎没有付小费的习惯。（千万不要以为中国不收服务费，聪明的商家把所有的消费税、服务费都隐藏在物价里面，变相达到目的，甚至更多。）西方人的消费更注重服务带来的愉悦体验，用小费确保服务热情和促进服务质量或表示感谢。

世界上需要给小费的国家很多，即便在国内没有支付小费的习惯，作为家长的我们，出游前和孩子聊聊旅行目的地支付小费的注意事项还是很有必要的。建议大家入乡随俗，尊重各国的消费文化，给予提供服务或帮助的人一些适当的小费以示尊重，当然对强迫性的高价小费也可以表示拒绝。

偶遇的婚礼

（感受各国婚庆民俗）

嫁娶是人生大事，各地的人们按照自己的习俗举行各具特色的婚礼，最能反映一个国家或民族的生活习惯和民族性情。俗语说，"百里不同风，千里不同俗"。旅行时能偶遇一场当地人的婚礼，是一件很愉快的事情，沾沾喜气的同时也能让大人孩子对这个国家的民俗文化有更深入的了解。

中国人的婚礼，无论过去还是现在都很讲究。过去花轿抬娶、拜堂、交杯酒；现在中西结合，新郎穿西装打领带，新娘着婚纱，轿车接亲、全程录像，还要举办盛大的婚宴，经济能力好一点的或在梦幻海滩或在奢华酒店喜结连理，场面隆重、喜庆、热闹。欧美国家的婚礼似乎更多突出的是浪漫和个性化。形式不尽相同，真爱却比金坚。这些绚丽多姿、程序丰富的婚礼构成了人类社会中一道亮丽的风景。

尼泊尔民族众多，生老病死的风俗各异，而婚俗最让我们感兴趣。我们在喜马拉雅山南麓的小城博卡拉享受闲暇时光，想去看附近的地狱瀑布，便租了两台摩托车小心翼翼地开上公路。半路经过一个小镇，见一户小花园人家支起一个彩色大帐篷，人影绰绰，歌舞升平，一派喜气洋洋的景象，这引起了我们的好奇。

停下车，厚着脸皮挤进人群，原来是当地一户富人家正在娶亲呢！尼泊尔人举办婚礼，通常是在院子中央搭建一个大彩棚，大彩棚的四周摆满了缤纷绚丽的鲜花和五颜六色的大礼包。近百平方米的彩色帐篷内挤着八九十人，几乎全部是脸上厚彩重色、身上披红挂绿的女人和孩子。大彩棚中央，一个盛装的中年妇女正襟端坐着，身穿深红色的纱丽，眉心上点着一粒朱砂，漂亮极了，应该是主人家的主母。众人以她为圆心围成一个大圆圈，或坐或站，圆圈中还有十几个拿乐器进行拍打奏乐的女人席地而坐，其中几个年长的女人穿着传统的纱丽或歌或舞，边唱边跳的同时还互相逗乐，不时引起一堂哄笑。

图1-19　尼泊尔博卡拉偶遇的婚礼

来得早不如来得巧。我们虽然听不懂他们在唱什么，但快乐是可以传染的。在红火而浓烈的喜庆气氛感染下，我们挤在人群中，拿出摄影器材一顿狂拍，久久不肯离去。周围的人实在太多，我又向前钻了两个身位，旁边正好站了俩帅哥，眉眼深邃，眼睛明亮黝黑，头戴尼泊尔小礼帽，身穿白西装上衣，黑西裤白色尖头皮鞋，这可是当地少见的打扮哦！

"你好！会说英语吗？"我厚着脸皮搭讪。

"你好！我会讲一点英语，只是讲一点！我哥哥在美国留学，他会讲英语，不过他上午去娶新娘了，他是今天的新郎！"

帅哥居然是新郎的弟弟，我运气不是一般的好，而且这英语真是国际通用语言啊！我开始与两位白衣帅哥攀谈起来。他们告诉我，父亲、舅舅等成年男子和哥哥一起去3千米外的地方接新娘去了，要2小时后才回来。而这里的歌舞会从一大早持续到半夜甚至是第二天清晨，所有的亲戚朋友在第二天进行大聚餐，他们还热情地邀请我们今晚来参加婚宴。

Joas听了帅哥的介绍和我的翻译后，说："看来跟中国结婚也差不多，都是吃吃喝喝，不过好像中国结婚没有跳舞唱歌！"

欣赏了半天热闹的婚庆仪式，我们又跟着好客的兄弟俩参观了他们的房子。兄弟俩家境很好，房子有两大幢，一层就有上千平方米，每幢有三层，后面还有一个大花园。两人在当地算是"富二代"，结婚的大哥本在美国读书和工作，现在回国来娶亲。走上二楼的客厅，健身器材赫然在目，里面陈设也挺现代化的。这不由让我想起奇旺那低矮昏暗的茅草泥房，看来尼泊尔人也是贫富悬殊很严重的。

帅哥还给我们科普了一下尼泊尔的婚俗。

在尼泊尔，一般的婚礼起码要举行4天，有许多烦琐礼节。直到现在，尼泊尔人大部分的婚姻还是父母之命，双方父母看好后两方进行商谈，确定这门亲事后就定日子。男方居然不用给礼金，女方反而要给不少嫁妆。

正式迎娶的头一天，婆婆要到女方家里去，而且这天晚上要住在那里，通宵的欢庆。婆婆顺便看看女方家境如何，婚礼操办得是否隆重。

第二天上午，婆婆把新娘迎到自己家里，有迎亲队伍相随。婆婆手里拿着一把大钥匙，牵着新娘回家。到新郎家，男方家里要举行盛大的庆祝活动，宴请亲戚朋友。

第三天，女方家到男方家里来，女方家里的陪嫁物有很多，有金子或金首饰。这天新娘的父母也要叮嘱女儿在婆婆家好好掌管家事，孝敬公婆。

第四天，把新郎新娘再接到女方家，给新郎介绍女方家里的亲戚朋友。

第五天，再把新娘和新郎送回男方家，自此新娘就算正式嫁到新郎家里了。

从这场偶遇的婚礼，我们可以感觉到，尼泊尔的青年在接纳西方文化的同时非常乐于传承本国的古老习俗，婚礼便是他们努力保持传统文化的主要方式之一。婚礼集奢华与传统为一身，既闪耀着华贵的光彩，又继承着古老传统的质朴。按照民族的传统婚礼习俗，程序比较复杂，讲究也颇多，但是却充分体现了民俗文化的精髓。每个人都希望拥有选择幸福的权利，然而各国的文化和习俗不同，婚姻自由并不是人人都能拥有的。不过，我还是乐观地希望，无论包办婚姻还是自由婚姻，希望新婚夫妻婚后的生活都尽可能地美满些吧。

在玻利维亚的拉巴斯，我们在同一天遇上两场婚礼。

第一场婚礼是在缆车观光的时候偶遇的。当时我们正在缆车站台排队入站，突然发现前面有一位穿着白色婚纱的女子，她手上拿着一束花，正和两个女伴一起检票入站，后面还跟着一个穿灰色西装的男人，应该是新郎。为了观看婚礼，我们兴致勃勃地跟随着新娘新郎乘坐缆车来到山顶平台。

出了缆车站台，两位新人在山顶车站旁边的一家炸鸡店门口照相。这个时候，我们才看清新郎新娘的模样。高原寒冷，紫外线特别强烈，印加人的皮肤都比较粗糙黝黑，新郎和新娘看上去长得有点着急，在我们看来，都像三十好几的岁数，这个年纪才结婚，略微显得有点大。新郎穿着当地时兴的西装，手上拿着一台DV。新娘穿着一套白色的婚纱，头上有朴素的头饰，脸上精致的妆容是这场朴素的婚礼中最耀眼的。她有两位女子同行帮忙拿着衣物和化妆袋，再没有其他的随行人员。

开开心心地照完相，几个人走进了炸鸡店，开始他们的婚宴了。这时陆陆续续进来几个人，他们纷纷走到新人面前，有的拿着鲜花，有的拿着小礼包，大家开始拥抱道贺，原来真的是在这家炸鸡店举行婚礼！中午山顶的炸鸡店游客很多，但是大家自顾自足的样子，没有围观，也没有喝彩。我们这几个陌生人把自己当成这场缆车婚礼不请自来的宾客，也就悄悄地找了个角落自费点了炸鸡可乐，凑个热闹。

吃完人生第一次自己埋单的炸鸡店喜酒，我们坐缆车前往山下继续观光，可爱的新人与亲朋还在炸鸡店里继续他们的欢喜。看着山顶平台那洋溢着幸福的一对新人的身影渐渐变小，我看着身边的Joas，不知道多年以后，长大后的他还会不会记得异国缆车上的婚礼。

我们乘坐缆车在市区随意参观，没想到下午经过酒店附近的教堂又遇上了一场婚礼。教堂门前人头涌动，有乐队、礼仪人员，亲戚朋友一大群，门前还停着不少上档次的小车，新郎新娘幸福洋溢地接受大家的祝福。当新娘牵着新郎的手笑盈盈地走出教堂的大门，旁边的亲友纷纷撒上花瓣和礼花，可爱的小花童穿着小礼服磕磕绊绊地跟在后面，黑溜溜的眼睛满是不知所措，时不时低头去捡地上的礼花，那天真烂漫的样子逗得周围的人忍俊不禁。

上午到下午，山顶到山谷，缆车婚礼和教堂婚礼，不同的经济收入决定婚礼排场的大小，呈现了这个神奇国度两层阶级不同的生存状态。爱，从来不因贫富而分出高低，缆车简朴婚礼的爱情不比教堂隆重婚礼的爱情廉价，新人之间的爱意也不见得比教堂婚礼少。如若真心相爱又能走在一起，双方都会想让自己的配偶收到最好的祝福，有时物质条件反倒不那么重要。

这些旅行中偶遇的婚礼，既是当地社会意识形态之一，又是一个国家、民族长期积淀凝聚的文化遗产，成为打开我们认识特定的文化和风俗的一把密钥，让我们的文化认识和旅行体验更为丰富。中国传统以红色为喜庆，黑白为悲伤，其他国家则不一样。旅游前对当地的节庆风俗做一些了解，并且考察当地的文化，有助于孩子思考"这个地方的人们有什么节日""他们是怎样过节的""他们为什么这样庆祝节日"等问题，也有助于培养孩子文化比较的思维能力。如果旅行路上能遇到节庆活动，在征得主人的同意下，家长不妨和孩子任性地参加一次，或许你会发现孩子对民俗有了不同的理解。

第 2 篇

语言篇
直通全世界进行时

多一种语言，多打开一扇观察世界的门

（外语的奇妙用处）

汉语是全世界使用人口最多的语言，而当今世界公认的国际通用语言是英语。全球以英语为母语的人将近4亿，约有20个国家、8亿人把英语作为官方语言或第二语言使用，差不多每10个人中就有1个人讲英语，这还不包括在互联网领域的英语使用人数[①]。若算上世界各国大中小学学习英语的人，懂英语的人就更多了，全世界差不多每5个人中就有1个人至少在一定程度上懂英语。所以英语当仁不让地成为世界上使用最广泛的语言之一，说它是世界语言也不为过。

要说世界上哪些个国家学英语最卖力？我想中国绝对是第一名。英语在中国的地位有多高？各种考试要考英语、职称评定要考英语，至于其他的比如计算机专业或外贸公司，对英语水平有更高的要求。

有硬性的要求，便有刚性的需要。中国英语培训机构的生意红红火火，有多火爆就不多说了。没试过在网上被培训机构的"饥饿营销"逼得守着电脑、手机给孩子"抢班"的家长，可以看看这些机构下课接送孩子的"人龙"。在中国，子女永远是家庭生活的中心。为了不让孩子输在起跑线上，家长们铆足了劲让孩子参加各种线上线下英语培训。这样的培训方式也培养了不少"精英"，但培训更多的是为了应试而搞的英语题海战术，真正提高孩子的外语综合能力还得靠大胆地多说多练习。（由于是非英语专业从业人士，此处保留看法。）

---

① 相关数据资料参考，详见 https://zhidao.baidu.com/question/1732244281789616027.html。

语言的学习以大量的输入为前提，缺乏语言环境，我们可以创造。中国"雅思之父"胡敏提倡"不要'学英语'，而要'用英语学习'"。大家都知道，英语和汉语是完全不同的两个语言体系，一个是表音文字，一个是表意文字，发音规则也完全不一样。孩子运用这两种不同语系的语言，其实使用了大脑皮层的不同区域。越小的孩子语言接受能力越强，越容易掌握外语，所以越早接触越容易上手。

在国外旅行经常用到英语，但旅行是一种非常态的生活，如果想通过旅行说上几天口语就达到快速提高英语水平的目的，是不太实际的，除非是在母语为英语的国家逗留较长的时间。不过在英语环境中旅行，每天都有大量的信息和知识涌入我们的脑海，需要我们调动英语表达进而以用促学，倒真的可以在一定程度上提高英语听说读写的应用能力。而在这个过程中，家长也不妨自己积极创建环境为"用英语学习"提供空间，在实践中了解更多的英语交流技巧，使自己的听说能力再上一个台阶。

如果家长英语比较差，甚至处于"哑巴英语"的状态，在选择亲子自由行的时候心理上承受的压力会更大，有的可能会放弃自由行，而改成孩子参加游学团或一家人跟团。其实无论哪种方式，都有利有弊，各有所得。

亲子自由行十几年间，我们在路上见过太多不会当地语言的旅行者。他们一样潇洒地走街串巷，风光背后当然也有着曲折，但是语言从来就不是我们停止行走的理由。相比随意波澜的旅行经历，每一次的忙碌与沟通不便的沮丧、误打误撞的惊喜，这些源源不断的动力会让人忘却语言的障碍，涌现无穷的向往。一家人在不同的外部环境中切实可行地操练外语，锻炼听说读写思的综合使用能力，不仅促进家长和孩子的语言学习，提高大家的语言认识和沟通水平，还在行程管理、应对突发事件、丰富旅程等方面促进旅商的培养，可谓一举多得。

2011年是我第一次带儿子Joas出国自助游。在澳大利亚布里斯班的一个小公园，偶遇一对夫妻带着儿子来练习足球。因为Joas在国内练过足球，所以两个孩子就磕磕巴巴地用英语加肢体语言沟通着，玩到一块去了。我也与他的爸爸妈妈一起聊天。夫妻俩年纪比较大，先生的头光光的，戴个眼镜，叫John。太太叫Diena，气质很好，穿着很优雅。通过交谈，我得知这对夫妻是从加拿大移民来布里斯班的，家里有五个女儿和一个儿子，儿子Steven是最小的，四女儿和小儿子都在学中文。得知我在国内从事中文教学，夫妻俩很感兴趣，邀请我回中国前到他们家去做客。夫妻俩诚恳又热情，看看草地上玩得不亦乐乎的两个足球娃娃，我爽快地答应了。

John的家位于美丽的布里斯班河畔，有一幢大大的三层楼房和一个泳池，透过二楼的落地玻璃窗可以270°欣赏旖旎的河景。我和Joas受到了热情的款待，在他们家度过了难忘的一个星期。Joas和Steven每天在一起中文英文混说，一起踢踢足球，有时跟着John在昆士兰大学读书的女儿Alex去大学逛逛，去博物馆、美术馆参观。Alex也时不时和我们练习一下中文，我们在一起包饺子、做三明治，两家人结下了深厚的情谊。

回国后，我们一家和John一家经常联系。2017年3月，John给我发了个邮件，说他的小女儿Alex想来广州学中文，想更深入地了解中国文化。我和Joas精心制作了欢迎函，并去机场接Alex。时间过得真快，当年的小姐姐都大学毕业了，Steven和我儿子都长成快一米八的大个子了，但是我们两家的情谊没有变。

Alex住在我们家，开始在一家国际法律事务所的广州分公司实习。这时的Joas和Alex沟通顺畅多了，基本可以用英文交流，我这个翻译可以退场了。多奇妙的缘分！如果我们不会英语，Alex他们也没有学习中文，我们肯定不会因为大家都在学习各自的母语而产生亲切感，也不会有进一步的沟通和交往，更别提亲身进入异国的家庭体验不同的文化并结下友谊。所以，多学一种语言，其实等于多打开一扇观察世界的大门，会获得更多的机会。当然我们也可以跟团去旅行，但是会受到团队行程的限制，少了许多自主探究的空间。多学一种语言，可以多了解一种文化，让旅途有更多与当地人接触的机会。

语言从不是障碍

（结巴英语出国旅行）

第一次跟着妈妈出国去澳大利亚的Joas，是个不到8岁的小男孩。他从小爱笑，性格活泼，与小朋友搭讪是他天生的本事。记得在他小时候，我们与朋友在外面的酒店聚餐，小小的他才2岁多一点，走路还一摇一晃的，居然不到一会儿就可以拉着朋友5岁的女儿一起出门去看小汽车。胖乎乎的小人摇摇晃晃地拉着比他高半个头的小姐姐语音含糊地比划着，眉眼生动，让大人们哭笑不得。

飞机从深圳起飞，途经新加坡中转到达布里斯班。带着小孩子第一次出国的我不也敢走太远，在樟宜机场百般无奈地瞎转了半天，在一家有中文服务的餐厅吃了个简餐，就带着Joas在儿童游乐区玩耍。转机的新加坡樟宜机场（Singapore Changi Airport）是全球排名前列的机场，以良好的综合服务在亚洲稳居第一，机场内设有丰富的娱乐设施，如电影院24小时免费放映最新影片，XBOX KINECT室运动体验及XBOX 360 / PLAYSTATION 3精彩游戏等。听到一同坐飞机到新加坡转机去马尔代夫的一位深圳妈妈说，有新航免费为转机旅客提供旅游巴士在市区游新加坡的服务，我和儿子高兴坏了，找到机场工作人员一打听，才知每天仅有四班车，最后一班是下午3:30，我们已经错过了，好可惜！

独自玩了一会儿滑滑梯，儿子觉得有点无聊。这时，旁边来了一个肤色较深的印度小男孩，父母带着孩子在新加坡转机回孟买。短短几分钟，两个语言完全无法沟通的孩子居然交上了朋友，在游乐园里玩得不亦乐乎，儿子的社交能力真的比他老妈强多了。Joas平时很放得开，可是由于语言不通，他还是有点腼腆，两个人鸡同鸭讲，实在不知他们是怎样沟通的。

候机时间过得很快，我们根据广播提示和一群安静的澳大利亚人上了飞机。这是我和儿子第二次坐空客333，新加坡航空的飞机很新，空乘服务很贴心，像我这种工薪阶层只能坐经济舱，但也有宾至如归的感觉。有一位空姐特漂亮，腰细细的，气质也很好，特有的南亚人的五官非常立体。Joas觉得姐姐很漂亮，一路上不停地盯着她看：窈窕淑女，君子好逑——美丽的事物真是人人爱呀。

飞机提供的饮品很多，我尝了"司令鸡尾酒"，而Joas喝完可乐还想要，我跟他说："大胆一点，自己跟姐姐说。"小家伙鼓起勇气，用英语结结巴巴地问空姐："你好，我要可乐。嗯，可乐！"。

空姐对中国孩子的英语也见怪不怪，送上可乐的时候还笑着送了一顶帽子给儿子，对于这意外的惊喜，Joas礼貌地用英语道谢。

最不习惯的就是飞机餐点：9点多吃晚餐，我一点也吃不下。夜不能寐，我一整晚都很难受，这时才感到家里的床是多么的亲切！凌晨2点，空姐们又开始送餐了，一问才知道：吃早餐。晕！凌晨2点吃早餐，我这辈子第一次这么早吃早餐！早餐很丰盛，不过我们真是一点胃口都没有，食不知味，如同嚼蜡，我和儿子都有点想家了。

左顾右盼之间终于熬到3点，看到天边的微红曙光和浩瀚的天际线，东边出现了一幅非常壮观的景象，我们在凌晨时分到达澳大利亚的布里斯班。

不少的朋友都提到澳洲的海关检查非常的严格，什么食物都不能带，尤其是中药。过海关的时候，每个人还必须让受过训练的警犬检查。虽然已经再三地进行了预习，我还是遇到了一些麻烦：一个单身女人带着一个孩子独自入境，是海关工作人员的严查对象。在签证的时候签证官拒签，并打电话给我们家儿子的爸爸，亲自询问作为孩子的监护人之一，是否知道太太独自带着孩子去澳大利亚旅行。在入关的时候，我和儿子在一群乌克兰白人高中生当中，显得尤其另类，自然而然就被

"有爱"的海关官员叫到一边进行询问。这个时候我才发现，国内老师教的、学校里面学的英语，全部都用不上。我们双方之间的沟通一开始还比较顺畅，但是当被问到一些很专业的问题的时候，我的词汇就见底了，最主要是人家的语音与我在国内学的完全不一样，于是产生了一定的误会。

这个时候，高个子的金发官员无奈地摇了摇头，他请来一个警察，我觉得麻烦大了！看样子我马上就要申请懂中文的警察来进行协助沟通才行，否则依照这个样子我可能一脚都没踏入澳大利亚就被遣返回中国去！那样机票就泡汤了，所有订好的酒店以及我们的旅行计划也就全部灰飞烟灭了。幸好，这时过来的这个略懂中文的工作人员，给我们做了翻译，我向他讲解了我这一次主要是带着孩子来旅游，在澳大利亚并没有任何的亲人或朋友。他们仔细查看了我的护照，询问了我的职业，最后让我通关了，这时我心里的石头才落地。

我以前从没有出过国，整个人很忐忑。我的寄宿家庭需要搭乘接驳车从布里斯班到阳光海岸，由于根本搞不清楚该在哪里坐车，我在机场急得团团转，到处找路牌。这个时候，热情的咖啡店服务员亲自把我带到了坐车的地方。其实，布里斯班的机场很小，一出机场就可以看到机场门口停着一些非常有趣的接驳车，稍有经验的旅客轻易就可以找到。

我们用蹩脚的英语坐上了前往阳光海岸的专线车，找到位于阳光海岸小镇上的寄宿家庭。寄宿家庭的户主曾经在广州的天河区工作过1年，会几个中文词汇。他们家有两个女儿，一个是6岁的Stela，刚上一年级，另一个是不到4岁的Piper。这两个孩子一点中文也不会说，而Joas也不怎么会说英语，这可真是考验他的适应力了。相信在接下来的一个多月时间里，他的英语口语和听力肯定会有进步。

就这样，两个英语很不流利的一大一小，开始了在澳大利亚40天的亲子自助游，并在这个温暖的南半球国度结识了新的朋友，开始了奇妙的亲子旅行。

语言，从不是阻止我们远行的理由。路一直在脚下，大胆地迈出第一步，世界就向你敞开更大的怀抱，语言的提升随之而来。

拔苗助长的日子

（尊重孩子的成长规律）

从小我就告诉Joas，英语是一门很重要的语言，咱们得把英语学好，学好了对以后发展有很大的帮助。于是，在他还上幼儿园的时候，我这个着急的妈妈就开始"拔苗助长"了，早早地把他送到了儿童英语机构，请了一个英语外教组织几个同年龄的小朋友进行小组学习。

学了一段时间，我觉得没什么效果，那个外教老师也不太负责，收了学费没多久就没有再给我们上课了。不气馁的我又找了一个信誉比较好的英语学习机构，继续一厢情愿地把并不擅长语言学习的儿子往英语小达人的领域"拔"。

在英语机构里，Joas和另一个孩子是班上最小的，其他的孩子都是小学生，有的已经上二三年级了。儿子在里面基本上听不懂，听不懂能干啥？当然就是捣蛋啰！活泼好动的小家伙经常会被老师安排到第一排，甚至课后留堂。慢慢地，我发现儿子好像不太喜欢听英语，甚至一听说要上英语课就想逃课。老师也委婉地暗示我，孩子在班里面什么也学不到，作为老师很惭愧之类的话。其实言下之意就是说你的孩子纪律不好，又学不到东西，你还是别来了吧。

失落的我没有反思自己的问题，而是本着失败乃成功之母的真理坚持不放弃，又把儿子转到另一个班。结果还是一样，效果糟糕透了。Joas回来跟我说，他听不懂老师讲什么，别的孩子都上小学二三年级，他们的单词小测总是能考高分，而上幼儿园大班的他抄都抄不过来，他觉得很辛苦。终于，我们从这个班退出来了。

我觉得国内的英语培训机构好像不太适合孩子，就又把心思放到了国外。Joas小学二年级的时候，我就带着他通过一种有意思的旅行方式去了澳大利亚，住在寄宿家庭里，希望他通过与当地以英语为母语的孩子相处，通过浸入式学习，找到学习英语的窍门，从此打开英语学习的大门，走上学习外语的平坦道路。

不可否认，浸入式英语学习对儿子有一定的效果。孩子从这一次的长期旅行当中发现，自认为很深奥的英语不过就是别人家里面说的一种简单的语言，就像他天生处在汉语国家会说汉语一样。天天说，天天用，自然就会了，儿子对英语的恐惧感就自行消除了。

因为这次出国亲子旅行的英语启蒙体验感不错，回国之后，我以为有了在澳大利亚的基础铺垫，就继续把他送去各种英语机构，可惜无奈地发现这种割裂语言环境的英语学习方式，并没有很好地激发孩子的学习兴趣。确实，Joas的语言学习能力一般，虽然家长、教师投入巨大，但他并没有在这个过程当中享受到学习的快乐，反而感受到压力。

为此，我特别的苦恼，付出大量的时间、精力、物力和金钱，为什么孩子没有如我所愿地把英语学好？究竟问题出在哪里？

痛定思痛，我停下脚步，没有再送儿子去培训机构学习所谓的少儿英语。既然旅行浸入法学习英语有效，那么就利用我们寒暑假的时间，通过这种旅行学英语的方式，让孩子到英语国家去，提高他对英语的兴趣以及学习英语的效果。于是，我们开始改变方式，向国外迈出了更大、更远的脚步。

我们发现Joas能在国外应用几个单词对他来说是一个很大的鼓励，在尼泊尔与导游沟通时，他甚至能给爸爸翻译上几句。有的时候，他与爸爸在问路和购物中解决了一些实际交流问题，就会让他获得成就感。他越来越敢开口说，当然也就增强了自信，几次旅行归来后，我们发现他已经能做一些简单的口语交流了。

以此为基础，我们在朋友的推荐下，开始接触线上的英语学习，与国外的英语教师进行线上网络课程学习。首先，他跟菲律宾的老师进行一对一对话学习。菲律宾的老师收费比较便宜，但是有些地方口音，可以简单地练习一下英语口语。现在线上有很多教材可供选择，如《新概念英语》《青少年进阶英语》等。坚持了两年下来，Joas的口语表达有了较大的进步，我们开始转入欧美老师的课堂。与菲律宾的老师相比，欧美老师在发音以及课堂气氛调动上都要更好，所以儿子在应急对话和情景对话方面的能力有比较大的提高。更主要的原因是他在校内课程中不断地增加词汇量，语法水平也有了提升。当课内和课外以及理解能力等方面相辅相成时，他的英语才开始有了真正的进步。

日常的简单会话需要语言环境，比较容易做到。不过，我还是希望他能有质量地进行交流，学会用英语思考，并能真实地有层次地展现自己。要达到这一步，就不容易了，必须背记大量的词汇、俗语。英语口语能力的终极体现，说到底是表达和交流的能力。而且不论我们给孩子找了多优秀的老师，孩子跟老师学习的过程，也始终是只跟这一位老师交流的过程。所以，不论学了多久，只要换个环境，换个交流对象，孩子的表达就开始力不从心。我们更提倡学与用相结合，这么多年的国外旅行，通过与外国友人交流并接触到不同国家的方言英语，儿子的英语会话能力、语音和语调比我这个妈妈要强。

回过头来看自己在孩子学英语时走过的路，觉得以前真的是太着急了。英语启蒙教育也是一个循序渐进的过程，培养兴趣是启蒙教育的动力，生动、有趣的教学方式才能吸引孩子。家长一厢情愿地花大价钱把孩子放到一个教学环境当中，以为就能够让孩子自然地学会英语。但实际上，这种做法增加了孩子的压力，甚至可能让孩子对英语学习产生厌倦、畏惧情绪。孩子本身的学习能力以及知识水平并没有发展到相应的水平，强行把他放在一个固化、压抑的学习环境，反而让他觉得焦虑，结果适得其反。

时至今日，Joas的英语成绩不见得有多好，但是需要英语口语沟通时的语音和表达勇气、积极性还是值得肯定的。我也不知道，像我这样拔苗助长殷切盼望孩子快快学好英语的家长还有多少，希望大家互相分享经验，互相学习吧。

行走的英语名片

（外语的不同学习方式）

随着出行范围的扩大，Joas的英语词汇渐渐有了积累，有时甚至可以充当爸爸的小翻译了。

在尼泊尔奇特旺的热带雨林，我们雇了一个当地的向导伊索——一个不到20岁的导游，人长得黑黑壮壮，身高约一米七五，特别憨厚，一笑起来露出洁白的牙齿，说一口尼泊尔腔的英语，正好和我们的中式英语产生美丽的碰撞。

开始的时候，Joas不太敢开口和伊索对话，但是伊索特别会逗孩子，经常在雨林中带着儿子找猴子、梅花鹿等小动物，不一会儿就把Joas的金口打开了。一大一小两个男孩走在我们前面，不时用不同腔调的英语对话，讲不通的地方就加上手势或折一根树枝在地上画画，相处十分愉快。在我们徒步去河马生活的小河滩时，爸爸问了伊索两个问题，可是英语水平实在有限，指手画脚支吾半天还是大眼瞪小眼。Joas自告奋勇接过重任，充当两人的翻译，给了我们一个大大的惊喜。

回到酒店，我们发现酒店的花园里坐着一个喝下午茶的老太太，居然也是中国人。虽然头发已经发白，但是老人家秀气的脸上笑容淡淡，气质特别可人。老人家是北京人，老伴已经去世，退休后自己开始环游世界。她身上随身带着ipad，询问我们怎样加入酒店的Wi-Fi，我们很乐意帮她解决这种小问题。过了一会儿，老人家拿出了自己珍藏的宝物——几大张打印着中英文对照的双语的过好塑的A4纸，上面密密麻麻地打印着各种旅行的基本用语，如：请带我到机场。请开车送我回酒店。请问怎么去博物馆……

老人家见我们好奇地看着她的宝贝，坦然地笑了："我都快60岁了，英语不好，没几个单词懂的，我让女儿帮我打印、过塑了一些常用的英语句子，这样就方便多了，别人也能帮到我。"

Joas惊奇地接过一张张宝贝，跟着上面的句子读了起来，遇到不认识的单词自动跳过，小眼珠子转得飞快："妈妈，这个办法太妙了，我要给爸爸制作一些英语卡片。这样，我不在爸爸身边，他也可以找到人帮忙了。"大家听了，哄堂大笑，爸爸也不好意思地点点头："我看行！"

得到肯定的儿子很快忙活起来，在酒店的前台找了几张便条纸，用铅笔写下几个英语单词和句子，才8岁大的孩子词汇量实在有限，但是看他不断地主动学习、更新着学习外语的方法，我们不禁内心窃喜。中国文化提倡"知行合一"，学外语如果能"学用合一"，在一个开放实用的环境中学习，那效果肯定比"密室英语"要好一些。

越南的旅游市场比较成熟，当地的旅游从业者英语水平也不错。录入世界文化遗产的会安小城并不如我们想象中宁静，满大街挨挨挤挤的人群，铺陈入目的旅游纪念品，飘荡在空中腔调各异的英语，与低矮的黄楼、锦绣的红花掩映交辉。Joas的英语卡片之旅在这里有了一定的发挥空间。

当天正好有越南当地的歌手选秀大赛，我们混在粉丝中听了一会儿。由于语言不通，仅看看歌手引吭高歌，音乐旋律有点像20世纪80年代的港台歌曲，至于形象和台风我们也看不出什么门道，于是打算到河边的日本桥上去放莲花灯。

河边有许多买冰冻椰子的露天小摊位，口渴的Joas对加了青柠檬的椰子水垂涎已久。"妈妈，我口渴了，想喝点椰子水。"

"行啊，你手上还有多少越南盾？"

认真数了一会儿越南纸币上的零，他兴奋的脸庞散发着土豪气息："我还有100千！"（越南盾独特的读法，后面的三个零直接读"千"，如50 000读作50千。）

我很乐意享受"小跑腿"的服务："你自己去买吧！我和爸爸就在这看演出，你顺便帮我们也买上一杯。"

过了将近十来分钟，人还没见回来，我有点着急了。我和他爸爸走去河边一看，那个小帅哥正拿着几瓶椰子水在一个卖手工明信片的摊位上手舞足蹈地讲着什么。

我们没有声张，悄悄走上前，偷偷听儿子和女摊主的交谈。

"你这也太贵了！"儿子还在讲价的大道上努力前进。

"不贵，这是手工做的，上面是越南的特色！"

"我买五张，可以打折我就买了！"这个句子对Joas来说有点难，尤其是"打折"这个单词，说得有点磕磕巴巴，发音有点不准。我很好奇，他是从哪学来的这个词呢？

最终，两人成交了，手上拿着一沓明信片回头与我们打照面的儿子愣了一下，很快笑嘻嘻地递上了青柠椰子水。在他的小背包里，我看见露出边角的几张小卡片，上面隐约可见一些英文字母。

好奇的妈妈一向憋不了太久，忍不住还是问出声："你带了秘密卡片？"

男孩有点不太好意思："我上次给爸爸做的英语卡片还在包里，有空读读，没想到还挺有用。"

旁边的爸爸一听，马上配合地问儿子要了英语卡片，装作认真的样子拼读几句，表示以后要好好向儿子学习，争取独立完成购物的重任。后来在西贡，在英语卡片的"神助"下，爸爸"英勇无畏"地独自一人坐上出租车，前往综合大市场购买了许多越南木雕，实现了"零"的突破。

就这样，我们在Joas天书般的、造型各异的、材质繁多的英语卡片中得到了莫大的快乐。

潜移默化的语言

（语言的同化作用）

之所以选择西班牙语作为第二外语，我其实是有私心的，除了想去南美旅游，另外是兴趣，也是为了打发时间。其实，本人口语水平极普通，不过跟过的几个西班牙语籍外教都是用英语教西语，我趁着学西语也温习了英语，一举两得。

最初，我在国内某著名语言机构学习西班牙语，读的是初级的A1班，教室里有30个学生，人数太多、开口机会少，且学完后处于"哑巴"状态，就果断转到位于珠江新城的西班牙人执教的语言机构。断断续续学了3年，每到周末，既兴奋又难堪，在一堆"鲜肉"大学生中，我总是遗憾地拉高年龄值，实在有点抱歉。所以对于班上的西语同学、老师打探我的年龄，总是婉转地呵呵一笑，转移话题。

西语音调又高又硬，语速极快，虽然天天起床坚持听听力，来到南美，还是有听快板的感觉。秘鲁人最好，语速比较适中；而智利人有白种人的血统，骨子里有点瞧不起中国人，他们语速较快，且经济发展相对较好，对话时总是不耐烦地打断我的蜗速西语："Can you speak English？"偏巧我又是个隐藏的顽固分子，坚决不动摇地一词一句把想说的西语讲完，瞪着并不大的双眼看对方反应，非得对方用西语回答。如果我听不明白，再赏他们一句："Más despacio, pro favor."（请慢一点，重复一次。）反正银子在我口袋，想要赚我的钱，就得尊重我。

2017年春节的南美一行6个人，除我之外，其余5人完全不懂西语。但环境是最好的语言驱动力，当我有时不在他们身边的时候，这些人就被迫英语、西语混中文一起"乱炖"了。

　　为了应付一些特殊情况，一路上我尽可能地利用碎片时间开了一个西语速成班，教了他们一些最常用又简单的单词和短语。学习态度最好的是小罗姐姐，她不仅认真学，而且能够大胆说，记性也不错，所以几天下来居然能简单讲几句。Joas和吉吉两位中学生最大的优势就是年轻、上手快，可脸皮比较薄，很多时候用英语交流。在秘鲁和智利讲英语还有不少人听得懂，但到玻利维亚就行不通了，甚至许多导游和司机都不谙英语，不过最常用的就是简单的"你好、再见"，所以两位可爱的中国少年也学了几个简单的单词，Gracias（谢谢）、Adios（再见）、De nada（不用谢）、La cuenta（结账）……

　　朋友讲一口广东腔的英语，口语能力一般，但是词汇量丰富，英语的书面运用能力不错，所以有的时候可以根据西班牙语的词根去猜测单词的意思，效果往往出人意料。英语本来就停留在中学水平的大Z学习态度最马虎，但是这个人有几分歪才，经常用一些令人笑喷饭的点子帮助大家记西语。比如我们最大的麻烦是上厕所，南美洗手间叫"baño"，大Z发明了译音"把尿"，生动传神，大家一下子就记住了。可是许多厕所没有图案指示，仅有单词，而且经常发生变化：秘鲁用masculino和femenil表示男女，玻利维亚用hombre和mujer。而智利最好玩，女人用dama（"大妈"）表示，不管小女孩美少女老妇人，最后都成为洗手间大妈，太好玩了。于是大Z申请专利，发明了用单词的长短来记辨别男女洗手间的方法。反正一路上，因西语闹的笑话不少，印加人天天吃的土豆叫"papa"，爸爸也叫"papa"，这下可好了，天天顿顿吃"老爸"，现在我们一见papa就胃酸泛滥，闻"pa"色变。

　　虽然如此，但是我们实实在在地感受到了西语的魅力，无论什么面孔，大家见面第一问候必定是"Hola！"（你好），类似于"感谢！不客气，请"等礼貌用语时时出现在耳边，文明热情的语言常常让我们自愧。

　　罗素说："人生幸福在于良好习惯的养成。从此养成良好的习惯，优良素质便犹如天性一样坚不可摧。"孩子粗口不断，有什么礼貌可言？从语言开始培养孩子的文明习惯，这些看似不起眼的生活细节和文明礼仪，却最能看出个人行为修养。

"以善先人者，谓之教"。孩子的行为往往是成人世界的映射。许多旅行的"伤不起"很容易让人联想到广受诟病的"大陆旅游团"形象，公众场所的大声喧哗、插队加塞、乱扔垃圾等，成了贴在中国人身上的负面标签。而社会中的每一个成人，都可能是孩子效仿的对象，家长自己喜欢大嗓门说粗言滥语，孩子很容易就上口了。家长听之任之，或不制止与不及时纠正，还"助纣为虐"幸哉乐哉参与其中就是直接的纵容与"教坏"。殊不知，正是貌似这样的"小事"，其实正一点一滴地侵蚀着孩子的语言文明，也毒害着孩子心灵，阻碍文明习惯的养成与健康成长。语言文明的养成，不是一朝一夕之功，而是一个耳濡目染、逐步形成的过程，家长应负起第一责任。

比起掌握西语词汇的增加，我们更骄傲的是孩子对文明礼貌用语的熟练使用。虽然两个家庭大部分成员就会那么几句常用语，但是无论什么时候，我们远远见到对方就开始打招呼，大家回报以亲切的笑容，小小的帮忙必有"感谢"相伴。语言文明慢慢发酵出说话和气、举止文雅的好气质，南美洲的天空与旅行途中相识或陌生的人亲热的问候成为我们美好的旅行回忆。

说点当地语言，至少掌握几句话，将打开更多的门，有时候还会给旅行带来意想不到的惊喜！

尼泊尔的问候语是"Nemaste"，在入境检查的时候，我面带笑容跟海关工作人员礼貌地打招呼，他们特别热情，态度也特别好。一路的旅行中，这句简单的问候语发生了神奇的作用：导游与你亲近一点，开车的司机会给你找个座位，甚至陌生的卖水果的老太太也会多给你一个水果。其实不是多大的事，但因为你能够说当地的语言，这在当地人的脑海中感受的其实是你作为一个外来游客对当地文化和人民的一种尊重，自然而然地就拉近了双方的距离，接下来的搭话就容易多了，这个时候你能获得的帮助或者是相关的信息也会相对多一些,甚至如果你会当地语言,可能会享受到更好的待遇。

能够使用不同的语言交流更容易赢得他人的关注,除了这个显而易见的原因,背后还有一个更加微妙的影响。主要是由于不同的语言影响我们的思维方式,从如何选择词汇来描述我们周围的世界,到不同文化给你带来的影响。实际上,这是一件很棒的事情,不同的语言之间切换的能力可以提高理解别人的能力,使我们更善解人意并能更好地交流。因此,能大大改善你与他人的关系。自由行和旅游团最大的一个区别仅仅是前者能真正地接触当地人并更深层次地了解当地文化,而后者只是快速和肤浅的享受。掌握一些当地语言将帮助您与当地人建立更深的了解。

建议:学几句当地的礼貌用语,受益良多!旅行时家长不说或少说粗言。注意当地一些避忌语言,不尝试语言挑衅。

外语砍价进行时

（财商培养、鼓励孩子运用英语）

旅行中有一种方式，是锻炼孩子外语沟通胆量并提高外语口头表达能力的好办法，我家经常用，而且效果不错，那就是买东西砍价。一方面可以培养孩子的理财能力，另一方面确确实实地让孩子进行了语言实训，直线提高旅商水平，可谓一举两得。

在澳大利亚布里斯班的跳蚤市场，有许许多多售卖工艺品的小摊，大部分小摊售卖的都是来自中国的商品，不过产品的种类和质量都比我在国内见过的要好。逛了一圈，我发现整个市场里除了手工肥皂、香料和一些饼干、点心是当地原产的，绝大部分的产品都是"made in China"。人民币换成澳元后价格比国内贵，我也就没什么购物的欲望了。

这时，Joas发现了一个国内产的太阳能小玩具，造型是一朵花上面有两只小蜜蜂。当太阳能电板充电时，小蜜蜂就会盘旋飞舞，这是我们在国内没见过的，小家伙恋恋不舍地在玩具前驻足。

我对儿子说："你喜欢这个玩具吗？你可以尝试自己和阿姨讲讲价，如果价格能降下来，可以考虑买一个哦！"受到鼓励的男孩儿开始壮起胆子用磕磕巴巴的英语讲价，小贩见到七八岁的中国小孩紧张又可爱的样子，主动降价10%。就这样，Joas愉快地完成了人生第一次自己用外语砍价的购物体验。

并不擅长理财的儿子通过讲价真正接触到如何使用金钱，开始了自己独特的用英语来学习的方式。

尼泊尔加德满都的泰米尔是游客集散地，最宽的街道不过四五米，建筑毫无秩序，如蜘蛛网般的电线缠绕在房檐下，但也无损它浓厚的商业气息，到处都是五花八门的旅游纪念品。Joas第二次革命式的价格演习就发生在这里。

快回国了，我们吃完饭后在街上乱逛打发时间，顺便买一些纪念品回家送给亲戚朋友。在街口高压线旁有一家卖牛皮小包和藏传佛教铜碗的店铺，我和Joas爸爸在看小包，Joas被黄铜制作的小碗深深地吸引了。黄色灯光下，厚重的黄铜碗上镌刻的藏文发出悠悠的光芒，时不时闪烁着我们的眼睛。店家见小孩子的眼睛发亮，知道有生意可做了，马上拿出一根小木棒在碗边敲着，神奇的一幕发生了，小小黄铜碗居然发生了共振现象，碗身也在不停地振动着，发出好听的"嗡嗡"声。中年男店主面带微笑，放下小棒伸出双手抚摸铜碗，小碗停止振动，嗡鸣声也随之消失。

"我想要买这个铜碗，妈妈，请问可以吗？"

"当然可以，不过你得自己跟老板商量价格哦！记得用上砍价秘诀会更好。"看着小家伙发光的眼睛，我体会到他的渴望。这确实是一件值得购买的纪念品，儿子的眼光不错，所以我鼓励他大胆尝试沟通价格。

Joas开始转身走向店主："你好，先生！请问你的商品可以便宜一点吗？"（砍价秘诀第一招：询问是否可以砍价。）

"你好，可爱的小朋友，你那么可爱，当然可以便宜一点，20美金。"老板可是精明的商人。

"可是这个碗比较小，而且不是真的铜的，请你便宜一点。"（砍价秘诀第二招：表示自己识货。）

老板意外地笑了笑，没想到这个小男孩还有点小技巧，然后抓了抓头发说："那么15美金，朋友价，非常低的价格了！"

"8美金！"儿子非常坚定地给出了价格，居然砍半，看来小家伙的心里还真的有点谱。（砍价秘诀第三招：坚定地给出自己的价格。）

"太低了,连成本都不够啊!"老板叫苦连天。(好像这种戏码经常会上演,不用在意。)

"老板,我是个小孩,妈妈给我的零用钱不多,这个碗换成人民币都要50多块了,买完碗我都要成穷光蛋了,而且旁边的店家也有同样的。"(**砍价秘诀第四招:表示自己的选择多。**)

都说到这样了,老板也就半推半就地把碗卖给了Joas。儿子抱着战利品走在前面,有点英雄胜利归来的感觉,我们一家人也在这样的演练中不断提升英语的口语表达能力。

第 3 篇

毅力篇
锻炼出来的坚持

🚌 运动与旅行

（健康的体魄）

没有健康强壮的身体，即使掌握再多的知识，拥有再多的成就，也不可能有快乐幸福的人生。

我一直很认同孩子应该有一项体育爱好，无论男孩还是女孩，在孩童时期开始接触和理解这个世界的时候，都该培养一项体育爱好。体育运动可以从小培养孩子的身体协调性，锻炼他的体格，助他健康成长。孩子可以在运动中经历挫折、成功，不仅锻炼了体魄，更是培养了独立意识与毅力。

科学家很早就知道运动跟情绪有关。人类在运动时会产生多巴胺、血清素和肾上腺素，这三种神经传导物质都和学习有关。多巴胺是种正向的情绪物质，人要快乐，大脑中一定要有多巴胺，人们的快乐中心伏隔核里面都是多巴胺的受体。我们看到运动完的人心情都愉快，打完球的孩子精神都亢奋。

Joas从小学一年级就被体校的教练选拔进区里的少儿足球队。当家里接到通知书时，我们很认真地召开了一个家庭会议。刚入读小学的孩子注意力并不太集中，晚上写作业时更是让大人抓狂。他坐在书桌前动来动去，老是分心，一点点作业总要磨磨蹭蹭拖到很晚才能完成。为此，我有很长一段时间老为儿子的家庭作业发愁。如果孩子放学后再去踢足球，那么按照教练的要求，下午4:30—6:30训练，一个星期最少要训练5天，回家吃完饭洗完澡，最快也要晚上8点才能开始做作业，孩子受得了吗？

相比我的担心，父子俩的口径却非常统一，坚持非去踢球不可。缺了两颗门牙说话还漏风的儿子拍着胸口，奶声奶气地说："妈妈，我一定要去踢足球，回来以后再认真写字，早早完成作业！"看着态度坚决的父子俩，二比一，我只能被动地同意了。

儿子从小身体就不太好，三天两头生病，我们半夜跑医院也是常有的事。他小脸白白嫩嫩的，长得像个秀气的小女孩，还特别容易哭鼻子，他能踢多久足球呢？我心存疑问。

很快，儿子开始进入了球童的快乐生活。每天一放学，外婆把他送去训练场踢足球。刚开始的时候有股新鲜劲儿，每天回到家里虽然小脸脏脏的，一回来累兮兮趴在沙发上，但是眼睛是发亮的，一脸满足的笑容。

"你每天训练什么呀？"我问。

"跑步，教练先让我们跑步，我们一开始跑5圈，然后再让我们带球过桩，最后再分成两组比赛。"

"哦，挺好玩的吧？"

"当然，我最喜欢比赛了，虽然还没有进过球，但是我很快就可以进球的！"小家伙自信满满地抱着饭碗，眼睛没有离开饭桌上美味的饭菜，一副饥荒过后遇上丰收的样子。外婆看着自家外孙的表现，满意极了。

进不进球我不知道，但是每天训练回来晒得红红的，饿得直跑厨房找吃的是不假。比起以前的一碗米饭，现在Joas的饭量可是大增，7岁的小人儿经常可以干掉两碗饭一碗汤，光这点就让他爸爸笑得合不拢嘴。

过了不到一个月，小家伙开始受不了了，与我预料的一样。高强度的训练让他消耗了过剩的体力，每天晚上将近7点才能筋疲力尽地回到家，洗过澡吃完饭最快也要8点钟，这时候瞌睡虫开始骚扰他，而学校的作业一字未写。其实小学的作业不算太多，但是一年级的小男孩注意力集中的时间本来就短，动作也不快，尚未形成良好的学习习惯，加上训练后的疲惫使Joas叫苦连天，要到晚上10点多才能完成所有的作业。这时，大人小孩都处在崩溃的边缘，非常让人抓狂！坚持还是放弃？儿子的球迷爸爸在这时充分发挥了作用，在孩子的边哭边闹中硬是狠下心，坚持不动摇，而且经常鼓励孩子，并给孩子录了不少视频，一有空就与儿子分享，让他通过直观的画面感受自己的努力和进步。

就这样，Joas坚持了9年，从小学一年级到初中三年级，他没有缺席过一次集训和联赛，获得了不少奖项。最重要的是他变得结实强壮、充满阳光、善于交往，在许多困难面前不再轻易退缩，懂得做事要坚持，不能轻言放弃。我这个妈妈也跟着沾光，出门的时候，重的东西肯定是儿子抢着拿，去坐飞机也是儿子看时间催促我出门。最美妙的事情就是从他读书开始，早上从来不用叫他起床。他晚上自己调好小闹钟，时间到铃声响就起床，这一点非常省心，小学仅有的一两次迟到是由于下雨塞车或者有突发情况。所以说，运动的孩子会更懂合作、能抗挫，有时间管理能力。

体育训练给予孩子健康体魄，团队竞技需要人员整合。相比之下，大部分家长会比较喜欢让孩子参加更为自主的单人运动。无论单人还是团队，运动都有助于孩子磨砺心志，增强体质。我建议孩子多去参与不以升学考试为目的、相对纯粹、适合青少年的竞技赛事，不仅能提升临场发挥的心理素质，更让孩子收获一群志同道合、共同进步的好友。

图 3-1　球场上的 Joas

竞技场也是个微观的社会。不是努力就能获得好成绩的,更不是每一场比赛,都有绝对的"公平"。比如打分、判犯规,裁判具有第一权力,球员、教练或抱怨或忍耐,也绝不能在教练做出指示和安排前,有任何表示不满的过激行为,否则将面临更为严重的判罚,影响接下来的比赛。出于以大局为重的前提,球员大都会忍让这种"不公平"。经过竞技洗礼的孩子在面对"不公平"现象时更能表现出理性的一面,哪怕有不忿,也很快能通过体育锻炼宣泄不快的情绪,重新调整心态继续出发。竞技场的经历,让孩子对未来社会的规则有更深的前置领悟,孩子在将来的路上遇到"不公平",会表现出更宽容的心态,会更快融入社会。

朋友家的孩子小名叫Bobo,从小就十分有个性。妈妈从他幼儿园的时候就开始带他参加徒步和野外露营。开始的时候小孩哭,累了实在走不动但看到别的小伙伴都在坚持,拉不下面子,咬牙吃着巧克力,硬着头皮在妈妈的带动下走完全程,几年坚持下来,活脱脱一个户外小旅行专家。

小学三年级春游的时候,有同学下车一不小心踩空摔了一跤,他马上熟练地查看同学的伤情,拿出随身携带的小急救包给同学处理。当他把急救包打开时,把我和同学们都看呆了:小小的包里面有序地摆放着各种小药品,止血贴、腹泻药、烫伤膏、消毒棒、绷带……简直是一个迷你的小医务室。Bobo一边经验老到地安慰受伤的同学,一边消毒伤口,完全是一个小医生,实在是帅。这样的孩子面对突发情况临危不急,沉着冷静,又乐于助人,能不招人喜欢吗?

运动能加深孩子对生活的理解和热爱,塑造他们的完整人格。爱运动的孩子有活力,不怕苦,耐受力更强,受伙伴的欢迎。鼓励孩子运动其实是促进他大脑功能的整合,重建孩子身心的连接,让大脑处于最佳的状态,对提高他以后出入社会的应变能力有帮助。从小就目标坚定、擅长坚持的孩子,一定会走得更远、更稳当。

冰火两重天的旅行

（毅力与体力）

俗语说，种田靠天吃饭。同样，旅行也靠天玩耍。天气是旅行的一个非常大的影响因素，遇上不可抗的恶劣天气，预定好机票酒店无法及时更改或取消，只能望洋兴叹。

我们家的旅行主要集中在寒暑两个假期，这两个时段机票价格高不说，天气也不太舒适，要么过冷，要么过热，加上孩子年龄小，常常会影响出行的情绪。但自从孩子上小学踢了足球以后，这种情况大为改善。

有一年春节，我们与Joas的小球友帅帅一家结伴去越南旅行。越南中部的会安有著名的世界文化遗产，旧城内保存着许多古建筑、古街道。黄墙窄街、木构阳台，河边杨柳依依，檐下灯笼高挂，小城风光别有韵味。街道的布局、建筑的式样，既展现了木质建筑的古朴和优雅，又融入了当地人的自然审美观和生活情趣，体现了中国、日本、法国和越南文化与建筑风格的完美交融。最难得的是旧城保存完好，既没有遭到战火的破坏，也没有因修建高楼大厦而拆掉。游客在这里既能体验到古老的文化传统，又能感受到浓郁的地域气息。

距会安40千米，还有一处世界著名的文化遗产，现存的占婆王国时期最古老最庞大的建筑群——美山圣地。我和朋友两家人租了三辆小摩托车，两个爸爸各自负责开车带孩子，我和另一个妈妈共骑一辆车。一天来回奔波，就可以一边欣赏美丽的田园风光，一边慢慢进入位于越南中部的原始森林美山圣地欣赏世界文化遗产。

第 3 篇　毅力篇：
锻炼出来的坚持

　　一路上，我们迎着朝阳又出发了。会安比较靠近赤道，11点过后，毒辣的太阳照在我们的脸上，大家很快就晒得红红的。虽然两旁有树荫，但是天气依然很闷热，时不时还有蚊子和虫子的叮咬。天气炎热加上口渴干燥，儿子和帅帅有点受不了了，忍不住也发了点小牢骚。但不到终点怎能返回呢？这需要毅力来坚持。小孩子们平常在足球队训练时，大夏天三十七八摄氏度的高温下也要踢三四个小时。两个爸爸都是足球迷，对儿子的要求都很严格，我们两个妈妈也不敢再多说什么，一行人顶着烈日坚定地朝着目标前进。

　　越南中部的田园风光特别漂亮，河水清澈，绿油油的稻田一望无际，棕榈树镶嵌其间。村庄里面非常干净，法式的民居错落有致，没有见到随地丢弃的垃圾，空气清新，树林掩映，一派祥和惬意的安宁风光。偶尔经过路边村镇小便利店，我们停下摩托车买上几个冰冻的椰子水解渴，一路说说笑笑，大家心情也很不错。

　　经过两三个小时的暴晒，小小的摩托车终于把我们带到了美山圣地。位于热带丛林中的美山圣地，在越战当中遭受过美军的炮火轰炸，只留下一些残垣断壁。游客不多，但是有不少的西方人旅行团，尤其是一些美国人喜欢来到这里。天气非常闷热，丛林里面空气不流通。每个人都热得满头大汗，犹如在丛林中蒸桑拿一样，而且时不时会受到蜘蛛、蚊子和不知名的昆虫袭击，让人心有余悸。

　　一整天的高温旅行过后，回到会安，取下摩托帽，拿下墨镜，每个人的眼窝都有一圈白印子。虽然有防晒衣和帽子、墨镜的保护，但是我们的皮肤依然被晒伤了，人人都晒得像煮熟的大虾。衣服全是汗渍，甚至泛起白白的小盐碱粒。看来，高温防暑工作还是做得不够充分，我们有点大意了。

　　春节越南的热还能忍受，7月份吐鲁番的热才更加考验人。

　　吐鲁番，中国四大名著《西游记》当中的火焰山就位于这里，小学二年级语文课文《葡萄沟》更是引得许多孩子垂涎三尺。"吐鲁番"是维吾尔语"低地"的意思。这里是中国地势最低（-154.31米）和夏季气温最高的地方，中国最高的地表温度就是在这里诞生的。吐鲁番除了大家熟悉的葡萄沟，还有坎儿井、交河故城、高昌古城、柏孜克里克千佛洞等名胜古迹，是国内热门的旅游城市。

8月，吐鲁番当地的气温居高不下。因为是暑假又遇上当地举办盛大的葡萄节，所以游人如织。离开阴凉的葡萄沟，我们到达交河故城的时候正是中午。我看了一下当地的温度计，大概45℃。虽然我们来自炎热的南方城市，但是这样的高温也不是我们这些广东人能轻易承受的。要想把整个故城走上一圈，最大的敌人便是高温了。

交河故城位于吐鲁番以西10千米的雅儿乃孜沟30米的悬崖平台上，是世界上最大、最古老、保存得最完好的生土建筑城市，也是我国保存2000多年最完整的都市遗迹，唐代西域最高军政机构安西都护府最早就设在交河故城。整个交河故城是土质的建筑，建筑上方的木头部分已经随历史年轮的滚动荡然无存，只留下建筑底部或高或低的土墙。

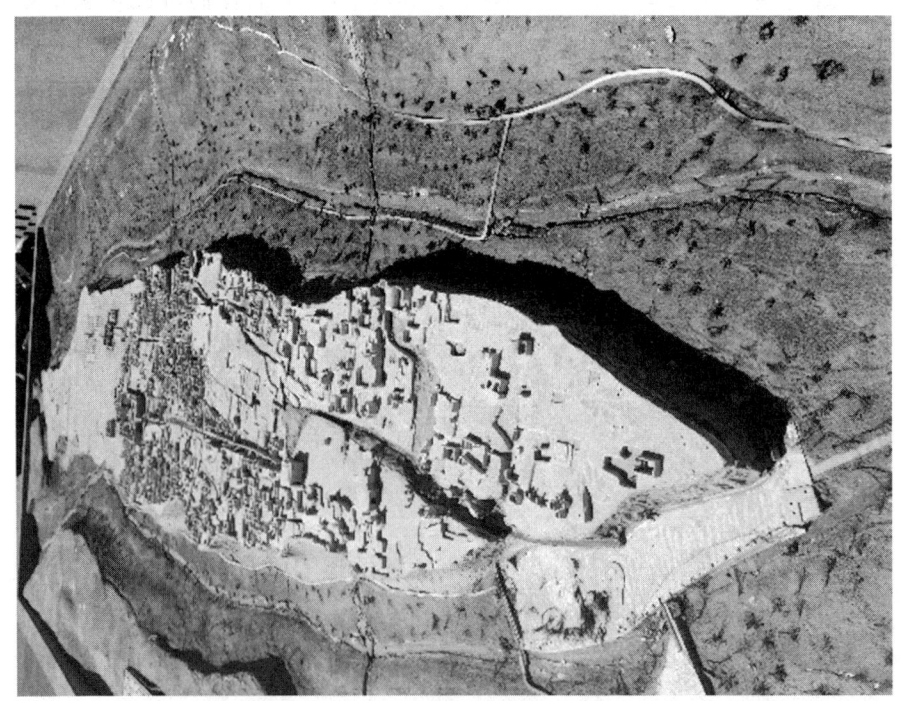

图 3-2　新疆吐鲁番交河故城

我们把毛巾弄湿，浇上水，拧干后覆盖在头部脸部和肩膀上，戴上墨镜和大大的太阳帽，抹上一层厚厚的防晒霜。做好一切防晒准备以后，我们开始从悬崖平台底部爬坡。不到一分钟，全身就湿透了，已经不能用"汗如雨下"来形容汗水的速度，汗水如同打开龙头的自来水一样源源不断地从身上涌出来滴到地面上。走上几十米，感觉皮肤被晒得要冒烟，整个人快要被高温击垮了，我们赶紧跑到土墙底下借个阴凉地休息一会儿，避免中暑。

太热了，一向爱惜皮肤的我实在忍不住了，对儿子说："你和爸爸去吧，我实在是走不动了，我在这里等你们。"

"前面还有什么呀？"儿子和爸爸打开地图。发现我们仅仅只是走了边缘的一点地方，后面还有不少精彩的景点，佛寺、居民区还有官员的官署都在城市的另一端。孩子想了想，说："已经来了，不要半途而废吧。妈妈，你要扛不住就在这休息，我和爸爸到前面去。我们拍照片给你看！"

新疆有个优点，没有太阳的地方很阴凉。等了大半个小时，一大一小两个男人终于回来了。浑身已经湿透了，身上没有一块干的地方，甚

图 3-3　新疆库木塔格沙漠

至连帽子都有着一圈深深的汗渍。蒸桑拿般的天气实在太难熬了，幸亏没有出现中暑的现象。孩子长期坚持足球训练，锻炼出来的体能和耐受力非一般可比，这时我充分体会到运动的好处。缺少锻炼、弱不禁风的我明显处于劣势。

高温天气旅游注意事项：

①避开高温段。夏季外出旅游时，早晨空气新鲜，气候凉爽，出发时间应该提早些，到了中午就休息，下午三四点钟以后再进行旅游活动。

②多喝盐开水。高温出汗过多，体内盐分减少，体内的渗透压就会失去平衡，从而出现中暑的现象。而多喝些盐开水或盐茶水，可以补充体内失掉的盐分，从而防暑。

③注意防晒。高度数的防晒霜、喷雾和遮阳的设备不可少。

炎热难以忍受，寒冷也冻骨头。毛主席在《沁园春·雪》一词中对雪景进行了非常诗意的描绘："北国风光，千里冰封，万里雪飘"，壮丽的诗句勾起了多少南方人对皑皑白雪的向往。冬天去北方的户外活动可谓是对身体、对意志的巨大挑战。奥运会项目的冰球、冰壶、速滑等，对于我们这些普通人来说太遥远，滑雪、雪犁子、滑汽车轮胎这种项目比较实际，再专业一点的就是自由式滑雪了。

新疆天山山脉有一个小型滑雪场，汽车在公路上七拐八拐后，映入眼帘的是一片白茫茫的山坡，这就是滑雪场了。天地间一片银白，让人仿佛置身于一个素净的童话世界。可惜吵闹的人声很快就打破了意境，山上如同蚂蚁般的小黑影，伴随着音高不同的尖叫、笑声向我们涌来。

滑雪场有一左一右两个雪道，左边比较窄，是初学者的地盘，坡道比较缓，人也特别多；右边的雪道非常高，是中级道，不时有人从山上面的山坡滑下来，速度飞快，飞驰而过的身影伴随着一声声尖叫，真是刺激。还没缓过神来，只听"扑通"一声伴随着惨叫，前面滑雪的人已经摔倒在坡上了。

Joas的爸爸有滑旱冰的基础，找了教练，穿着专业的滑雪设备，去尝试专业的滑雪。而我一向不擅长运动，平衡能力比较差，只能去旁边找几个轮胎，从山坡上滑下来。

零下30多度的天山雪场，让人意犹未尽，也考验人的勇气。对雪的新鲜劲过去以后，那种沁入心骨的寒冷，从脚尖慢慢地侵袭上来，渗入四肢。眼睫毛、眉毛上面，不一会儿已经凝结了密密的冰渣子，那是由嘴巴、鼻孔呼出的热气凝结成的。我的脸被山风吹得通红，手脚开始慢慢地变得僵硬。极度的寒冷，让我们开始寻找一切可以御寒的衣物，羽绒服、手套、围巾等都裹在身上，仍然无法抵挡彻骨严寒的入侵，寒意穿过皮肉渗入骨子里，冷得我直打颤。山上风速越来越大，风冷效应出来了，身上运动过量出了汗水，加剧体温急剧下降，威胁到我们的健康，有形成低温症的危险。

看着周围一片欢腾的人们，我们这几个南方人还是听从了身体的召唤，恋恋不舍地离开雪道，进入室内取暖。几杯热热的茶喝下去，不听使唤的手脚开始有了感觉。

人类是体温保持在一定范围的恒温动物，恒温对人类的生存活动是极为重要的。喜欢冰雪的南方人，想要体验白雪世界的快乐，一定要掌握一些寒冷气候中自救避险的基本知识，寒区的低温比夏天的高温更危险。突如其来的寒潮、风速加大、冷空气都可以使气温骤然下降10多度，为了防止体温下降和冻伤，必须设法维持体温。

低温保暖注意事项：

①穿足够的厚衣服，羽绒服的保暖效果比较好。（衣服的导热能力差，身体的热量传不出来，外面的寒气传不进去）；

②烤火（利用热传递改变人的内能）；

③运动（将体内的生物能转化为人的内能），但要注意保存体力；

④保持服装干燥。淋湿或汗湿的衣服要及时烘干，衣服上的冰雪要及时抖掉。当脚趾有麻木感时（冻伤预兆），可作踏步运动，以促进血液循环。

⑤食物补充。红糖姜水、热可可或酒等都起到一定的作用。

不轻言放弃

（坚持）

还记得大约是2015年的时候，一张喀纳斯禾木河谷早晨的美图红遍了朋友圈。如梦幻般的北国天山，秋色浓浓的蒙古村落在腾腾雾气中犹抱琵琶半遮面，让许多旅游爱好者一见倾心。

美不胜收的喀纳斯位于新疆阿尔泰山中段，是国内著名的旅游景点，主要景点有喀纳斯湖、卧龙湾、泰加林廊道等。观鱼台是必游点，像是一个端然坐于西山之上的香火台，视线特别好，可以看到整个湖区，有一览众山小之感。如遇天空有云雾缭绕或晚霞夕照的景象，香火台上则云蒸霞蔚，满眼祥云仙气弥漫其间。

要登上观鱼台，有两条路线。一条是乘坐的往返区间车，120元/人，旅游区的电瓶车从后背山开上去，然后再步行20分钟左右就可以到达观鱼台；另一条路线则是从正面的山脚下顺着木质的栈道往上爬，到终点4—5个小时。

王爸爸是我家大Z的朋友，平常工作忙，趁着难得的假期，带着儿子加入我们自己组建的喀纳斯自驾游。他家儿子名叫小驰，读五年级，能吃能睡，特别爱吃肉，吸收也特别好，吃的肉很快就转化为身上的肉，所以王爸爸特别想让孩子多运动一下，减减肥。

这天早上，大家来到观鱼台山脚下，王爸爸对小驰说："孩子，我们来挑战一下，不利用交通工具，从这里走到观鱼台去，那风光肯定特别好。我们两个男子汉，看看谁先爬到峰顶，好不好？"

小驰其实有点不愿意，但是众目睽睽之下，团队里还有阿姨和姐姐等女性，他不好意思拒绝，硬起头皮，拍拍胸口："老爸，你行我也行！"

从住宿的蒙古包出发，大家边走边说说笑笑，时间过得很快，心情愉快，倒也不觉得累。走了一个多小时，慢慢上山了，天山物产丰富，大家也时不时能摘到野草莓互相分享，小驰还能够跟上大部队的节奏。走到半山腰的时候，气喘吁吁的他由于体力不足开始落后了，慢慢地，距离一点一点地拉开，看着大家的背影在前面渐行渐远，小驰开始打退堂鼓了。

"爸爸，还有多远呀？我都走了好久了！"小驰身子靠着木栏杆喘着粗气。

"快了快了！你看前面的赵叔叔已经在上面了！"王爸爸是最了解儿子的人，知道小驰的心思，赶快哄他。（第一招：确立可行的近期目标。）

"小驰，不用担心，后面还有一个运动后进生——小罗阿姨！"走在最后面的我正好从旁边走过。（第二招：比比更幸福，激发孩子的自信心。）

王爸爸再下猛招："你走得比小罗阿姨都要快，真厉害！快帮忙鼓励一下阿姨，让她坚持到底！"（第三招：转换角色和注意力。）

"小罗阿姨，需要我拉一下你吗？"小驰是个善良的孩子，马上发挥绅士风度。

"太感谢了，求之不得！阿姨平时少运动，体力太差了，都快走不动了，要向你学习学习！来，看咱们谁先到达前面的小凉亭？"（第四招：目标层次化，并且明确地传递给孩子。）

连拉带拽，在王爸爸帮助下，小驰和我两人走走停停，把观鱼台这个长远总目标先放下，走上一段，找一个小景物（通常是一棵小树、一个小亭子或一个旅客）当作一个短途目标，完成一个目标后再确定下一个目标。改变策略后，我们的行进速度虽然没有变快，但是向上爬山的心理压力小多了，因为大目标的合理分解，让观鱼台的遥远暂时淡出视线，使得我们两个少运动的人觉得自己的能力可触及，再给予自己心理和生理上的积极暗示，形成一定的自信心理，产生自己可以坚持下去、并走到终点的力量。

摄入液体和能量对于长时间徒步或爬山的人是极其重要的，停下来补充能量和水的几秒钟，在长距离行进的时候能为你挣来好几分钟。我们走累了，会想办法合理地补充一下能量。要不要停下来喝水、什么时候喝水、每人根据自己情况拿好主意就行。

最终，在我们的坚持不放弃下，小驰和我以最后两名的成绩到达了风光秀美的观鱼台。看到别的旅客坐车上来的轻松自如，小驰对观鱼台有了不一样的感情，将近5个小时的坚持，沿途的目标也变成不一样的风景。一次爬山成为一次自我超越，能够看到的不仅仅是风景，还有对自己的肯定——不轻易放弃的执着精神。

没有目标，对于前进者是很可怕的状态，而且过于遥远和虚无的目

图 3-4　新疆喀纳斯

标，基本上等于没有前进目标。将目标层次化，并且明确地传递给孩子，是优秀的家长与向导必须做的一步。当目标被清晰地分解了，目标的激励作用就显现了，当我们实现了一个目标的时候，就及时地得到了一个正面激励，这对于培养我们挑战目标的信心的作用是非常巨大的！这也是旅行中培养孩子旅商的一种技巧，让孩子初步学会行程的路线规划和时间管理，直面困难并培养解决旅途困难等方面的能力。

在现实中，我们做事之所以会半途而废，主要的原因往往不是因为事情难度较大，而是觉得成功离我们较远。确切地说，不是因为失败而放弃，而是因为放弃而失败。或许下面的这位马拉松选手的故事会对大家有更多的启发。

山田本一是日本20世纪80年代的一名马拉松运动员。1984年，在东京国际马拉松邀请赛中，名不见经传的日本选手山田本一出人意料地夺得了世界冠军。

当时许多人都认为，这个偶然跑到前面的矮个子选手的成功是偶然为之。马拉松赛是比拼体力和耐力的运动，只要身体素质好又有耐力就有望夺冠，爆发力和速度都还在其次。

2年后，意大利国际马拉松邀请赛在意大利北部城市米兰举行，山田本一代表日本参加比赛。这一次，他又获得了世界冠军。两次夺冠绝非偶然！10年后，这个谜团终于被解开了，山田本一在他的自传中这么说：

"每次比赛之前，我都要乘车把比赛的线路仔细看一遍，并把沿途比较醒目的标志画下来，比如第一个标志是银行，第二个标志是一棵大树，第三个标志是一座红房子，这样一直画到赛程的终点。

比赛开始后，我就以百米冲刺的速度奋力向第一个目标冲去，等到达第一个目标，我又以同样的速度向第二个目标冲去。四十几千米的赛程，就被我分解成这么几个小目标轻松地跑完了。

起初，我并不懂这样的道理，常常把我的目标定在40千米以外终点的那面旗帜上，结果我跑到十几千米时就疲惫不堪了。我被前面那段遥远的路程给吓倒了。"①

山田本一的故事告诉我们，不要小看一个小目标的力量，许多大成功就是因为实现了一个个的小目标而积累起来的。没有一个个小目标的实现，何来大目标的实现，何来成功之谈？成功就是逐步实现一个个有意义的小目标，意思就是说：将大目标分解成为小目标，然后分段去实现自己的目标。

除了目标管理，毅力也是成就一个人最好的武器，所谓"滴水穿石"就是这个道理。

儿子Joas从小学一年级开始踢足球，到现在已经坚持了11年。这个过程当中，如果大人或者小孩子一直都不坚定，那么我们就没有办法把这项运动从小学延续到初中。每一个假期，每一年的专项外出训练，每一次比赛Joas从来没有落下，这是他最骄傲的一个地方。没有什么比坚持更让他骄傲，没有什么比坚持做一件事情更加锻炼一个孩子的意志。

旅行的时候，我们一家人如果有徒步或爬山的任务，也会跟孩子讲明，目标定好后，如果不是安全或非自然的力量，通常不中止。

当然，孩子的每个小小的进步，我们也会注意肯定，并且都会及时反馈给孩子"你在接近目标"的信息。这样，孩子对于成功的目标就不再是一无所知的，也能真正理解什么是"积小胜为大胜"，对完成目标和胜利有了可控的感觉。再加上家长及时鼓励，孩子就会产生更强的进取心，从内心形成前进的动力。当孩子认识到自己能做到，而且知道坚持下去可以接近一个个的小目标时，按照这个方向努力坚持下去，总会成功。

坚持是一种能力，旅行当中的小片段仅仅是一个小例子，好习惯更多时候需要在常态生活中培养：

①让孩子认识到坚持的意义，当孩子遇到一些小的困难时，父母要

---

① 杨宜敢. "山田本一"的启示［J/OL］. 人民教育, 2000, 2000-04-28.http：//www.fx361.com/page/2000/0428/5084699.shtml

鼓励孩子坚持下去，坚持下去就是胜利。等到孩子在父母的鼓励下通过自己的坚持取得成功的时候，他们就会体会到坚持给自己带来的好处。

②从小事出发，培养孩子坚持到底的习惯。选择好就要坚持，家长要鼓励和监督。

③给孩子证明自己的机会。刚开始的时候可以让孩子做一些难度较小的事情，肯定孩子，一个个小目标的实现，成就大目标的实现。

风景就在前方，有志者事竟成。半途而废永远没办法把事情做得完满，能坚持下去，那你已经开始有毅力了。在人生的旅途中，如具备一点山田本一的智慧，多一分坚持，你将见到最美好的风景，一生中也许会少许多懊悔和惋惜。

亲子游：为了更好的远离

(广度学习、独立能力培养)

在享受了多年的亲子旅行后，个子已经长到一米八的Joas在今年对和我们出门有点意兴阑珊。

"妈妈，我这个假期能不能不跟你们出去？我只想自己跟同学玩一玩！"

"啊！这么快就不跟我们混了？"当妈妈的很失落，知道孩子会长大，但是没有想到这一天来临的时候，心情会如此失落。

望着书桌前熟悉的侧面，我陷入了沉思：

儿子从什么时候开始渐渐地远离我们？

从他第一次提出他要独立完成作业？

从他自己开始独立上下学？

从他自己坐公交车或地铁前往各种补习班？

从他拉着行李箱跟着教练去惠州进行足球训练？

成长变化伴随着孩子的每一天，一天一天，一项一项，一个个的项目任务和活动，开始由他独立完成，代表着儿子在不停地学会自己与这个社会相处，开始以独立的个体出现在这个社会上谋求生存，也代表着与我这个母亲一步一步地远离，是生理上的，也是情感上的。

儿子在今天提出不与我们同行外出旅行，在将来，他还将脱离父母赚钱供养自己，脱离监护支配发展自我，脱离家庭组建另一个家庭——父母从第一亲密者的角色中退出，让位给孩子的伴侣和他自己的孩子，由"当事人"变成"局外人"，最后是父母走完人生旅程，彻底退出孩子的生活，分离也伴随始终。

对于这种"幸福的分离"，孩子理所当然、轻风自若，妈妈却倍感惶恐、若有所失。

小帅哥和我同属羊，是一个可爱的小暖男，因为有一个热衷旅行的妈妈，刚满1岁就开始被我带着坐飞机去新疆。

5个小时的飞机很难熬，小家伙开始哭闹，漂亮的空姐接过他，开始在过道上演"大王叫我来巡山"。他黑黑的硬头发倔强地向上竖立着，滴溜滴溜的眼睛转得极快，白白嫩嫩的小脸上总是绽开无辜的笑容，走路的时候摇摇晃晃地甩搭着八字脚，得意地在机舱里从头走到尾。一圈回来，可爱的样子逗得旅途中无聊的爷爷奶奶叔叔阿姨哈哈大笑，小家伙胖乎乎的小手上也抱满了各种特产、零食满载而归，远远地就开始自豪地奶声奶气地呼唤："妈——妈妈——"，甜甜的笑声，让我早早地伸出双手等待拥抱这个世间最可爱的人儿，心里洒下一片灿烂的阳光。

在国内逛了不少地方以后，胆大而心不细的我才知道世界上有一种好玩的旅行方式叫作"工作换旅行"。很多国际志愿机构都有"工作换旅行"的计划，对于勇于尝鲜又囊中羞涩的年轻人来说，这是一种新潮的旅游方式——在旅行中，通过在当地的民宿、农场工作，换取免费食宿作为报酬，其余时间则可用于观光旅行，既能参与日常生活，体会当地的风土民情，更关键的是，还能省下一笔不小的旅游费用。这样边打工、边度假的旅行方式，正吸引着不少的年轻人。签证是比较麻烦的，大洋洲的新西兰、澳大利亚会有专门的"working holiday"，但是有年龄的限制，作为妈妈的我，当时刚刚超过规定，所以别无选择，只能放弃这种旅行方式，在澳大利亚驻广州领事馆申请了个人旅行签证。

到了澳大利亚的布里斯班，我们用蹩脚的英语坐上了前往阳光海岸的专线车，找到了寄宿家庭开始安顿下来。在澳大利亚我们母子俩互相鼓励，一个多月下来，我们游览了悉尼、堪培拉、阳光海岸等地。小家伙的口语表达也从几个单词发展到可以进行简单的沟通，明白所谓英语不是什么高大上的事，就是别的国家天天说的语言，他所说的中文也是屋主家女儿Piper和Stela的外语。

2017年，儿子Joas开始读初中，个头早就比我高了，那个白白净净、奶声奶气地喊"妈妈"的小男孩已经长成了一个一米七八的大小伙子。在他读小学到初中期间，我们也没闲着，去了不少地方，云南、贵州、新疆、西藏，还有尼泊尔、越南、泰国……毫无例外，当然是全家一起出动。经过几次出国之行后，我们整理行装再次出发。2017年我们走得更远，时间也较长，前后23天，几乎整个春节假期都在南美洲度过了。

南美洲对于Joas来说是非常陌生的，他既不像我一样热衷于印加文化，也不知道纳斯卡线条、天空之镜有什么奇妙之处，他只知道南美洲在地球的另一端，有足球王国巴西、阿根廷，马拉多纳、梅西、贝利都是南美著名的球星。他也不懂西班牙语，能说的一些英语口语仅停留在日常交流阶段，而之前去西藏严重的高原反应让他心有余悸。

记得2016年，我们坐飞机进藏，足球小子一到拉萨就开始头痛，产生比较严重的高原反应，接下来几天把各种氧气装备试了个遍，仍旧特别难受，光拉萨第一人民医院就报到了2次。不过从西藏一下到西宁就没

图3-5　玻利维亚乌尤尼——天空之镜

事了，小帅哥的个子长了5厘米，我们为此还没心没肺地特别高兴。

但从西藏回来，小伙子对高原还是有了畏惧感，听说秘鲁和玻利维亚的部分景点海拔很高，安第斯山脉还有活火山，加上学习压力也开始慢慢大了，这些都让他表现得有些抗拒。出门前，Joas内心的不满都爆发出来了，他和我吵了起来："妈妈，你能不能少点折腾，同学们都去补课了，我的假期这样跑到国外，一待就待二十几天，到时回来学习怎么追呀？"

的确，国内的寒暑两假俨然已成为中国孩子的第三、四学期，有的甚至比上学还要忙碌，整天在各种兴趣班、补习班中赶场，家长小孩都疲于奔命又乐此不疲。但是这样的忙碌真的适合孩子吗？对孩子未来的发展有多大帮助呢？

我一直坚信，最好的教育是父母的言传身教，旅行教育也是家庭教育的一部分。在旅行的路上，孩子会学会很多在学校里学不到的东西，增长见识、感受文化差异的同时，他会对世界产生最感性的认知，产生最直接的个人思想经验。而且在旅行的时候还可以培养孩子行程管理、时间统筹、协调沟通、解决困难等诸多能力，提高孩子的旅商，所以我们在孩子愿意与我们相伴的时候放开手脚好好感受。

大Z的姐姐很不认同我们的做法，认为我们经常带着孩子到外面跑，不抓紧孩子的学业，是不务正业，耽误孩子的学习，以后影响孩子的考学与前途。而从我的角度来看，把孩子关在家里天天学习，把正确与否的答案告诉了孩子，告诉他什么该做什么不该做，应该怎么做，不应该怎么做，其实是一种禁锢，剥夺了孩子独立思考的权利。

世界怎么样？应该怎么学习？用什么思维学习？最有发言权的不是教育专家，不是家长，而是孩子自己。

"龙生龙凤生凤，老鼠的孩子会打洞"，遗传有一定的影响。人类不像小马小牛，生下来就会跑。人类的婴儿生下来只会吃奶、哭和睡觉，连独立行走的本领都没有，很多生存本领依靠后天培养。人类最主要的生存优势——强大的大脑，需要漫长的时间才能发育成熟，而学习是促进大脑发育的必要手段。所以，人类大脑天生就进化得非常善于学习，人类也是特别喜欢和依赖学习的一种动物。

可是为什么今天一说起学习，家长和孩子的第一反应都是"学习是苦差事"呢？因为学习的方式改变了。

大脑的学习方式是在人类漫长的进化过程中发展出来的，主要是为了解决几万年前老祖宗生活中的实际问题，比如打猎、采集、求偶、生育，而不是现在的写字、编程、弹钢琴、学英语。童年时期，孩子会用所有的感官在"玩"中逐步认识世界。孩子们喜欢玩的东西，比如爬树、游泳、扔石子、玩泥巴、过家家、打仗游戏等，还有看似傻乎乎的、好像毫无目的地到处疯跑——这些其实都是在学习如何解决远古时期作为一个成年人要面对的问题。现在大多数家长眼中的"学习"反而是伴随着"玩"的衍生产物。

现在父母的注意力，更多地集中在那些可以量化的知识上，比如英语单词、数学题、识字等，忽视了那些没有办法量化的能力的培养，比如自主性、创造力、社交能力等。但是从长远看，决定孩子一生成就的到底是什么，不仅是知识，应该还有许多知识之外的生存本领，如自主能力、沟通能力、社交能力、经济管理能力、强健的体魄及健康的心理，而这些培养也需要时间和机会。

在孩子眼中，假期困在大大小小的辅导班，是很无聊的。孩子喜欢玩，不太喜欢死板的学习（个别除外），并不是因为他们调皮、顽劣、不自律，而是因为人类天生不喜欢坐在课堂里重复单调的学习方式。家长眼中的"玩"，其实对孩子的成长有不可替代的教育功能，孩子在"玩"的过程中，他们的大脑在迅速发育，他们对世界的认识体系在快速地搭建。

孩子的玩可不是浪费时间，他们是在演练将来可能需要的生存技能——有的和人际交往相关，有的和运动能力相关，还有的其实是在提升孩子的认知能力，比如爬树、过家家、游泳、打仗……但是大多数像Joas一样的城里孩子，早早地面对学习的压力，户外玩的时间变少，脑袋里早已被塞满考试要用到的知识，也更多地通过绘本、动画和电子产品来了解世间万物，这样哪怕在课堂学得再多，也是不完整的低效学习。

把孩子假期从培训班中解放出来，出门走一走、玩一玩，除了创造机会培养孩子的探索能力外，更重要的是培养孩子的独立自主能力。一个孩子，像木偶一样整天被家长禁锢着安排各种活动，在活动当中要听从老师的指挥，怎么可能发展出自己独立做决定的能力呢？家长整天逼着孩子学习其实是成人社会一种焦虑的转移。

没有内在的思考，就没有外在的行动，没有家长创造放手的空间与机会，孩子哪有思考的机会？如果没有内在的心，基于个人的思想基础，孩子很容易会变成被幕后牵着线的木偶。父母的庇护越多，孩子的独立性越差，生存能力就越弱。培养孩子的独立性，首先要培养孩子的独立思考能力，我们给予孩子思考的机会，他才会把思考付诸行动。

"读万卷书不如行万里路"，不少父母都喜欢说这句话。我家儿子没读够"万卷书"，但是实实在在地践行着"行万里路"。假期的游历增长了见识，锻炼着勇气，更重要的是——他用自己的双眼观察世界，用自己的双脚丈量大地，认识不同的人，去不同的地方，感受不一样的生活方式，亲身体验不同的文化和宗教，这比任何间接的方式更能开拓思维和提升感悟。

在悉尼，8岁的他会帮我拿行李，催促我提前准备乘坐各种交通工具；在尼泊尔的奇特旺原始森林，两三个小时的热带雨林暴雨把我们浇得透透的，连鞋子都可以倒出1千克水来，40℃的闷热潮湿连大人都快崩溃了，但他坚强地忍受着，只不过在混浊的河水里见到鳄鱼时，才怕得跟我说："妈妈，我有点想尿尿——"

如此这般一趟一趟旅行下来，他学会观察，学会从不同的角度去思考这些地方与中国的区别，学会了管理时间，学会了承担责任，学会了照顾他人并应对不同的状况，比以前更勇敢、坚毅。这些在我看来，是他毕生的财富，也是我们旅行最丰硕的收获。我的旅行教育理念进一步清晰，儿子的旅商也循序渐进得到提升，成就亲子双方共同成长。

在玻利维亚的的喀喀湖爬山时，我们偶遇一个本科毕业于华南理工大学的老乡，这个阳光、帅气的广州大男孩刚从美国哥伦比亚大学硕士毕业，现在在纽约工作。他非常赞同我们的做法，并鼓励Joas大胆地走出去，换个角度思考学习，不要太僵化于死记硬背，多走多看思维自然灵活。儿子听了大哥哥的一番话连连点头，看来这次偶然的邂逅给他的触动还是很大的，他看到了别人走的路，从而开始从不同的角度思考自己的未来。

海拔4800多米的玻利维亚国家地质文化公园，是秘鲁、玻利维亚和智利三国交界之处，连绵不断的雪山间矗立着几座活火山。6000多米高的活火山下有几眼不大的温泉，所有的车辆到这都会停下休息，来自世界各地的游客在雾气腾腾中无惧0℃的寒冷，换上单薄的泳衣挑战极限。熙熙攘攘的人群中，欧美游客最多，亚洲的比较少，有也是日本人和韩国人居多，中国人很少。冷热交替，温泉池里发生各种有趣的故事，有的游客在温泉旁边的冷水池挑战极限，有的游客试图在高原玩滑板，有的在打水球，时不时有几个人受不住寒冷狼狈地窜上岸……

Joas看着这样热闹的场面，悄悄地说："我长大以后也要当背包客，开阔视野，感受不同文化。"突然听到帅哥的感言，想到出国前还跟我为补课的事而争吵，作为母亲，感慨万千。是为他终于在价值观方面与我靠拢而欣喜，还是为他学会思考自己未来探索世界的方式而开心？是的，我讲不清。但我知道，有一颗种子早已在他的心灵种下，现在开始悄悄萌芽了。

纪伯伦在他的诗作《论孩子》中写道：

你的儿女，

其实不是你的儿女，

他们借助你来到这个世界，

却非因你而来，

他们在你的身旁，
却不属于你。
你是弓，
儿女是从你那里射出的箭，
他用尽力气将你拉开，
使他的箭射得又快又远。

我们的人生，就是一场不断"分离"的旅行。他人的陪伴始终是短暂的，从来没有人可以与你陪伴终生，孩子不行，配偶也不行。父母与孩子所谓的"分离"，并不是慢慢放弃对孩子的关爱，而是慢慢调整关爱的方式。没有哪个母亲会明确地知道应该从哪年哪月哪天哪件事上开始和孩子"分离"，就像她不会发现孩子哪年哪月哪天比她长得还高一样。我们做家长的往往为孩子的未来包办太多，很多时候事情还没开始，我们就已经让孩子无法有底气地远离我们。

不懂得分离的父母，即使孩子成年、结婚，也要努力保留住对孩子的控制。他们往往喜欢一边事无巨细地包办，一边抱怨孩子的无能。这样的家长，其潜意识并不想让孩子独立。与其说他极爱孩子，不如说他极爱那种对孩子的全面把控，这种控制给他带来的成就感和强大感，让他对自己满意。

今天的陪伴，正是为了更好地远离。孩子与我们都是独立的个体，我从来无意把自己的思想强加给儿子，但是作为母亲，我会想方设法让自己变成最适度的弓，陪伴他，怀着快乐的心情给予，拼尽全力，与他共同努力拉出最美最满的弧度，看他的箭羽在视线中渐渐远行……

拒绝手机旅行

（真正的陪伴）

作为世界上拥有智能手机用户最多的国家，中国有不少家庭的父母本身就是手机低头族。无论何时何地，都作"低头看屏幕"状，有的看手机，有的掏出平板电脑或笔记本电脑上网、玩游戏、看视频，想通过盯住屏幕的方式把零碎时间填满。这种低头的习惯，哪怕是在旅途中也很难改掉。

有的家长会说，没带钱包不要紧，但没带手机是绝对无法忍受的悲剧。手机是旅行时一种必不可少的兼顾联系、拍照和记录的重要工具。这么说好像很在理，也为旅行中使用手机提供了诸多正当的理由。

想知道你的旅行是不是"手机旅行"？下面的事项作为我们定义"手机旅行"的特征表现：

①在乘坐飞机、高铁、汽车、轮船等交通工具前往目的地的时光中，你会选择用手机打发时间。

②旅行聚餐在等餐馆上菜的时候，你会选择用手机来打发时间。

③晚上临睡觉前，你会躺在床上用手机浏览朋友圈的信息，或是整理自己的相片上传朋友圈，不管身边的孩子是否想跟你说话。

④如果手机不在身边，你会有种莫名的焦虑，再美好的景色在眼前，也不忘记查看手机是否有人发送信息。

⑤就算自己有不错的单反相机，你也会选择用手机拍摄旅行风光，甚至小视频。

⑥好玩的游戏在手，你就完全不为景色所动，匆忙看完景点马上打

开手机继续游戏。

⑦因为乘飞机的时候手机必须关机，你就感觉痛苦难耐。

⑧对于旅行目的地或入住的酒店的Wi-Fi异常关注，甚至成为你选择酒店的决定性条件。

⑨不管是否有电话，每10分钟就要查看一次手机。

⑩每到了一个景点后，你首先会查看是否能连上Wi-Fi。

请问作为爸爸妈妈的你中了几条呢？如果有0~3条符合，你是轻度的；有4~6条，是中度的；如果符合7条以上，你基本是"旅在手机"，玩手机变成主要事项，旅行仅变成附属行为了。

曾有人说，世界上最遥远的距离，是我在你身边，你却在玩手机。不知道从什么时候开始，很多人生活中最重要的娱乐方式变成了玩手机。吃饭玩、睡觉玩，就连带孩子也"冒着孩子的生命危险"玩手机。

手机有那么重要吗？比你辛辛苦苦孕育生养的孩子重要？比你熬了一个星期的夜，多方比较后买来的价格不菲的机票值钱？比你与同事攀尽交情，前拼后凑才得来的旅行假期要难得？还是说你自己心里明白却放不下手机呢？

手机的吸引力不仅作用于家长，在孩子身上更明显。Joas上了中学以后，我们给他配了一台智能手机，但这成了我们心里的一根刺——小孩子总会趁大人不注意的时候玩游戏。我怕影响他学习，后来又给他买了一台老人机供他周一到周五使用，周末再换手机卡到智能手机上。不过出门旅行，他带的必定是能玩游戏的智能手机。

许多次旅行，我们看到不仅是儿子和他的同龄人，还有更多年龄比他小得多的孩子，抱着手机兴致勃勃地在玩"某者荣耀"，小孩子们娴熟的操作技巧常常让我自叹不如。不管什么时候，海边还是山里，船上还是车里，风景多美好，景致多漂亮，民俗多有趣，这些孩子抬头看了一会儿，新鲜劲过后，很快又再次投入到手机紧张的游戏中，乐此不疲。对这些孩子来说，旅行不过是换了一个场所玩手机游戏，去哪里不重要，手机有没有电很重要，充电宝是刚性需求。

在自驾海南环岛游的时候,我们行程安排得不紧,一路上时间充裕,到达海南三亚的时候,儿子爸爸与同学聚会,儿子对大人的话题不感兴趣,一直在玩手机游戏。

回到酒店,他仍然不肯放下手机,我催促他去洗澡:"帅哥,玩了好长时间了,应该歇息一下了,去洗澡吧!"

"你们先洗澡吧!我再玩几分钟!"孩子头都没抬一下,在手机游戏中埋头苦干。

"爸爸,要不你去洗澡?"我转过头来叫大的。

大的那个男人正悠闲地躺在床上,在手机的朋友圈发同学聚会的相片,查看朋友圈动态、点评、点赞互动,忙得不亦乐乎,连个眼神都没空抛给我。

"都在玩手机,都别洗了,旅什么行,不如都待在家里玩手机算了!"泥人都有三分性子,更何况我不是泥人,做妈妈的一下子爆发起来,开始进入"河东狮"状态!一家人开始在春节的三亚点起了家庭的战火。

争吵之后,我与孩子的爸爸进行了反思,究竟哪里出现了问题?当初旅行的初衷原是边陪伴边长见识,为什么促成长增进感情的亲子旅行会变成"手机旅行"?如果一个家庭的一家大小,都坐在一起玩手机,那这个家靠什么维系?这个家还有什么温暖可言?

首先,我们作为大人进行了自省。我们大人是否每天沉迷于手机?每天使用手机的时间是否过长?是否在孩子与父母互动的过程中,我们的关注点仍然停留在手机上?孩子与家长沟通需要的是积极的回应,如果这种回应是被动的,或者只是敷衍了事,那么父母孩子之间的连接是无法建立起来的。没有连接,就没有爱的交流。没有爱的交流,他就无法感受到温暖,心灵真的会受伤。

旅行中最幸福的时刻,应该是一家人在外面享受的每一个景色、每一件新鲜的事物、每一个互动交流的时光。大家坐在车里面,大人看手机,孩子打游戏,冰冷的手机带来冰冷的时光,是一种虚假的亲子旅行。这样手机上的旅行，其实不叫陪伴也不叫旅行。反而是一种冰冷的漠视与互相伤害。

手机只是一个沟通工具，具备再多的娱乐功能也仅是一个无聊的消遣，要适可而止。动态成长、有血有肉的孩子才是你值得花时间的人。亲子旅行不是一个敷衍的存在，不是你拿着手机给孩子拍下几张图片发在朋友圈求点赞的表面功夫，而是真心的陪伴，理应有更高质量的心灵交流。

一笑，一言，一景，一物，一事，每一个细节倾注着你给孩子的用心陪伴，是可以感染孩子的。孩子的内心极其的敏感和脆弱，即便是婴儿，也已经能对养育者的心理活动以及情绪保持极其敏锐的感知能力，他们能够透过抚养者的表情、声音、肢体动作，来感知养育者的内在状态。家长投入爱的亲子游，孩子当然会投入爱与之互动。对我们来说，就是悦赏式亲子旅行的追求所在。

另一方面，我们也思考了对孩子的手机管理问题。为什么手机吸引了孩子大部分的注意力，使得其对旅行本身反而不感兴趣？是不是我们为孩子准备的替代物不够，或是根本忽视了孩子碎片时间的娱乐需要？

经过调整与反思，我们与孩子讨论，从双方的需求角度做了一些小准备，做到下面几点，轻松远离手机旅行：

①带上绘画工具和轻便的书，与孩子一起玩感兴趣的玩具或脑力游戏，让孩子不玩手机也有其他可替代的事情。

②家长以身作则，减少使用手机。

③根据旅行设计相应的碎片时间活动主题。

④鼓励孩子用相机观察、捕捉旅行亮点，不要吝啬表扬。

⑤指导记录、创作旅行日记。

⑥规定使用手机的时间，不轻易妥协。

智能手机时代，能坚持控制手机在手的时间不容易，需要自觉，也需要毅力坚持。从大人做起，以身作则，和孩子来个约定，相互监督，不用手机代替交流，让亲子相伴时间更有温度，有声互动交流真实而意切。

一切都会好起来的

（乐观积极面对困境）

"一切都会好起来的！"这是Joas的外婆常放在嘴边的一句话。

儿子出生后不久，由于工作的调动，我和先生开始分居两地，仅在节假日相聚。万事开头难，初到陌生的城市，人生地不熟，没有根基，我带着儿子和父母暂住在出租房里。这样过了一年多，某天望着窗外灰蒙蒙的天空，想到先生还没有调来广州的希望，眼泪不知不觉滑落脸庞。

"一切都会好起来的！"抱着两岁大的Joas，外婆又用她的标志性的乐观语调鼓励我，"再难还难得过以前我和你爸爸，一家五六口人，拿着30多块钱工资，吃都吃不饱。要相信任何事总会有办法的。"

果然，第二年，先生如愿调到广州，分开一年多的一家终于团聚了。想在大城市扎根不容易，所有的一切都要重新开始，昂贵的楼价让我们背负沉重的负担，成

图3-6　5个月的Joas

为举步维艰的蜗牛。孩子上学，开支增大，当我们觉得房贷压力过大，对生活灰心丧气的时候，仍然是胖乎乎的外婆用经典的言语开导我们："一切都会好起来的！你们都在单位工作，工作稳定。眼前的困难是暂时的，过上两年就会好啦。"

我的母亲，是Joas眼中胖胖的外婆，人缘特别好，对谁都是笑眯眯的，什么时候都有一股乐观、积极向上的劲。遇到什么事情，她总是特别坚韧，对孩子们从来不呵斥，有她的地方，有絮絮叨叨的啰唆，但也有笑呵呵的鼓励。她让我们相信未来的一切都会好起来，她所拥有的这个正面暗示的能力也慢慢影响了我和她一手带大的外孙。

在旅行时，我们也不是一帆风顺的，有时也会遇到不顺心的事。自由行虽然比团队游灵活，但吃喝住行样样要自己操心，很多细节处理不当就会导致下一个行程无法进行，甚至影响整个亲子伙伴团队。每当遇到这种情况的时候，"一切都会好起来的"就会如魔法咒语一样回响在耳边，让我们重新鼓起勇气向未知前行。

2017年在秘鲁旅行，遇到了一件让我此生特别后悔的事情。

在南美洲旅行，准备四季的衣服是每个旅行者必须要做的大事，因为这片神奇的土地地貌多样，从沙漠沿海到高原，从亚马逊热带雨林到雪山湖泊，一天之中，完全可以经历四季。早晨，马丘比丘潮湿温润，早上穿着长袖衣服出门，中午热得穿短袖，下午回到库斯科又把厚外套穿上，"衣服戏法"常常上演。

坐车离开印中古城库斯科前往的的喀喀湖，当旅游大巴下午到达秘鲁和玻利维亚两国交界的普诺镇，居然遇到了天气骤变，大雨和冰雹像乱箭一样从天而降，大家赶紧把所有的衣服都穿上，可依然冻得发抖。

天气非常恶劣，暴雨夹雪还有持续不断的冰雹，能见度很低，地上的积雪厚度超过8厘米！城市一片狼藉，根本没有防备之力。巨大的冰雹把普诺唯一的车站那薄薄的顶棚砸得乱七八糟，到处都在漏水，所有的人都在慌乱之中。突如其来的天灾，让车站几乎处于瘫痪状态：到处停电，车站内一片漆黑，个别有发电机的小车票代售点勉强有羸弱的灯光。乘客滞留，不少警察在维持治安，车辆无法正常发车。

遇到这种狼狈的状况，我们心中一片凄然。困在车站不是办法，讨论了一会儿，决定先把去玻利维亚科帕卡巴纳的过境客车票买上，然后就近找旅馆。车票不贵，我们选择了早上过境的班次。旁边有许多兜售普诺湾一日游的印加野导游，自作聪明的我当时不由分说地拒绝了他们（因为看过一份攻略，说玻利维亚科帕卡巴纳那边的的喀喀湖景色更美），结果事后才发现这个草率的决定几乎让我悔断肠子！

买完第二天到拉巴斯的国际车票，车站的应急电路也修复好了，一片光明袭来。我们想着：反正第二天就坐车离开普诺，不如就在车站找个小旅馆打发一晚算了。上到车站大楼的二层，里面的小旅馆价格不菲且已经挤满了人，只剩两间小小的房间，但是条件特别差，重要的是不少地方还在漏水！

酒店在何方？今晚在哪落脚？孩子们都饿坏了，饼干已吃完，上哪找吃的？

一天下来，大家都又饿又冷，孩子们很懂事，不吵也不闹，乖乖地帮我们看行李。第一次遇到这种事情，孩子们已处在快崩溃的边缘了，大人知道，这时候应该安抚孩子的情绪，给他直面困难的勇气。

抱着儿子，我小声说："一切都会好起来的！儿子，对不对？"

"一切都会好起来的！"少年低声喃喃，"外婆总是这么说的"。

想走出困境，必须要找到交通工具离开这里，住到市中心区域的酒店去。天气太糟糕，身上的现金不多，也无法在一片混乱中找到外币兑换点，我们决定分头行动，朋友夫妻先去换钱，孩子们跟着我和先生看行李。

过了一会儿，换钱的人回来了，还带回了一些饼干和巧克力。两家人汇合后，男人负责到车站门口找出租车，女人和孩子留在警察哨所附近看行李（在异国他乡，一定要注意妇女儿童的安全，在等人期间，尽量找政府机构或大商场等公共场所，安全系数相对高一些）。

半小时后，男人们找到了一辆高价出租车带我们离开一片混乱的车站，前往小镇中心的武器广场寻找今晚的落脚酒店。

小镇的大部分区域还处在停电状态，漆黑中的小铃木出租车闯过一段又一段泥泞的坡路，冲过一个接一个深及膝盖的水潭，我们在滂沱大雨中找到了一个三星级的酒店。下车的那小一会儿时间，所有人的衣服全部湿透了，沿着斜坡哗啦啦奔泻的雨水夹杂着冰块和雪花毫不留情地往鞋子里灌，冰冷刺骨让脚板僵硬沉重，举步维艰。

顾不上酒店虚高的价格，我们马上交钱入住，没想到酒店也在这场自然灾害中遭了殃，天棚被巨大的冰雹砸得稀巴烂，倾盆的雨水夹着冰雹从天台沿楼梯倾泻而下，把6楼所有客房的地板全淹了，宛如沼国的房间无法入住，大家只好拖着行李返回大堂。幸亏是秘鲁的旅游淡季，酒店还有个别空余的客房，前台又给我们换了房间，疲惫不堪的大大小小终于有了安顿之地，特别是大堂边的餐厅居然还在营业，舒服地冲完热水澡的我们也不用冒雨寻找吃饭的处所了。

因为要赶着坐早班车，天边微红之时我们就起床了，昨晚预约的出租车司机也早早等在酒店门口。吃完酒店的自助早餐，我们喝了点古柯茶以驱赶高原的寒冷，所有厚衣服已披在身上，海拔4000米的高山湖泊将敞开怀抱迎接我们。可临出门的时候，我忽然发现手机找不到了，手机里可是有不少珍贵的照片和资料！我急得眼睛都红了，小罗在一旁柔声安抚，大Z也不停地拨打着我的手机号码，陪着我回房间找，可是找了半天无所获，只得蔫蔫地下楼走了，国际大巴的票可是有时间规定的，车才不会等你呢！

天空阴阴沉沉的，一点都不明亮，沿着的的喀喀湖湖边修建的国际过境公路景色非常秀丽。湖水清澈，不时可以看见大片青翠的普诺特有的香蒲芦苇一直延伸到天边。路况一般，车子摇摇晃晃缓慢前行。我心情欠佳，丢了手机的人无心观看美丽旖旎的湖光山色，见到平时在眼中非常可爱的在湖边怡然吃草的羊驼也提不起兴致，唯有化难受为食量，从零食中寻找一点心灵安慰，于是伸手进背包摸索昨日在库斯科小巷从印加妇女手中买的玉米片，突然触到一块金属硬物，我一哆嗦，像被电击了一下迅速地把那东西抽出来，果然是寻觅多时的手机！我的心情顿时明朗起来，阴霾一扫而空。

坐了大约3个小时的车，我们在边境下车办理秘鲁的离境手续，然后步行走上200来米，沿着一个斜坡穿过一个简陋的石头拱门，就进入玻利维亚境内了。在一所小房子办好入境相关手续，大巴车的司乘人员已经催促旅客上车了。再坐上约5个小时的大巴，我们到达玻利维亚的边境著名的旅游胜地——科帕卡巴纳。

图 3-7　的的喀喀湖

科帕卡巴纳不大，就建在的的喀喀湖边上。这里人口不多，民风淳朴，游客与当地人一眼就可以分辨。不同于南美巴西和阿根廷这些奔放的国家美女对性感的追求，当地妇女的个子普遍不高，都喜欢穿传统服饰，年纪大一点更是隆重，头上戴着一顶高高圆圆但又不遮阳的毡帽，上身的衣服半吊着像娃娃装，下身穿着及膝、大摆的百褶裙，整个人看上去肥肥矮矮的，看不出任何贴身的曲线。男人喜欢深色的衣物，个别人还会头戴印加人传统的毛线帽子。无论男女，每个人脸上点缀着两团可爱的高原红，一张嘴就是满口高调门的南美式西班牙语。

明净的高原蓝天万里无云，阳光很刺眼，一汪洁净如翡翠的湖泊吹来的清新水汽刷洗了干涩的眼睛。网上推荐的高人气蜗牛房酒店早已预订一空，我们找了一家紧靠湖边高坡的新酒店投宿，赶紧寻找心心念念的芦苇浮岛和两边翘起的造型独特的Uros芦苇船。然而老天却给我开了一个天大的玩笑,到了玻利维亚,才发现Uros人最大的芦苇浮岛在秘鲁普诺湾(昨天上午还待的地方),而那里才有Uros的湖上芦苇村落!同一个湖,由于签证和时间,无法再折回,什么浮岛学校,什么到浮岛邮局给明信片盖个特别的邮戳,在这一刻全部成了泡影!

垂头丧气回到酒店的房间,我默默地躺在床上不作声,**一遍又一遍**埋怨着自己。世上无后悔药,只有遗憾存心,旅途多问多听还是很有必要的。一趟南美之行筹备多年才成行,我并不认为在短期内再有合适的机缘与资金来一睹的的喀喀湖的Uros浮岛,我为自己的自负与片面付出了极大的代价!

Joas知道妈妈很早就向往的的喀喀湖金黄的芦苇浮岛,看见我沮丧地钻在枕头底下的样子,很贴心地给我端来一杯古柯茶。

"我们的签证能回秘鲁的普诺吗?"

"我们可以自由入境秘鲁,但是玻利维亚的签证只有一次,办起来不容易。回了普诺就无法再回玻利维亚了。"做妈妈的闷闷地从枕头底下回答。

"那回不去你难过也没用啊!我们大家都很担心你!"

是啊!我难过也回不去了,我哭也不能改变什么呀!只能在玻利维亚的科帕科巴纳看看小浮岛安慰自己了。

自怨自艾了好一阵,古柯茶也喝完了,**我勉强收拾心情和大家出门**。一路上,默默地告诉自己:人生没有完美,不可能事事如意,月亮也有圆缺,凡事总会有起起落落,再颓废灰心,事情也不可能有多大的改变。结局无法改变,但我可以改变自己的心情,让不如意成为旅程的一段不一样的际遇。

事实上,科帕卡巴纳这边的湖面更大,还有国际航船开往秘鲁境内,是世界海拔最高的通航淡水湖。湖中心的太阳岛和月亮岛据说是印加文明的发源地,坐游船前往岛上徒步,品尝当地特有的冷水trucha(鳟鱼)是很好的选择。落日的余晖下,的的喀喀湖金光闪闪,高原湖泊特有的清冽明净很美很美,让与Uros浮岛擦肩而过的我排解了不少郁闷……

就像法国心理学家埃米尔·库埃说的那样："我的一切都在慢慢变好。"我决定把旅行中遇到的所有外部条件都用积极的心态去考虑。就像他说的那样，引起生活根本变化的不是坚定的意志，而是积极的思想准备。

一切都会好起来的！这种心理暗示让我的旅行更加顺利。而从这天开始，我们在南美的旅行每天都在慢慢变好，也变得越来越有意思。

人生总有坎坷崎岖，风霜雪雨不断磨砺；痛苦快乐轮番交替，悲欢离合缠绕不息。回首走过的岁月，人生轨迹如股市的K线图，经过一段时间的盘档后，在图上即形成一种特殊区域或形态，不同的形态显示出不同意义。所有高峰与低谷是一波段，平铺直叙叫平淡，有起有伏才是常态。

带孩子出门也好，面对日常生活百态也好，积极且乐观向上，凡事看开一点，往好的方面想，就会少很多烦恼，哪怕情况十分恶劣，你也有动力勇敢面对。最重要的是，你的积极向上会感染到周围的人，从而带动周围的人也乐观起来，让生活有了更多的正能量。试想，一个整天灰心沉郁的妈妈，能营造一个充满笑意的家庭吗？

一切都会好起来的！尽心努力以待良机，总有机会。

第 4 篇

责任篇
培养责任与担当

🚌 与时间赛跑

（培养时间观念）

时间管理是一个人自律的重要指标，会管理时间的孩子会管理自己，一个有时间观念的孩子更容易在交往中赢得好感。我们提倡的旅商培养，怎能少得了对时间管理能力的养成教育呢？

从小，Joas就是个磨时间"能手"。做作业的时候，总有无数的事情可以分散他的注意力。因为做作业时间太长，导致平日众人眼里的淑女妈妈一过夜晚10点，看见还在书房里"埋头苦干"的儿子就不由自主地化身为面目狰狞的"母老虎"，直接的后果就是母子关系异常紧张，以至在很长一段时间里，我经常从朋友的口里听到Joas如何向她们诉苦，伤心无奈之下，我常常反思，究竟是什么原因，造成了孩子没有时间观念，如此磨蹭？

为了缓和母子关系，改善家庭的气氛，我们开始转移战场，创造亲子旅行的机会，希望在旅行当中修复倍受伤害的亲子关系，最好能培养孩子的时间观念，从根源解决痛苦。没想到，在悉尼遇到的一件小事情，还真的触动了他，让他对时间有了新的认识，改变了磨蹭的坏习惯，变成了一个时间的小主人。

在澳大利亚悉尼的岩石区，有一个世界著名的周末跳蚤市场。跳蚤市场位于情人港码头附近，里面的商品种类繁多、物美价廉：有芳香的手工肥皂、迷人的香薰、精致的小首饰……各种各样来自世界各地漂亮的装饰品和手工艺品琳琅满目、数不胜数。对于女人来说，这是致命的"诱惑"，足以让人流连忘返。我当然也不例外，与儿子手牵着手在跳蚤市场里忘情地挑挑拣拣，几个小时就飞快过去了。突然，提前设定的手机闹钟惊醒了我们，离登机的时间大概只有2个小时了！

"儿子，完蛋了！飞机快起飞了，我们只有2个小时，还要坐车赶到机场去，不知能不能来得及呢？"

Joas一听，紧张地问："如果我们赶不及会怎么样？"

"我们原来买的是廉价机票，不能改签，飞机会按时起飞，不会等我们，赶不上就要重新买票，白白地浪费这2张机票的钱。有时幸运，能马上买到当天新的机票，如果当天航班的票卖完了，就要等第二天了……"

小小的人儿闻言脸色大变，吓坏了："妈妈，赶快跑吧，如果飞机走了就完蛋了！我可不想再买票重新等了！"

跑！母子俩提着行李，一路飞奔，用了20多分钟冲到海港广场的轻铁站。澳大利亚的轻铁站安检并不是很严，但是人流量非常大，我们排着队，过了安检之后，一看时间，已经剩下不到一个半小时的时间了！一大一小，背着两个大背囊，提着大大小小的包，又拖着行李箱开始飞奔，我急得连鞋带都没系好，就飞快地跳到列车上去了。列车行驶速度已经很快了，但是我们内心非常着急，总觉得开得太慢……

到达终点，我们狼狈不堪地挤下车，儿子仿佛也知道了时间的紧迫。他不停地拽着我，帮我提东西，一个中国女人和一个小孩，在满是白种人的悉尼国际机场里飞奔，引起了许多旅客的注意，工作人员跑上前来询问我们是否需要帮助，我和儿子边跑边谢过他们，告诉大家我们要赶飞机！

偌大的悉尼国际机场人来人往，哪个才是相应的值机口？值机后还要通过安检才能登机，剩下一个小时的时间是完全不够的！俩人都快要哭出来啦！这个时候，我们才真真正正害怕了，赶紧找到一个工作人员向他求助，说我们乘坐的飞机马上要起飞了，请他告诉我们从哪里可以快速地登上飞机？工作人员态度非常好，他帮我提着行李在前面快速走着，我和儿子在他的带领下飞速跑到相应的登机口。这时候离起飞只有不到30分钟，所有的旅客已经登机了，登机口也准备关闭了，冷冷清清的登机口前只有两个工作人员准备收拾物品。我连忙冲上前，礼貌地说明了情况："我和儿子两个人来自中国，如果我们没办法登上这班飞机的话，接下来的转机行程将会受到很大的影响，请工作人员给予帮助！"再三请求之下，当然Joas的小萌脸也发挥了极大的作用，工作人员终于同意帮助我们登上飞机。当踮起脚尖把行李放在行李架上的那一刻，我提着的心才放了下来，再看看儿子，同样焦虑不安的他也长吁了一口气。

　　心情平复下来以后，母子俩望着窗外的云沉默许久。过了大半个小时，儿子把头靠在我的肩上，严肃地教育我："妈妈，你以后一定要学会遵守时间，可不能再像这样，如果我们赶不上飞机的话，就没办法回国了！"我这个做妈妈的当然深刻地做了检讨："是的，妈妈不应该为了购买纪念品而忘记坐飞机的时间，这样非常不安全，万一路上匆匆忙忙发生了什么意外，就更无法原谅自己了。这次能及时赶上飞机绝对是幸运，但我们不是每次都可以这么幸运，妈妈一定要吸取教训，下次拜托你也记得提醒妈妈，我们一起互相监督好吗？"我伸出了自己的右手，小家伙也伸出了自己肉肉的小手，我们击掌为约，共患难后惺惺相惜了。这可是自Joas上学以后母子心灵最贴近的一次，也开启了自家庭作业时间产生冲突后母子关系改善的新篇章。

　　经此一事后，他的时间观念有了翻天覆地的变化，开始正视时间管理，学习如何当一个时间的小主人：我按他的提议购买了一个公鸡小闹钟帮助他安排时间，睡前提前调好，早晨闹铃响了，起床自己穿衣服、刷牙洗脸吃早餐，再也不像从前一样三催四请了；上学放学，从来不会迟到早退；做作业的速度变快了，做作业时喝水、上厕所的现象变少了；尤其让人高兴的是每次出门旅行，他会很认真仔细地查看我们的机票，然后提醒我们要提前出发，注意遵守提前两个小时到达机场的规定……看来，这一次与飞机抢时间的赛跑给他留下了深刻的印象，使他懂得只有遵守时间才能够赢得自己的权利和便利。

不做超人妈妈

（放手、培养独立能力）

我不是超人妈妈，从小就跟儿子说："妈妈力气不够，抱不动你，你要自己上楼梯。"

我不是超人妈妈，当儿子说有一道题不会的时候，会跟他说："你自己再想想吧，我也不会哦。"

我不是超人妈妈，当儿子学会自己吃饭后还说："妈妈，你来喂我吃饭！"会跟他说："抱歉，亲爱的儿子，妈妈只能自己吃饭，两只手已经端自己的碗了，哪还有手帮忙喂你吃饭呢？你自己来吧！"

我不是超人妈妈，当儿子说他的书包太重的时候，让我帮他背，我总是跟他说："妈妈太瘦了，没力气，背不动，你自己背吧，你力气比我还大呢！"当我出门旅行的时候，我总是对儿子说："妈妈有点害怕哦，你出门要照顾我，你可以帮我拿行李吗？"

因为我不是超人妈妈，所以儿子从小知道很多事情不能求助我，只能他自己来，自己努力去解决问题。

作为一名拥有20多年教龄的一线教师，不少家长曾向我诉苦，陪孩子学习太累，自己一厢情愿地付出，孩子不但不领情，反而反感家长的帮助。而事实证明，在大多数情况下，家长对孩子的学习插手越多，孩子的学习越达不到高效率，孩子的成长究竟需不需要家长的帮助？

当然，家长作为孩子的第一任老师，每个孩子的成长都离不开家长的正确帮助和指引。尤其是年龄幼小的孩子，情感和生活上更离不开家长的关怀。但是我所说的"家长帮助"更多是引导，而不是替代。可是,家长们往往在不知不觉中帮孩子完成了许多应该由孩子自己完成的事情,比如代替他完成了整理内务的工作,比如代替他完成了动脑思考的工作,比如代替他承担了本应由他承担的责任……

每一个孩子的成长都是一个充满探索、尝试、付出、失败、解决问题的动态循环过程,需要亲身参与其中,才能够体验到成长的快乐和成就感。家长一味地付出和代劳,等于让孩子失去了自我成长的机会,家长自己辛苦不说,反而降低了孩子学习的效果,长此以往,孩子在思想上还可能会暴露责任感缺失的弊端。

真正想帮助孩子学习,成为一个有责任感的人,要懂得尊重和关爱,更要懂得留白,让孩子有空间去尝试,体验失败与成功的滋味。适当的放手,用陪伴式的帮助引导孩子成长,陪伴他体验学习的整个过程,这种关注和陪伴不是替代,未尝不是一个好计划。有时候,当家长的适当示弱,其实有助于孩子更加独立,培养自己各方面的能力。

我们家外出旅行在选好目的地后,会请儿子帮忙查阅相关的资料,商量制定旅行计划,计算一个大约的开支。到达目的地后,让他上网查阅相关的地理知识,在购买纪念品时请他帮忙看看哪家性价比更高。有时去讲英语的国家,还会邀请他做爸爸的小翻译。参与制定旅行计划,培养孩子的旅行全局观,让孩子在旅行前和旅行时不是被动旅行,而是以参与、决策者的身份出行,增强了孩子的旅行规划能力,是旅商培养的常见做法。

让孩子帮忙的过程中,千万别让孩子因挫折或意外状况而否定自己。20世纪美国著名的心理学家罗森塔尔的"罗森塔尔效应"是一个著名的心理学法则:

1966年,罗森塔尔做了一个实验,研究教师期望通过心理暗示对学生成绩产生影响。这天罗森塔尔和助手来到一所小学,进行一个未来发展趋势测验。测验结束,他们将一份最有发展前途者的名单交给了校长和相关的老师,叮嘱他们务必保密,以免影响实验的正确性。其实他们撒了一个权威性的谎言,因为名单上的学生是随机挑选的。8个月以后奇迹出现了，凡是上了名单的学生成绩都有了较大的进步，而且各方面表现很优秀。这部分学生在学习上有明显的改善，表现出更强的学习能力和求知欲。这就是著名的罗森塔尔效应。[①]

表面上看来这是一个简单的心理暗示，究其背后却隐含着深刻的道理，这一效应表明孩子能不能表现得很好，取决于家长是否给予了积极的心理暗示。积极的心理暗示对于培养孩子规范的举止，良好的习惯和优良的品质有着重要的意义，可以通过潜移默化的能力让孩子变得越来越好。如果孩子一直否定自己，认为自己真的一无是处，整天担心自己这个做不好，那个做不好，其实这只是他缺乏自信的表现，并不代表他在能力方面不如他人。这个时候他需要的是师长和家庭的鼓励。家长让孩子认为自己是一颗隐藏的原石，经过一定的打磨可以成为闪耀的宝石，孩子才有可能成为真正的宝石。

有一年春节，我们和朋友一家一起去云南香格里拉旅行，这也是我第一次让Joas帮忙在网上订旅馆。当地有许许多多的民宿和旅馆，冬天的时候游客并不多，价钱不算高，孩子很发愁，他担心自己订的旅馆不好，大家会责怪他。虽然爸爸妈妈一再鼓励他，并保证他看上什么酒店，我们就住什么酒店，但是孩子依然忧心忡忡，他对自己是否能够完成这一个重要的任务没有信心。我们开始提供一些方法以协助孩子完成这个任务：到相关的网站输入想要居住的区域，然后通过查看旅客的评价、地理位置、排名以及相关的设备进行综合的数值分析，看看是否方便出行、方便吃饭，最重要的就是这个地方的安全系数如何……

通过这样方方面面的比较，孩子对订旅馆慢慢摸出一些窍门。当然，有的时候订的旅馆并不尽如人意，但是这更多不是出自孩子的问题，而是部分旅馆销售的策略特别成功，又或是酒店在网上挂的图片与实际情况有出入，真正到达目的地时，的的确确有落差。这个时候没有

[①] 罗森塔尔效应.百度百科.http://baike.baidu.com/item/%E7%BD%97%E6%A3%AE%E5%A1%94%E5%B0%94%E6%95%88%E5%BA%94/760838？=aladdin

人会指责孩子，而是说这个旅馆实在是不怎么厚道，孩子慢慢也就释然了，也开始放开手脚了。

在旅行过程中，让孩子参与进来分担一定的任务，他既感受到了旅行的快乐，培养了责任感，更感受到了自己参与制定路线的另一种自豪和成功。所有的孩子都喜欢得到表扬，但是当任务失败的时候，他会避免面对自己因为任务失利而带来的批评。这种挫败感往往会让孩子沮丧，有的时候甚至会使其感受到压力，感觉到承担责任是一种负担。所以，家长不要给孩子太大的压力，不要让他感到承担责任是一种负担，要让他认为这是一种挑战，通过这个挑战能让自己变得更加强大、更加丰富。如果做到这一点，孩子在遇到各种问题时就不会推卸责任，也不会那么抗拒自己承担责任。在经历一番艰难探索之后，孩子通过自己的能力解决了问题，他所获得的成就感和自豪感让他明白承担责任是一件了不起的事情。

旅行教育提示：

①父母要清楚哪些事情可以让孩子真正地培养责任感，并且得到快乐、增长能力。

②父母要经常给予孩子承担责任的机会和体验。

③在失败与成功中，让孩子树立正确的责任观。

安全就是最有责任的爱

(安全意识)

亲子旅行最重要的一点是安全,有了这个1,后面的0才有意义,千万不可大意。我们倡导的旅行教育,放在首位的是安全教育。家长要教育孩子不任性挑战安全规则,不给自己和他人带来人身或财产的危险。确保自身和他人的安全,是一种负责任的表现,也是热爱生命的体现。

近年来,经常会在网上看到一些游客不注意遵守目的地的安全细则而导致的悲剧:

案例一[①]:

2017年12月,泰国芭堤雅象园内,一名重庆旅游团领队何某为救游客被大象踩踏致死。目击者表示,事情的起因是两位游客不听导游和领队的提醒,擅自去找大象合照。象园内的象夫发现后,第一时间将游客赶出了现场。无奈两位游客心有不甘,再一次跑进去拉、摸大象尾巴两次,导致大象被激怒,紧追他们不放。领队发现这一现象后,赶紧跑上前去将两名游客救出。不幸的是,自己却被大象鼻子卷起后重重甩下,并被其踩踏致死。

案例二[②]:

斯里兰卡被许多旅游杂志宣称为"拥有世界最美火车线的国家",

[①] 案例一:游客在泰国扯大象尾巴,重庆领队施救被踩致死.https://www.sohu.com/a/212131781_115479

[②] 案例二:我使馆不断提醒不要"挂火车",可悲剧还在发生! https://www.sohu.com/a/221595718_200224

穿梭在高山茶园的"高山火车"或"漂浮"于大海之上的"海上火车"是许多游客的必游项目。然而，这样看似很"酷"的行为却隐藏着巨大风险。斯里兰卡的火车不关车门，甚至没有车门，设施老旧且非常拥挤，乘客乘坐时将身体探出车外而不慎跌落受伤甚至丧命的事件时有发生。2016年10月，一名中国女子乘坐火车从斯里兰卡西南部滨海城市高尔前往首都科伦坡的途中，将头和身体探出车外拍照，不慎跌落身亡。

案例三[①]：

2016年7月，一家四口自驾游北京八达岭野生动物园时，一女子中途下车，园区管理车按喇叭提醒其别下车被无视，随后其被老虎拖走，同车两人前去救援也被攻击，事件致1死1伤，死者为该女子母亲。

案例四[②]：

2017年8月，网上一段关于日照灯塔风景区几名游客被卷入大海的视频在网上广泛传播。视频显示：8月13日，山东日照灯塔景区海岸风大浪急，约20名游客站在礁石拍照留念。海浪将部分游客卷入大海，有目击者称，有4人被冲走。其中有2名女性游客来自义马市，确认已经遇难。当地工作人员说，当日海岸边设有"风大浪急，禁止登礁"的警告牌，景区广播从6点就开始广播注意事项，现场保安在后面劝阻游客，部分游客非要去礁石上拍照，结果发生了悲剧。

上述4个案例只是各类惨剧中的一小部分，类似这样的旅行悲剧还有不少……

外出旅游，本来的目的是放松心情、增长见识、丰富阅历，怎么最后反而乐极生悲呢？

痛定思痛，从几个悲剧中我们不难看出，部分中国同胞"有钱任

[①] 案例三：太吓人了！游客野生动物园竟私自下车，老虎突然窜出伤人！https://m.sohu.com/a/107404711_349408

[②] 案例四：三门峡2名女子被卷入大海身亡，原因在这里！https://www.sohu.com/a/165393203_687310

性"啊!八达岭野生动物园被老虎咬伤的女子,入园前签订过相关责任书,其中明确规定自驾入园要锁好车门窗,严禁下车;违规下车时,园区管理车喇叭提醒其别下车被无视。还有泰国的象园游客、风浪中的拍照者等,这些旅客全都有罔顾规则、不听劝告的行为,这不是任性是什么?

规则无处不在,孟子曰:"不以规矩,不能成方圆。"挣断线的风筝不仅不会获得自由,反而会一头栽向大地,是规则就一定要遵守,不然就不能成以正果。安全无小事,遵守安全规则是一种责任,对自己负责、对家人负责、对社会负责,是一种最大的自我效益化。拿生命当儿戏,旅行者一次次受伤甚至付出生命,代价太大了。

每一次出行,我都特别注意安全问题,在这个问题上坚决不退让。

一次国庆节,约了几家朋友到广东阳江海陵岛的十里银滩度假。沙滩的海浪很大,我带着几个孩子玩,几个爸爸跟着我们。虽然对当地海域比较熟悉,但我们知道这里风急浪高,还有个别地方有流沙,所以不敢下水游泳,就在离岸边不太远的浅水区玩水、堆沙。

两个外地男游客胆子大,跑到沙滩的另一边,几下就脱下外面的衣服就游到海里去了。

小孩子们本来就想游泳,被大人制止后玩沙子也挺快乐的,可当看到有人下水游泳,心思马上被勾起,大声叫唤起来:"阿姨,我们也下去游泳吧!"

"不行啊,孩子们,沙滩前面海域看上去风平浪静,但其实海底海沟和暗流情况复杂,在这样非游泳区域下水游泳容易发生危险,我们不能下去。"

"可是,你看——那两个叔叔不是也下去了吗?"朋友家的小孩子不乐意了。

"莫看水面平如镜,要看水底万丈深!咱们的语文书也有一句谚语是这样教导我们的!"语文老师的好处就是拿书本知识当"令箭"。

"阿姨,我们就是在岸边游一下,不是深水——"孩子还是有些不太想放弃。

"你看！沙滩上告示牌写着字，你去读读，好不好？"对待小朋友的要求，只能耐心。

过了一会儿，几个小孩子怏怏地回来了，虽然很不乐意，但是在我的提议和游戏的吸引下，同意在沙滩边玩"与海浪比速度"的游戏。

沙滩上的救生员看见有人下水游泳便吹哨子催人上岸，但是两个男游客根本不听，跑得更快，游得也更远了。

一个大海浪过来，一个游客扑腾了几下又浮了上来，而另一个好像不见了人影？我当时也没有注意海里发生了什么，还带着孩子们玩沙子。倒是岸上有人发现了不对劲，马上联系了救生员。由于发现及时，距离岸边也不算远，人总算平安无事，不然真的有可能被卷进大海中，非常危险。

海陵岛海岸线长141千米，多处沙滩前面的海域看似风平浪静，而海底海沟和暗流情况复杂，当地政府为保证旅客安全，对此类复杂区域设置了"非泳区，严禁下海游泳"的安全警示牌100个，在宾馆酒店也设置有严禁到非泳区游泳的警示牌。幸亏我们事前了解了当地的基本情况，没有大意地跟上前去海里游泳，否则……

这一次的经历，给大人和孩子很大的警示。个人违反规则造成安全事故，不仅仅让自己处在麻烦中，也给身边的许多人带来麻烦，这是一种不负责任的表现。

在尼泊尔的奇特旺森林公园骑完大象后，我们去参观野生大象保护基地。这个位于森林边上的大象基地设施其实很简陋，就几个大木头棚子和一些固定大象的铁链，这里主要是医疗和培训当地救助大象的地方。我们一家三口到达的时候，已经有一些旅行团在里面参观了。

大概有几十个人围观着大象，并对其评头论足。还有一些游客开始买香蕉，然后在栅栏边上喂大象。忽然，一头大公象叫唤了起来，要去骑母象，尝试了两三次才"成功"。团里好多中年男人，兴奋地发出了欢呼的声音，夹杂着各种怪声，还有人发出各种声调和吹口哨。人们的声音太大了，不知道是母象不好意思了，还是公象受到了影响，就没有"继续"下去。

求欢不成，气得公象大声咆哮，母象和小象都吓跑了，而这时候，还有旅客不知危险，拿香蕉扔了过去，大概想用食物补偿安慰一下受挫的公象。大公象开始喘着粗气，来回烦躁地走动，一副要冲出来的样子。

导游赶忙跟大家说："别再喂了，容易出危险，大家先离开这儿！"话音刚落，就见刚才还围成一团的人群已经溃不成军，同胞们纷纷夺路而逃，撒腿就往外面跑。其中一个戴着墨镜、背着长焦单反相机的中年男子，鞋子都少了一只，还有一个男的慌不择路，从草堆经过的时候结结实实地绊了一个跟头，整个人都趴在地上，狼狈不堪。

这一幕，我至今印象很深刻。负责任的旅行，不仅仅是对自己的安全负责，还应该注意不要给他人带来危险。

泰国的游客自己不注意安全，最后殃及导游付出了生命；猎奇的游客刺激交欢的大象，导致大家险被袭击，这些说白了就是文明素养不够的体现。游客的素质不是一夜之间成长起来的，但是对于出门旅行的人来说，不要妄自尊大，自觉遵守旅游景区的规定，不将禁止指示牌置若罔闻是提升旅游品位的前提。对于规则做到这种自觉，旅游安全才有了基础，旅游带来的幸福感才具有更悠长的韵味。

经济能力的提升，让中国游客遍布全球。我们把足迹散在更多地球角落的时候，不要忘记自己的责任与担当。自身安全是关键，个人素质是前提，安全是一种责任，是对自己和家人一种最高境界的爱。旅行不是为了制造危险，旅行也不是为了遇险。为了我们爱的人和爱我们的人，亲子旅行更应该以身作则树立规则意识、遵守规则，对自己和他人的安全负责任。安全旅行就是最有责任的爱，这是我们应为家人信守的承诺。

旅行安全责任列举：

①远离违法行为。

②远离低价团，一分价钱一分货，贪小便宜可能导致高风险。

③请遵守景区规定，听从导游或工作人员的建议和劝告。

④与野生动物保持距离，不要喂食或合照，减少或拒绝观看动物经训练后非自然的娱乐性表演。不要购买不可持续生产的野生动植物商品，包括珊瑚、龟壳、象牙、野生动物皮草和硬木等，没有买卖就没有杀害。

⑤购买旅行保险，增强旅游安全的保险保障能力。

有余力则做慈善

（爱心无国界）

好朋友小袁也是亲子自由行的发烧友，每到假期，夫妻俩都会带孩子出门走走。他们家在旅行的时候，有一项让身边的朋友大为点赞的特殊活动，姑且把它叫作"随手公益"吧。

朋友家的孩子小名叫田田，是个活泼好动的男孩，因为从小就跟着父母在外面长见识，所以语言表达和动手能力比较强。

某年国庆假期，小袁一家三口开车与几个家庭前往贵州山区。几天的国内旅行，后备厢却挤得满满当当的，同行的人好奇地问："你家几口子出门可真豪华，就这么五六天时间带那么多东西。是不是打算把家当都带上啊？"

田田抢着说："才不是呢！除了自己的行李，我和妈妈还带上了前几天买的书包、文具和送给小朋友们的大衣，我们打算去看望去年参加志愿者活动的那条村子里的小朋友！"

小孩子回答得相当自然，神色也很平静，觉得这是一件再自然不过的事情，应该是经常这么做吧？

同行的一个家长听了，马上向他敬了个礼："小伙子，我向你致敬！能不能带着我们家也去看望一下你的朋友们啊？我们也可以出一分力帮助他们哦！"

"行！一起来呗，建议你参加活动前考虑一下，除了简单的物质捐赠，还可以提供什么类型的帮助？如果有的话，这样效果会更好！"小袁在旁边提示。

"对呀！妈妈上次去村子里的学校给孩子上了美术课，我还教小朋友们下象棋，他们可高兴了！"

听了母子俩的话语，同行的伙伴大受启发，均在进入贵州前做了不少的准备。几家人充分发动朋友圈的力量，组织一大群热心朋友购买一批书包和文具，还有小孩过年的衣服、鞋子和学生睡袋（路远的孩子寄宿学校要用到）装到车里，浩浩荡荡地出发了。

贵州山区的路不好走，不少村子在半山腰上，车子开不进去。众人肩扛手提，花费不少力气才把大包小包送到了村子里的学校。学校的教室不多，设施比较简陋，教学楼前一块不大的空地就是操场，平日里孩子们的升旗、体育课和所有的课间活动都在这个泥操场开展。个别孩子的家离学校比较远，就在学校的一间空教室住宿，一日三餐也在学校解决。虽然学生们的学习和生活条件都一般，但每个孩子对校园生活的热爱、对客人的热情深深地震撼了每一个捐赠的团友，让他们找到了一种"亲子旅行+随手公益"的新方式体现自己对社会的回馈。

对参加这次"亲子旅行+随手公益"的活动于城市孩子而言，这些送给贵州山区孩子的物品，只不过是城市生活中随手可得的东西。从小生活在大城市里，孩子们衣食无忧，身边的一切都是理所当然的存在，父母为他们精心准备优渥的物质资源：精致美味的食物、漂亮的衣物、各种新奇的学习用品、令人眼花缭乱的玩具、柔软的床铺、大屏幕彩电、ipad、智能手机……他们平时比较大的烦恼可能就是周末的兴趣班太多，或者受父母限制不能尽情地玩游戏。父母带他们参加这次的活动，与平时单纯观光、玩乐的旅行不一样，孩子一开始是被动的，但同龄人之间的强烈对比触动了他们的内心，他们开始主动参与到捐赠活动中来。他们在家长的组织带动下，和当地的小朋友一起交流、上课、做手工、吃午饭，在旅行的同时进行了力所能及的随手公益，体验了一次与往日不同的家庭旅行。

旅行回来后，朋友们纷纷对小袁说，感觉自己家的孩子变懂事了，以前时不时会让家长买昂贵玩具的孩子居然会说把钱存下来，以后买更多的睡袋让村子里的小朋友不用睡旧被子，还有的孩子开始急切盼望下一次的活动了。

很多人可能会将慈善活动理解为一种单一方向的"给予"，一种处在相对优势群体的高品质行为；但是，如果我们愿意尝试着从个体心理意义的角度去解读，就会发现实际上这世界上鲜有简单的"给予"与"接受"，我们通常会在看似"给予"的行为中，"获得"自己内心的需要和满足。

"给予是快乐的"。亲子旅行中合理地安排一些简单、易操作的慈善项目，会赋予旅行不一样的意义。旅行教育，其实就是一种家庭的"教"和"养"。"随手公益"让孩子发现自身是一个拥有很多的人，当自己有能力、有条件的时候积极回馈社会，孩子会体验到这些唤起内心丰盈感的"给予"行为带来的满足与快乐，引发孩子从深层次关注自我与他人、自我与社会的关系，培养孩子的爱心和社会责任感。

柬埔寨的暹粒，蜚声世界的大小吴哥窟吸引着无数游客，城内随处可见巴戎寺"高棉的微笑"，阇耶跋摩七世的佛像面带安详的微笑，安抚了高温中行走的游客们骚动的灵魂。蒋勋先生的《吴哥之美》一书，引起了国内一片"吴哥热"，田田和小袁也不例外。

和以前一样，小袁和田田母子两人在柬埔寨旅行时仍然不忘抽出时间坚持做慈善。他们在参观完地震博物馆，了解柬埔寨这一段悲惨的历史后，打算走访一次当地人的学校。他们几家人带着在国内早就准备好的衣物、文具、橡皮、本子和书籍来到了当地的一个贫穷落后的高棉村落。村落里有一间小小的手工艺学校，田田和妈妈给孩子们提供了简单的手工课程。在手工课上妈妈做老师，田田当助教。小袁给孩子们讲解如何利用当地的植物进行简单的手工制作，做成旅行纪念品，并且把带来的彩笔分享给大家。田田进行着相应的配合，把彩笔、颜料递给大家，虽然语言不太相通，仅是简单的英语口语，一样收效良好。

慈善行为会激发我们对生命的悲悯与感恩。力所能及的亲子旅行和随手慈善，能打开孩子们的眼界，使他们在学习和校园生活之外，体验、感悟、领会校园以外的社会，填补教育中可能比较淡薄或缺乏的内容。在旅行当中，真实接触当地贫困家庭的现实生活，做相应的慈善活动，其实给孩子创造了一项构建国际慈善活动的机会，让他明白爱是没有国界的，有余力的时候不要受限于民族国家，甚至是地理的限制，可以用自己的爱和行帮助有需要的人。这是一种更高境界的慈善价值观，让孩子在观察世界、了解世界文化的同时，知道世界上有不同生活层面的人，既可以培养孩子的爱心和正确的价值观，又能锻炼孩子的语言表达和随机应变能力，是一件很有意义的事情。

旅行慈善小tips：

①不强迫。个人的慈善活动，为我们自己的生活锦上添花。若是失去了自愿的前提，就没有太大的必要了。慈善活动中混杂太多功利的目的，对孩子们来说就失去了本来的意义。

②不比较。慈善活动的本真是善意，不用与他人进行金钱和捐赠物品之间的攀比，要根据自身的能力进行慈善活动。如果利用活动进行另类的"贡献"比较，会误导孩子形成偏离的价值观。

③明确目的。做慈善是为了培养孩子的爱心和正确的价值观，家长不要动不动就不分场合地教育孩子，比如"看看人家这么辛苦还能好好学习，你……"慈善和学习是两件事情。当然，一个身心得到滋养的孩子，通常会更加喜欢学习，也更加能够享受学习的乐趣，但其他孩子的不幸，不应该是父母用来要挟自己孩子的筹码。

④让孩子参与。让孩子参与进来，承担他自己能做的事情，不要让他当旁观者。从妈妈的钱包里拿出100元捐赠，不如让他整理自己穿不了的衣服和少买不必要的东西。能够承担责任的项目更能提高孩子的参与度。

⑤接纳自己做不了太多。既然要给，前提就是"有"，有余力发挥自己的能量。正确认识个人和家庭的力量，不要过度给自己压力。

作为家长，希望孩子能够有一颗温暖的心，不管将来他走到哪里，都能够存善心、做善事，做一个内心丰盈的人。

🚌 小背包客,自己的物品自己管

(自理与责任感)

"小小背包客,跟着父母亲子旅行环游世界的过程中,可不能够指望爸爸妈妈帮你包办所有事项哦!"妈妈说。

"那怎样才能成为一个合格的小背包客呢?"儿子问。

出门旅行,如果孩子凡事要家长跟进,事事要代劳,那将给旅途带来许多阻碍,甚至影响大家的心情。如果孩子动手能力强,能够自己的事情自己做,家长的压力必定减少很多,行程效率也提高不少。你的孩子是合格的小背包客吗?怎样才能让孩子成为一个合格的小背包客?

广义上的背包客(backpacker),又称驴友,泛指三五成群或者单枪匹马四处游逛的人,也就是背着背包做长途自助旅行的人,现主要是以群体登山、徒步、探险等寻找刺激的人为主,提倡的是花最少的钱,走最远的路,看别人难以看到的风景。目的在于通过游历认识世界、认识自我、挑战极限等。

对于亲子旅行来说,虽然也有自助旅行的环节,由于孩子是未成年人,旅行中我们更多是为了享受家庭共处的温暖时光,而非挑战极限、寻找刺激,因此对背包客的定义是不一样的。

一个合格的小背包客,首先要有自我管理的精神:自己的东西保管好,做好相应的标记,出门前收拾好自己的行李,进行归类、梳理,内务上尽量不要给大人增加麻烦。需要带什么物品?在旅行的过程当中需要哪些辅助旅行的工具?旅行时,我可以力所能及地为父母做些什么?这都需要孩子自己动脑筋去思考,并且在一次又一次的实践当中不断地改进，从而提高自己的旅商。

　　我家出门旅行，一般是每人一个箱子、一个背包，各人负责自己的行李物品。在Joas小的时候带他出门，我总是担心孩子出汗或玩耍的时候弄湿、弄脏衣服，带的衣物比较多。孩子个头小拿不了太多东西，难免需要大人帮忙代劳，结果行李就变成了旅行当中的累赘，因此家庭内部也闹过一些矛盾。

　　那年在尼泊尔南部的热带地区旅行的时候，当地基础设施很差，天气也不好，高温潮湿，经常下雨，每天换洗的衣服很多。衣服太多没法一个人洗，我们就规定一家三口每人负责清洗自己的衣物。

　　可能是每天的行程实在太累了，儿子每次一回到酒店，洗完澡就当"甩手掌柜"，衣服不收也没关系，反正妈妈会帮忙收的；东西没带齐没关系，反正妈妈会帮忙检查的。行李太重了没关系，反正爸爸会帮忙扛的……一开始大人以为代劳是体贴孩子的表现，但是没两天我就发现，父母的爱护和贴心帮忙代替了孩子自己动手分担完成分内的事情，孩子越来越觉得理所当然了。

　　那天下午，一场瓢泼大雨下了整整3个小时，热带雨林的土路在雨水的浸泡下变得泥泞不堪，丛林中徒步的一家子狼狈不已，帽子、衣物、鞋子全是泥巴和污渍，Joas彻底变成一个泥猴儿。小男孩回到酒店的洗手间里面万般不情愿地清洗着自己，把衣服脱到花洒下面简单冲冲就拿出来晾晒了，上面还粘着许多的泥巴，根本没有洗干净。又热又累，蚊子又多，处于快中暑状态的我打眼一看，忍不住脾气就上来了，把那衣服从衣架上拿下来，重新扔回洗手盆里："这么大了，连衣服都洗不干净，就那么几件衣服，你看上面还有泥巴呢。重新再洗！"

　　筋疲力尽的儿子能够自己把衣服清洗、晾起来，已经进步很多了。可是妈妈不满意，让他重新再洗，这让Joas觉得十分委屈，吧啦吧啦地掉着眼泪，一边洗衣服一边哭。看着孩子的背影，我心里一下子就后悔了，特别的内疚，也进行了反思。

　　孩子年龄小，认识水平不高、考虑问题不周全、力气小，在做事的过程中，难免会出现一些失误。作为妈妈，不应因此指责孩子，更不能惩罚孩子，而应首先鼓励孩子做得对的地方。对于孩子有失误的地方，要帮助他们分析原因，找到问题所在，以提高其操作的技能和水平。这样的教育方法，不仅可以锻炼孩子的自理能力，而且极大地增强了孩子的自信心，对促进孩子身心发展将产生积极作用。

家长是孩子的第一任老师。尤其是带孩子出去旅行，离开了熟悉的家庭和学校环境进入社会，他的生活有更多细节需要家长跟进和关怀。更多的时候，父母要给孩子提供机会，更要聪明地鼓励、肯定孩子。

于是，我向儿子道歉，并和他一起清洗了衣服。第二天一早，孩子早早就把自己的小箱子整理好了，虽然里面不算整齐，但是总算把自己的衣服都收拾好了，做妈妈的这次没有忘记表扬他。

回到广州后不久，儿子的球队外出去惠州训练。这一次，我先跟孩子看了一个有关收纳整理的视频，让他跟着视频先做一个清单，了解一下自己大概要带的物品；接着教他把衣服分类，把内衣等贴身的衣物用一个收纳袋统一装好，然后尽量把衣服按日常衣物、训练服、比赛服进行分类摆放，数清数目（对粗枝大叶的男孩来说，这一点特别重要），最后是简单的洗漱用品，真正地开展了一次行李收拾辅导。示范指导之后，又让儿子模仿练习了一遍，基本达标后就让他跟着教练出门了。

一周之后，儿子回来了。看着晒得黑黑的小男孩，妈妈给了他一个大大的拥抱。好几天没见到他了，我非常想念儿子。打开行李箱，妈妈还是很惊喜的，衣服一件不少，大部分还是按原来的位置各自卷好，难得的是居然还能把训练的球服洗得挺干净，儿子得意的小眼神分明在说："怎么样？我能干吧？快快表扬我！"

"当然表扬是必须的——"在妈妈眼里，没有什么比看着孩子成长并不断进步更开心的事了。

旅行时，我们有更多的机会可以让孩子成为一名合格的背包客：

（1）提供成长的机会

引导孩子收拾行李，按方块有序地收拾好背包和行李，把物品按种类固定位置装好；自己调好闹钟几点该醒来；独立进餐不要求喂食等。

（2）给孩子提供必要的材料

孩子是天生动手的行家，给他足够的空间和时间，父母从单一的价值观中走出来，让孩子多动手、多尝试，不要怕失败。这样才能让孩子不断地提升自己的动手能力。

（3）教给孩子必要的方法

个人事务不是想做好就能做好的，它需要一定的方法和策略。比如，穿裤子就需要先看裤子的前后，坐下来，把腿伸进裤腿里；如让孩子自己做早点、洗衣服、买东西等，家长应该教授其相关的技能与方法，还要有耐心，孩子主动分担家务或完成个人事务应得到鼓励。

很多情况下，由于旅行的特殊性，远离家庭熟悉的环境，旅途的不确定性和孩子的体力或适应问题，使家长往往不知不觉地心疼孩子，或者有时候觉得孩子做得不好，就不自觉地帮孩子完成了应该由孩子自己完成的事情。家长辛苦不说，还降低了孩子的责任感。孩子的自理能力与责任心是紧密相连的，如果孩子的家长在孩子需要有自理能力时，没有给予其适当的教育和训练，那么他就会丧失做人的一种能力，无法站在已有的经验高度上体会对他人的责任心，包括对父母。这个孩子一定认为父母既然能为自己做好一切事情，那么他们自然可以处理好这种焦虑，自己完全不用理会父母的这种焦虑。事实上，这种完全忽略孩子自理能力的教养方式，既害了孩子，也害了父母。

要求孩子自理，我们当然不仅停留在旅行等个别时段，更希望孩子在生活中养成独立、勤劳、刚强、负责任的品质。要学会自己的事情自己做，对孩子来说并不是一件容易的事情。他们需要学习的东西太多，难度也不一样。积少成多，让孩子逐步独立，更多的是引导而不是替代。改变自己的心态和行为，为孩子创造成长的条件，每个爸爸妈妈都可以是了不起的教育大家。

男生为什么不可以做妈妈

（社会性别角色的区别）

"我要做妈妈，我也要做饭！"

"不行！你不能做妈妈！"

"为什么我不能做妈妈，你就可以做妈妈？"

"因为你是男孩子！"

"谁说男孩子不能做妈妈？我就是要做妈妈。"

正在院子里玩"过家家"游戏的几个孩子争吵起来了，中文和英文此起彼伏，不停地交替，声音越来越高，最后双方都大声哭了起来。

哭声打断了我的忙碌，从厨房匆忙跑出来，看到寄住家庭房东家的女儿Stella和Joas这两个小家伙已经对上了，双眼红红的，像好斗的小公鸡一样互相瞪着，谁也不让谁。我赶快安抚孩子们，并从哭泣的人儿口中东一点西一点连蒙带猜了解了事情的经过。他们一开始玩得挺好的，搬着小椅子、小桌子一本正经地在院子边一棵金合欢树下玩"过家家"。因为家里的妈妈可以决定谁的面包多一点，谁的巧克力少一点，于是孩子们都抢着做妈妈，大家就因为扮演家庭角色的问题产生了争吵。Joas也想扮演妈妈，但是Stella不同意，她认为男孩只能扮演爸爸，双方无法达成共识，就发生了开头的一幕。

孩子的脾气来得快，去得也快。Stella是个大大咧咧的女孩子，转身就忘掉了不愉快。但是Joas觉得很不公平，还是有点小心结，为什么男孩子不可以做妈妈呢？是啊，男孩子为什么不能做妈妈？这个问题并不简单，不能随意应付，但讲起来又比较尴尬，该怎样跟孩子解释呢？真是考验妈妈的教育智慧。

看着还有点愤愤不平的Joas，我想，大概需要用上简笔画才能说明这一伟大的命题。晚上，讲完睡前故事后，我开始了。

"'男'是一个奇妙的形声字，我们把它拆开，可以分成什么字呀？"

"田和力。"

我又在纸上画了一个"女"的象形字，"这个'女'字像什么，你又想到了什么？"

Joas琢磨了一会儿，说："这个字像个女人两手交叉放在胸前，跪在地上。"

"是啊！从古到今，男，丈夫也。力气大，从事田里的劳动、狩猎、战斗等力量型的工作。女，妇人也。身体里有特殊的器官，能进行生育、哺乳的伟大任务。男和女从一生下来，就因为身体和分工的不同，各有神圣的使命，这是不同性别角色的区别。"（我在纸上画了一些简笔画进行辅助说明）

小家伙很聪明："我是男孩，从一出生我的身上就没有女孩子可以生育、哺乳的特殊器官，所以我当不了妈妈，对吗？"

"你可以做爸爸呀！女孩子也没有可以做爸爸的特殊器官，你看，上天多公平。男人和女人各有各的神奇本事，双方结合成家庭，大家配合才能生育下一代，成为家庭中的爸爸妈妈，是多美好的事情！"

"男生为什么不可以做妈妈？"的大难题在一问一答中解决了，夜色迷人，院子里的澳大利亚国花金合欢散发的香味飘进房间，偶尔听到虫子的呢喃，母子俩渐渐进入甜蜜的梦乡……

不少中国家长对性别的教育有点逃避，总觉得有些难以启齿。"男为父，女为母"一直是大众最基本的性别社会角色认知，这么简单的常识还用教吗？

事实上，儿童性别教育不仅要教，还要好好教，有艺术地教。无论是男孩还是女孩，都有着自己社会的性别角色，这是人的社会属性决定的。儿童性别教育是最基础的家庭教育，其中最主要的一步就是性别认同，它依赖于家庭和谐自然的两性环境和两性影响力。父母在家庭生活中创设适合孩子自然性别特征的健康的个性品质、风格、行为发展的良好环境，指导和影响孩子在发挥自己性别优势的基础上，克服自己性格的弱项，促进其身心全面发展和人格的完整。可以说，健康的性别角色意识，对孩子的成长起着重要的作用。

朋友家的孩子张张和Joas同年，因为父母工作很忙，他从小就和爷爷奶奶一起居住。爷爷是个转业的军人，对他很严厉；奶奶很疼爱孩子，整天都包办许多事情。张张胆子比较小，个头也不高，在幼儿园经常被男同学欺负，但女同学和老师经常会帮助他。渐渐地，他不肯跟男孩子玩了，而经常跟女孩子玩游戏、唱歌、跳舞，甚至产生了当女孩的强烈愿望，并常偷偷作女孩子装扮，选择礼物也是女孩子的玩具居多。我和大Z发现了这个倾向，委婉地提醒了朋友，朋友夫妻很重视这个问题，请教了儿童心理医生。医生说，张张长期和女性相处、玩耍，受女性潜移默化的影响，产生了一定的心理问题，但目前还未发展成为易性癖，只需合理引导便可以恢复正常。

可见，人的性别认同会受到外界环境等因素的影响。当与自然性别角色认同发生偏差时，发现不及时或轻视，慢慢形成心理问题，严重的可以发展成心理疾病，一旦治疗不及时，孩子的性心理身份或性别意识可能严重倾倒，在成人之后发展为易性癖将很难治疗。因此，家长平时应多注意孩子的性别教育，有意引导孩子和同性朋友交往。一旦孩子出现与性别相反的言行举止，应尽快带孩子就诊，以帮助其消除心理问题。

儿童性别教育如此重要，怎么教呢？

①家长要承认并赞赏孩子的性别，让孩子对自己的性别感到满意。

②父母是孩子在性别角色方面的指导者和模仿对象，家长要注意自身行为对孩子的影响。

③帮助孩子选择不同年龄段的同性榜样，使孩子建立起正确的价值观和人生观，让孩子在模仿、超越中形成正确的性别角色认同。

④注意把握孩子和异性朋友交往的尺度，既不能完全排斥孩子和异性的友谊，也不可以让孩子在性别角色未足够认同的时期和异性过分亲近。

⑤不要躲避孩子对性别的提问，正视孩子遇到的性别认同困惑。当家长无法解决时，可寻求专业的儿童心理医生辅助。

第 5 篇

社交篇
世界不太大

有教养地旅行

（尊重他人，敬畏规则）

随着中国经济的蓬勃发展，中国游客超强的购买力和消费水平也在世界舞台体现了大国风范，热门旅游国家争先出台配套的中文服务，原来"遥不可及"的南美签证和欧洲、美加签证也纷纷向钱袋鼓胀的中国人伸出橄榄枝。与此同时，关于部分中国旅客因不文明行为导致外界对国人印象不佳的新闻屡见不鲜。家长和孩子一起亲子游，如何远离不文明的行为，进行有教养的旅行呢？

以前大家常讲"穷养儿富养女"，现在又流行"穷养富养，都不如教养"。关注孩子的教养而非直接给予物质其实是非常有道理的，不少爸爸妈妈也已经有这个意识了。孩子的教养，不可能在短时间内形成，它是一项长期的工作，需要我们家长持之以恒地投入精力、智慧，并不存在一蹴而就的捷径。孩子出行的机会越来越多，接触到的社会面越来越广，在不同场景遵守不同的公共规则，注意礼仪，都是孩子们今后进入社会必须面对的。有侧重地培养孩子在不同场合下的礼仪，明确生活中应当遵守的一些公共规则，相信经验累积多了，孩子在成长的过程当中会自然而然地形成很好的规矩和教养。

有一年暑假，我们和几个朋友一起坐火车去西藏旅行。暑假是亲子旅行的高峰期，这列旅游专列载有很多带着孩子旅行的家庭，有老有少，有男有女，嘻嘻哈哈，特别热闹。坐在相邻车厢的是两个家庭，各自带了一个男孩子。两个小孩子的年龄相仿，都处在读幼儿园中班的年纪，但是这两个小孩的不同表现形成鲜明的对比，让我们对孩子的教养

第 5 篇 社交篇：
世界不太大

问题有了更多的思考。

A孩子由爸爸妈妈带着，小孩小脸蛋红红的，长得很机灵，穿着打扮不算漂亮，但很干净整洁。一路上，爸爸妈妈给孩子讲旅途的风景、看书、唱英文的儿歌；小孩子见到我们送他食物的时候，都很有礼貌地说声谢谢并拒绝收下。他的教养特别招人喜欢，值得让我们给他加分。

另一个B孩子是跟着妈妈出门的。他的妈妈经济能力应该不差，打扮得挺时髦，带着大包小包一大堆零食。母子俩喜欢在车上吃东西，并且乱扔垃圾。我们给他们一个垃圾袋，可是很快袋子就被他们弃之不用了，垃圾还是放在小桌子上。列车上上厕所的人很多，洗手间经常要排队，这个妈妈嫌麻烦不想排队，就从包里掏出一个塑料袋，让这个小孩子站在座位上尿尿！大家看着这对母子都很无语，众目睽睽之下，B男孩也有点不好意思，就不乐意了："妈妈，我不要在这尿尿！"这个妈妈居然开始一边用手拍打小孩的屁股一边叫骂："少啰唆，有什么关系呀，你快尿尿吧！你平常不也是这样尿吗？谁看你呀？反正都是小孩子，有什么所谓呢？"

旁边有个当老师的伙伴看不过眼，就说："这位妈妈，孩子都不乐意，他都知道在车厢里尿尿是不对的，你为什么还让孩子在这里尿尿啊？你把他带到厕所里去解决吧！"

谁知这个妈妈真让人大开眼界，她不仅没有带孩子到厕所里去，反而还回过头来指责这位旅客："小孩子才几岁？有什么关系呢？洗手间那么多人，下面又是空的，万一摔下去怎么办？"但是B男孩分明不乐意，他觉得这种做法是不对的，于是他跳下座位往厕所跑去。家长一看孩子都跑了，于是也跟着跑到了厕所……试问，这样的家长，怎么给孩子正确的引导呢？一路上，B孩子经常不听他妈妈的话，在车厢里又唱又跳，到处捣蛋，周围的旅客敢怒不敢言。终于熬到终点站，当我们走下火车远离这对母子的那一刻，有一种被解放的感觉。这样的旅客，是不受欢迎的。

每一个熊孩子的背后，都站着一对熊父母。一个成人如果没有教养,他会被身边的人厌恶和排斥。如果一个没有教养的成人,再带着一个没有教养的孩子一起违反公共规则,我相信,周围所有的人都会对他们敬而远之。B孩子妈妈不仅没有对孩子进行规则礼仪的正确引导,对孩子的不良行为加以约束,反而用自己的歪理反驳他人提出的异议。短期来看,孩子的行为只是对他身边的人造成影响,但是从长远看,熊孩子长期被纵容、无法无天、不受管教,长大后会长成一个蔑视规则、践踏规则的人,在放纵无礼、无视规则的道路上越走越远,当有一天受到社会的惩罚,代价更为惨重。

规则,需要敬畏,大人如此,孩子亦然。

这些年,世界各国对部分中国游客有一些负面的评价,甚至有个别的国家专门用汉语作警示语,类似于"禁止随地吐痰""禁止高声喧哗""请排队"……这样的警示牌,更多的是源自对部分游客没有教养的一种评价。尤其是在亲子旅行的时候,父母与孩子相处的时间更长,平时在家里不在意的小问题、小习惯可能会由于朝夕相处而扩大,产生的负面影响更明显,家长更应该以身作则,为孩子树立好榜样,旅行教育成就亲子双方的共同成长就是这个道理。

如果旅行中需要长时间坐车或飞行,建议可以提前告诉孩子在过程中的要求,商讨路上如何在交通工具狭小的空间里打发漫长的时间,明确孩子路上要遵守的规则,告诉他什么可以做,什么不可以做,还可以带上书籍、速写本、玩具、电子产品、扑克牌等帮助孩子打发时间。

2017年,我们在秘鲁的阿雷基帕参观彩色修道院。这个修道院博物馆特别的安静,虽然有不少游客,但是没有人发出声音,所有的人都安静地按照指定的顺序进行参观。博物馆里面很漂亮,不少展出的宗教壁画非常精美,出于保护文物的目的,里面是禁止照相的,只有在室外的时候才可以照相。我们几个大人从头到尾没有拿出手机或者是单反相机拍下一张相片。因为我们知道,要想让孩子在游览观光的同时做一个有教养的参观者,为人父母者必须要以身作则。在博物馆这种安静的场所,大声说话和高声谈笑,偷偷摸摸拍照片都是极其不文明的行为。如果我们要让孩子懂得安静，不能制造噪音骚扰别人，作为家长自己首先就不能大声交谈。所以，哪怕我们再想拍下几张照片留念，也必须要遵守博物馆的规则，毕竟在孩子面前，父母有责任做出正面的示范。

整整一个上午，朋友的女儿吉吉和Joas每人带上一个笔记本和一支铅笔，一边参观，一边记录。当发现有意思的器皿、文物，就停下来花点时间进行文字描述或用简单的铅笔画临摹，把自己觉得有意思的见闻通过绘画和图文的形式记录下来。因为在参观前已经做好充分的准备，一个上午参观下来，两个孩子的笔记本记录了不少有趣的收获，还一起在博物馆的留言本用中文写下自己的参观感想，图文并茂，非常生动有趣。

这一系列参观的小安排，符合孩子的理解和认知程度，让参观变得丰富有趣又守规矩，虽然看起来微不足道，但是"千里之行，始于足下"，正是这些一点一滴的小习惯组成了孩子的修养。好习惯积累多了，自然而然地就会内化成人的气质和修养，也就是我们平常所说的教养。

通常来说，孩子的习惯过程大体需要经过"遵从—认同—内化"三个阶段。可以在孩子适当的年龄阶段，对其进行正面的引导，做好心理建设，并且在实际行为中给予认同，鼓励孩子的进步，可以加速孩子们养成正确的习惯。家长与孩子在旅行中，关注文明出行的行为养成，从小细节做起，遵守公共场合的规矩。经验累积多了，旅商也会有很大的提高，自然也就看到孩子在成长当中形成好的习惯，家长也可以在与孩子共同探索世界的过程当中收获教养孩子的快乐。

不少爸爸妈妈，有时会以年龄为借口来原谅孩子一些不好的习惯。如小孩子自私、无礼，在公共场合影响别人，不懂得分享，言行不文明等，往往会被家长以孩子还小的理由来原谅，甚至是纵容。还有一些上了年纪的人，则以"年龄那么大了"为由企图获得原谅。既然好习惯可以培养，而好的教养可以伴随人的一生，那么我们就不能轻易用年纪来拒绝改变，或者是成为滋养不良习惯的借口。

我们孩子的成长，不仅需要风雨，需要阳光，更需要被尊重的美好。一个拥有良好教养的孩子，在表达对他人尊重的同时，也从他人的尊重当中感受到自己被尊重，这份美好将成为他的教养，传递给更多的人。所以，对不文明的旅行行为"say No"，让我们更好地进行有教养的亲子旅行吧！

吃出文化

（餐桌礼仪）

世界上最长的缘分是什么？是吃。孩子在母亲的肚子里被孕育的时候，就已经开始吃了。当他们降生于这个大千世界时，开始以母亲甜润的乳汁为食，再大点，开始品尝食物，再大一点，与我们同桌共食，到不能吃的时候，母子之间的缘分就尽了……

吃在中国文化中的位置之重当然不言而喻，一些餐桌文化在中国是正常的，可是到了国外就有点不合时宜了，那么你的孩子都会吃饭吗？

其实，进食的习惯最能够体现一个人的教养和其背后的文化氛围。不同的国家，吃饭有不同的讲究和礼仪。作为中国人，我们对中餐的热爱是专一的。但是，当我们旅行到不同的国家时，遇到中餐与西餐共同对阵，两者在餐桌上的礼仪要求就体现出差异来了：时常在不少西式餐厅里，看到热热闹闹的中国人高谈阔论，而旁边的当地人则静静地进食。不是说热闹的中国人和安静进食的西方人之间素质存在着多大的差别，我倒觉得，只是不同的文化体系对于吃饭这个社交活动的认知存在差异。

在中国，咱们在餐桌上吃是次要的，更多是为了交流感情，是带有结交朋友、交流合作等多元化内涵的一种社交方式。在西方，如果是带有这种功能的社交活动是酒会、party等，餐桌上的社交活动倒真不多，所以吃饭的时候相对安静，吃完饭后才是真正的活动时光，跳舞、化妆晚会或宴会等。而在咱们中国一般没有这些辅助的项目，大家在餐桌上吃吃喝喝的同时交流感情，随之产生了不一样的餐桌社交活动。所以，如果撇开这种文化差异，光谈餐桌上的礼仪来判断不同国家的人的素质高低，我觉得是片面的。

在Joas 7岁左右的时候，我带他去了一趟澳大利亚。在布里斯班的时候，我们住在一个认识不久的朋友John的家里。他家是典型的西方家庭，夫妻俩原来在北美工作，后来退休回到了老家澳大利亚定居。饮食就入乡随俗，早晨简单吃一点牛奶面包片，中午吃三明治，到晚上的时候才有正式的热食。

儿子不太习惯澳大利亚的饮食，一连两天都吃得不多。女主人Diane很细心，为了适应我们的口味，这天晚餐专门做了东南亚风味的美食。主食是白米饭，配菜是青咖喱香茅虾，除了这个以外，主人家没有再提供别的菜（老外的晚餐确实比较简单）。

热气腾腾的饭菜上桌以后，没想到Joas特别不习惯青咖喱的味道，尝了一口饭菜就不肯再吃了。出现了这种情况，饭桌上的气氛有点僵，我也愣住了。小孩子不懂事，大人有点拉不下脸，我把儿子拉到一边，悄悄跟他说："阿姨为了这顿饭而专门开车到市场买了新鲜的虾，准备了很长时间，我们礼貌上也应该吃一点，表示对阿姨的尊重，这是一种礼仪，也是一种尊重！"在我的劝说下，儿子还算比较懂事，回到餐桌上一小口一小口地吃着那份他并不喜欢的咖喱虾，脸上还是一副不太情愿的样子……

从这件事以后，我特别注意给孩子渗透中餐和西餐不同的礼仪细节。我所生活的城市是广州，是粤菜的发源地。粤菜色香味俱全，早茶文化享誉世界。每当家里有外国朋友来的时候，我们都会建议Joas充当美食推荐师，把他认为的特色美食推荐给朋友，在尽好地主之谊的同时进行饮食文化的推广。在这个过程当中，我们更注重把中国良好的饮食文化和就餐礼仪介绍给对方，向对方展现中国式餐桌的讲究。通过这样的交流活动，Joas受益匪浅，慢慢地，在传播着中国饮食文化的同时，开始注重自己的中国餐桌礼仪，英语口语表达能力也得到一定的提高。

除了这些，我们在不同的国家或地区旅行时，也会注意外部的就餐环境，留意观察别人的进餐方式，进行潜移默化的学习。比如在安静的西餐厅里面，右手用刀子左手用叉子，要保持安静，喝汤的时候不要发出声音，红酒要配红肉等。进餐的流程：前菜、主菜，点心等。在国内当很多人聚餐的时候，虽然Joas年纪不大，我们也创造机会让孩子参与交流，发表自己的意见并学习餐桌礼仪，比如说：

为大家点一个菜；

倒一下茶水；

分发餐具；

吃饭的时候，低声说话，大人交谈不要插嘴；

嘴巴里有食物的时候不要说话，免得米粒乱飞；

喝汤的时候把汤轻轻地端起来，用勺子往嘴巴里送，不要发出很大的声响；

如果有其他小朋友在场要学会攀谈；

吃好以后要耐心等待。

这些基本的礼仪一点一滴在生活中渐渐渗透下来，慢慢地我发现孩子在餐桌上完全变了个样，实在让人惊喜。

2017年我们在柬埔寨旅行，入住暹粒一家假日酒店，在餐厅吃自助餐的时候，我发现周围坐了不少带孩子出行的印度家庭，他们的餐桌礼仪让我惊叹。端坐在角落位置的印度家庭，一点也不像印度电影般热闹，进餐安静，动作得体，不浪费食物。这也跟印度的历史文化有一定关系，印度曾是英国的殖民地，现在也是英联邦国家，孩子接受比较正规的英式教育，难怪孩子的进餐习惯更符合西式的礼仪。

同时，我也发现，中国父母在孩子的餐桌礼仪方面的教育也在不断地进步。孩子们浪费食物的现象不多，取食物时比较耐心，排队也没有大声喧哗，更没有任何插队的情况出现。看着同一条队伍之中的中国和印度孩子，我觉得特别自豪。中国的经济不断进步，在全球的影响力越来越大，中国父母们的家庭教育理念也在不断更新，孩子的教育养成一步一步走向国际化，与孩子同行中，我们享受到物质和精神的双重盛宴。

　　吃，有的时候，是一种教养、一种文化。当把"吃"上升到文化的视角，就会发现它不仅是一种关乎美食、味觉上的享受，更是一种家庭教育素养的提升，还是不同文化的交流和碰撞。餐桌的礼仪不限于旅行时的讲究，还应该在日常生活中不断养成，常态与偶时状态相比，更需要坚持方能成就良好的习惯。我之所以从旅行的餐桌礼仪故事讲起，只不过是因为这些例子在我家的旅行教育故事中比较典型，印象深刻罢了。

与小伙伴一起

（合作、沟通）

孩子有伴，就有产生快乐的活水之源。有小伙伴参与的旅行是美妙的。每次旅行，我们喜欢找一到两个有与儿子同年龄段孩子的家庭作为旅行伙伴；如果没有伙伴一起出行，我们就想方设法在旅行目的地加入一些可以与其他小朋友共处的项目，使孩子在与同龄人的相处中提升认知能力、交往能力、沟通能力。

去越南旅行的时候，儿子和球队的小球友帅帅组成一个"联合国考察团"。两个小男孩专门针对美国当年在越南战争后遗留的武器进行了一个小团队活动，一路上不停地在白纸上又画又涂，画了许多越战的战争场面和武器装备；实地考察露天的战争博物馆时，小家伙们钻进坦克里认真地琢磨里面的构造，比较中美坦克的不同，还要爸爸们加入，在战斗机旁边进行美军投降仪式的模拟游戏。这些有趣的活动是小伙伴们的临场发挥，极大地满足了孩子的好奇心，提高了旅行的愉悦度。

吃饭的时候，最能体现小朋友旅伴的作用。两个孩子根本不用催促，自己自动自觉地大口大口吃饭。Joas是个"肉娃"，不太爱吃青菜，帅帅刚好相反，就吃点西红柿炒鸡蛋和米饭。为了面子，两个小家伙都开始向自己平时不怎么动筷子的菜肴进军，大人在旁边看了，马上知趣地加足马力表扬。一个多星期下来，两个小孩子挑食的毛病居然真的有了改变，这成了旅途无心的大收获。

去一趟南美洲不容易，时间长，辗转的地点多，旅伴家庭之间的和谐度会影响整个行程的顺利开展。好朋友小罗一家三口与我们是老朋友了，之前一起出行过好几次，双方家庭成员的性格和价值观比较一致，大家达成初步共识后分工合作，我家负责制定行程和机票，他家负责订酒店、购买保险和联系天空之镜的旅行团，一起为期待已久的神奇之旅做准备。

小罗有一个漂亮的女儿，与Joas同年出生，叫喆，不过大家更喜欢把小姑娘的名字拆开来叫"吉吉"。两个小伙伴从小学一年级相识，至今已有8年了，虽然平时一起玩的时间不多，但因为两家人本来是朋友，关系不错，而且大人之间也有共同的爱好。尽管性别不同，但两个孩子之间处得不错。一路上，两个孩子有时讨论游戏，有时研究学校老师和同学的异同，有时画画，最可爱的是两个学生娃娃在高原寒冷的早晨一起早早起来写作文……如果只有Joas一个人跟着我们出门旅行，你想让他单独做个作业，嘿，他嘴巴不说，但心里肯定是不太乐意的。为什么？因为大人不用做作业，而小孩子看着大人在一边悠闲，心里多多少少有点失衡。但当两个孩子在一起的时候，互相有了同处境的兄弟姐妹，心里顿时找到安慰："原来天下的可怜人不仅仅是我，而且我还要做快一点，早日完成作业。"作业时间变得不那么苦闷，效率也大大提高了。

做作业与吃饭的容易管理还不是有同行旅伴最大的好处，最好的是在参观博物馆或古迹的时候，大人的视角与孩子是不一样的，无论大人如何放低年龄站在孩子的角度，也难以触及孩子的心灵，而小伙伴是最能相互理解并及时分享感悟的人。孩子们共同探讨未知的事物，寻找共鸣，激发强烈的求知欲。孩子也在这个过程中提升沟通和人际交往能力，提高旅商，进一步促进综合素养的提升。

提倡亲子旅行为孩子找个伴，在选择旅伴家庭时要关注一些小事项：

第一，旅伴家庭最好彼此之间比较熟悉，有相似的旅行价值观念非常重要。如果大家的旅行价值观念差距很大，如吃饭、住宿、交通方式的选择方面有较大的分歧，消费习惯相差太大，即使双方做出较多的妥协，也会给共同的旅行蒙上阴影，可能大大地影响旅行的心情。

第二，以双数为单位，最好是两个家庭，或者是偶数家庭。如果更多的家庭加入，人员太多，互相之间总会需要等待或者协调，问题会变得很复杂，使得出行变得啰唆累赘，行动困难。亲子自助旅行有很大的自主性，需要共同决策的事情很多，如果人员太多，很难取得一致。

第三，孩子之间的年龄最好相仿，性别倒无所谓，但是孩子之间个性要投缘。两家的孩子如果玩不到一块，甚至之间还有矛盾，经常吵闹甚至打架，两家的关系自然会受到影响，这样如何继续同行？估计连坐下来吃一顿饭也比较困难，所以还是提倡与亲密的小伙伴一起去旅行。

第四，所有的费用互相商量，公共开支两个家庭分摊费用。分工明确，一个负责现金的管理，一个负责记账，这样子账目分明，然后定期汇总清账，能够减少很多经济上的矛盾。如合租一辆车，刚好可以充分利用空间，行动非常方便。

第五，最好大家有共同的爱好，各有一技之长为旅行服务。两个家庭如果能有兼顾摄影和开车的人，那一路上肯定精彩、便利极了。

第六，安全问题。其实现在全球没有哪个国家或地区特别安全，如果一家三口行动，只有一个成年男性，那么危险系数还是比较高的。但是两个家庭一起出行，两个成年男性浩浩荡荡带领六七个人，那么从数量上来说相对安全很多。而且遇上突发事件，男人之间有商有量，女人之间有共同的话题，是一种非常协调的旅游生态，旅行将会事半功倍。

两个小房东

（家庭与安全感）

家庭是孩子的人生第一课堂，是个体出生之后接受社会化的第一个社会环境，在人的教育和发展中占有十分重要的地位。

和二十世纪八九十年代相比，现代家庭的规模与结构发生了很大的变化，总的来说，家庭的规模呈现出从大到小的发展趋势，再婚的家庭以及单亲家庭也比以前多。家庭规模与结构的改变，使得家庭观念、家庭的人际关系和发酵功能发生了一定程度的变化，给家庭教育带来新的挑战与冲击。

家庭成员之间的关系直接影响着整个家庭的教育环境。原生家庭的完整、成员互相尊重和关爱、家庭气氛融洽，是一个孩子最大的底气，对孩子的个性、心理健康、爱情观、家庭观等形成有重要的正向激励作用。反之，如果孩子从小所处的家庭总是充满了冷漠，甚至充斥强迫、讽刺、暴力，孩子会留下不同程度的心理创伤，影响他们以后的人生。

Stella和Piper姐妹俩是我们在澳大利亚寄宿家庭的两个小房东，一个6岁，另一个4岁，一幅标准白种人的长相——金黄色的头发，皮肤几近透明的白，眼窝很深，双眼皮，眼珠是灰的，金色的眼睫毛向小扇子一样可爱。Stella是姐姐，岁数大一点，点子多，对人情也知晓得多些，对我们这对寄宿的母子的态度比夏天的天气还难琢磨，有事要你帮忙时就特别热情，又搂又抱地跟在屁股后面亲热地叫你，若是没事要人帮忙就依她的心情反复。Piper刚满4岁，性格活泼，对母亲更依恋一些，对外来的访客有一种天生的排斥。不过她们毕竟是孩子，小姐妹很快就和我们玩到一块去了。

用中国人的眼光来看，姐妹俩的家庭应该是"地主阶级"了。她们家的大房子占地面积有300多平方米，此外还有几百平方米（也许有上千平方米）的大花园。由于父母离异，法院判决夫妻双方共同抚养孩子，孩子每周有3天跟父亲住，4天跟母亲生活，下一周就反过来，跟父亲住4天，跟母亲住3天。"少年不识愁滋味"，小孩子不懂大人之间的问题，只能被动地不停地三天两头收拾小包袱在父母家轮流转悠，像候鸟一样在小镇的一东一西两个区域迁徙着。

Stella和Piper未正式上学，还在读幼儿园，每周只在周三、周四这两天上学，房东Tim家较靠近学校，因而这两天一般都待在父亲家。这两天早上也是他们一家最忙碌的时段。

澳大利亚人的生活比较单调，一般人家都早睡早起。早上6点左右，天还没有亮，两个小房东会爬起来，开始她们的衣服大战。姐妹俩几乎把衣橱所有的衣服都翻出来摊在地板，来回不停地试穿，不停地照镜子，然后又接着翻、接着换，比赛着谁的好看。不一会儿，旁边就可以堆出一座衣服的小山。折腾好半天，当衣服终于挑选停当，她们就开始用画笔在自己脸上、手上乃至身上的任何一个部位画画，用图案装饰自己。当我和儿子起床时，就可以见到两个浑身上下布满颜色的"小鬼头"，每天不同造型，保证天天新鲜。奇怪的是，两姐妹的父亲从来不责怪她们的行为，只是要求每天画完画她们要收拾好画画工具，然后在出门前洗干净身子。每天早上，这一家子就在衣服、颜料、洗澡的热闹中度过。

这天，Piper早上刚从母亲家被接回来，还没走进爸爸家的大门就开始大声哭泣了："我要妈妈，我要和妈妈通电话，我要回妈妈家……"父亲很无奈，可是也无能为力（估计这样的情况经常发生）。过了一会儿，父亲拿起了电话，让孩子打电话给她妈妈。一顿叽里呱啦的哭喊和安慰之后，小家伙终于止住哭泣，抱着她那白色的小布熊在沙发中坐着不说话。Stella懂事地走过来安慰妹妹，不一会儿两人玩起了ipad，吃起面包打闹起来，伤感很快就被抛之脑后。可是这个小插曲明显影响了父亲的心情，整整一天，我们都可以感觉到他的无力和沮丧。

不同的文化背景和思维方式造就不同的婚姻、家庭观念，对于离异家庭的孩子来说，何尝不渴望幸福美满的家？相信Stella和Piper的父母肯定深爱着她们，但这样分离的父爱和母爱始终无法给她们安全感。Tim已有中国女友，母亲更是换了两个男友，总有一天，父母会再婚，或许两个小房东面对的情况会比现时更复杂，将来的日子又会如何，谁也不知道，唯愿幸福与快乐与她们同行⋯⋯

夜晚，儿子在床上紧紧地抱住我："妈妈，你会不会和爸爸离婚？"他的脑袋低垂着，情绪很低落。

看来今天小姐妹的情绪影响了他，给他幼小的心灵蒙上了阴影，我紧紧地抱着这个难过的小男孩："爸爸妈妈都很爱你，感谢你成为我们的孩子。虽然我和爸爸有时会吵架，但我们这个家很有爱，爸爸妈妈不会分开！"说完，我低头亲吻了一下小家伙光洁的额头。

"不会分开？永远都不分开吗？"

"不分开，永远在一起！我们一家人永远在一起！"我坚定地看着那双如同小鹿般纯洁、跃动的眼睛，嘴角微微翘起。

"⋯⋯嗯⋯⋯"他小小的脑袋蹭着我的下巴，用力地点着头，"不分开——"

花园中，皎洁的月光温柔地从白色的百叶窗穿过，照在我们的床前，我搂着心爱的儿子，心田飘过淡淡愁思。"下一次，我们一定一家三口一起出行。"我在这样的想法中渐渐睡着了。

生活在变，人生的基本道理没有改变。一个幸福美满的家是一个人快乐的源泉。虽然现在生活节奏快，人们对家庭关系的理解和关注不如以前。但任何一个人只要想到自己作为父母，能产生不要让你的子女将来因你而蒙羞的想法，或你作为子女，能够想着不要让父母丢脸，全家人一起心心念念不要让我们的祖先因为我们丢脸，这样的家庭肯定兴旺。这样朴素的家庭观念，其实就是一种家庭责任感。

健全有爱的家庭会让孩子形成乐观向上的心态,会让他更有安全感。父母的爱会成为孩子极大的动力。孩子从小就要培养家庭观念,我们要帮助孩子更好地认识家庭结构,感受家庭温暖,让他产生幸福感,是我们做父母的心愿,也是增强孩子的家庭意识和归属感的方法之一。所以,在孩子小的时候,我们尤其应该多让他感受到全家人在一起的快乐,让孩子在家的温暖怀抱中培养积极向上的家庭责任感。

各具特色的过客

（生活态度）

一程又一程的旅途，预定的行程，不可预知的人和事，产生许多美好的相遇，成为我们美好的回忆。

许多陌生的朋友，有的人让我们快乐，有的人带给我们悲伤，有的人让我们感到被怜惜，有的人会让我们产生激情，还有的人鼓励我们像火一样燃烧青春。各色的人带着迥异的人生际遇，从另一个生命元素镜面反照我们的生活状态。

从尼泊尔的奇特旺享受了一顿美味而丰盛的早餐后，我们在滂沱大雨中离别了奇妙的原始森林公园，开始前往喜马拉雅山脚的博卡拉。

酒店用专车把我们送到村口一辆破旧的长途客车边，还未上车，河南同胞热情的大嗓门就淹没了我们，河南话在整个车厢回响，乘客全是中国老乡。一路上走走停停，遇见了翻车、尼泊尔人的路边迎亲（原来也吹奏类似唢呐的乐器），热闹至极。这100多千米，从早上11点多走到了下午4点，速度让人几近疯狂。

途中还发生一个插曲，客车在经过一个村庄时不小心压死一条狗，司机老老实实地报了警，一车人无可奈何地等交警来处理问题。过了20来分钟，警察来了。又黑又壮的警察手拿着一条大木棍，声音又厚又粗，全程都在训斥司机，我们无意中领略了尼泊尔警察的雄威。

到了博卡拉，我们找到传说中国人热捧的旅馆——燕巢，总算安顿下来。休整片刻，我们决定到博卡拉湖边漫步。湖很大，连续多天的大雨，使湖周围的群山云雾缭绕，丝毫未见喜马拉雅山的身姿。湖边很多旅者，估计已在原地守候多时，只为一见夕阳下的雪山真容。旁边坐着几个游客，当中有一个年轻人与Joas攀谈起来。

世界真小，这个稚气未脱的男孩居然是广州一所中学高二的学生。他休学一年，在越南、老挝及中国环游。再聊多几句，我发现他的家居然就在我家对面的富力花园！看着小哥哥自信的笑容，Joas忍不住缠着他讲述路途中的奇闻和趣事。小哥哥的经历让儿子听得一愣一愣的，时不时发出惊叹声。

见到这个景象，我有点担心。少年洒脱，但更令人敬佩的是其父母。这真是国内少见的教育方式，但是这样的方式毕竟是非主流的，仅仅是个案。我还是认为，孩子该接受学校教育的时候不要轻易请假离开。晚上临睡前，我与Joas以聊天的方式谈论着对小哥哥不上学去旅游一事的看法，没想到小家伙居然与我的看法一致，我赶快顺着话题引导一番："我们的宗旨是'好好学习，好好旅行'，我们平时在学校认真投入地学习，旅游时好好体验观察，把校内校外结合好，这样我们的旅行更有意义！"

达尔文曾说，人生三重境界：学习—旅行—学习。旅行与学习从来不矛盾，学习为了更好地生活，旅行也是为了更好地学习，两者同根同源，目的是一致的。旅行回来后还是得回归到学习中来，面对由听课、考试、作业组成的平凡校园生活。除非是旅游从业者，否则没有人愿意一直在路上。旅行可以是休闲方式，可以是暂时的放松和歇息，可以是思考未来的方式或放下一种情感的途径，但不是学习与生活的常态。

我不太赞成个别家长的"不上学、长期旅行"的教育方式，旅行可以短时间的充电，但不能总处于"过度充电"的状态，容易导致电池报废。我相信，每一个孩子身上都有无限的可能，但是因人而异。或许有这种成功的案例，但毕竟是极少数。当你在旅行的时候，别人可没有等你，人家在学习、提高，在扎扎实实地打拼，你旅行回来后怎么接上中断的课程？孩子面对自己的脱节，心理又会产生怎样的压力？所以，假期适当旅行充电、长见识是有助于学习的，但过度则损。

玻利维亚的拉巴斯（La Paz），西班牙语是"和平之城"之意。初到这个南美高原城市，我们难以找到一点和平之感。脏、乱、差的首都，被洪水冲刷过后的公路还没有修复好，积水上漂浮着不少生活垃圾。进入首都的道路是尘土飞扬的，两旁的建筑无序、混乱，到处充满犯罪的险恶气息，街上行人的气质与秘鲁完全不同，眉宇之间微微透出一股戾气！出国前我就担心南美的治安，也听说过有国内的游客坐公交靠窗玩手机，被人从外面伸手进来抢手机。还有《孤独星球》里的案件：游客晚上打出租车，然后被拉到一个僻静的地方，有人把他的东西都抢走了。陌生的城市，草木皆兵。在国际车站一下车，我们马上找了官方的旅游咨询处帮忙，并找了车子上留有公司电话号码的正规出租车前往酒店。坐在出租车上等红绿灯时，好心的出租车司机警惕地环顾四周，不停地提醒我们把手机收起来，从这个小细节真的可知当地的治安情况确实不太美妙。

　　"你好，日安！有什么可以帮忙的吗？"站在路边拿着地图的我和小罗姐姐正在发愁，耳边忽然传来一阵低沉的男中音。什么人？有什么企图？我们警惕地转头看过去，只见一对夫妻面带着亲切的笑容立在身旁，看得出是教养极好的人。原来，他们看到我们拿着地图在街头转了好一会儿，以为我们遇上麻烦了，于是上前来询问。"日安！我们想找一个卖当地手工艺品的市场，但是不知道哪里才有？"中年夫妻非常有耐心地从地图上用笔给我们画出来，细心地写上地址，怕我们找不到。等我们打上出租车后，一再细心叮嘱出租车司机如何找到正确的路线。在异国他乡遇到素不相识的人热心帮忙，我难免心中感叹：旅行时的简单所遇，往往能形成你对一个国家和民族的印象。遇到好人，你会觉得这个国家所给予的一切都是美好的回忆；如果不幸遇到一件坏事，哪怕这个地方景色、人物、风俗再美好，也只会对这个地方留下负面的评价。幸运的是，我们这次出行路上所遇皆是好人，感恩。

　　在秘鲁的大城小镇，都很容易找到"Chifa"（"吃饭"的直接音译，在秘鲁当地表示中餐、中国菜）。利马是个典型的"Chifa"密集地，我们住的Miraflores就有许多中餐馆。我们这天驱车几百里到纳斯卡观光，返程在入住的酒店附近看见一家"心心酒家"，中国人见到中餐馆，如同见到亲人一样激动，二话不说，马上停车吃饭。

餐馆内部一派中国风，古色古香，大红灯笼高高挂起，国外的中餐馆好像都是这种风格。没看到什么中国面孔，当地人倒是坐得满满当当，三个一桌，五个一围，吃得正热闹。桌面上摆的是秘鲁改良式中国菜，材料和做法与国内的很不一样。我们向秘鲁老板要求请出了来自中国的大厨师帮忙点菜，嘿嘿，居然是广州的老乡！老乡见老乡，两眼泪汪汪，席间顿时响起了一片广东话，什么青菜豆腐、辣椒炒牛肉、蘑菇炒鸡就上来啦！广东老乡的大厨，时不时跑过来跟我们聊天。来自白云区的他，去过厄瓜多尔、哥伦比亚、委内瑞拉等国家，常年在外，四处漂泊，从事过很多工作。大家你来我往地聊着，特别带劲。

"大哥，你经常回广州吗？"小罗姐姐问了一句。

突然，那个侃侃而谈的人静下来了，一片突兀的沉默，额头上深深的抬头纹挑了一下，眼睛有点发红。沉默过后，他笑了笑："回过一两次吧！"

"老家还有什么人呀？"

"家里人都在广州哩！"

"白云区现在发展特别好，好多村子每年还有许多分红，可有钱了，你要多回去看看呀！"

"我们村没有分红。再说，孩子大了，都出去工作了。南美洲离广州太远了，要回去一趟不容易，家里也没什么事，也不用老回去了。"他声音低沉了一些。若是不想家，怎么见到广东老乡就主动跑出来找我们聊家乡的人和事呢！他对广州的记忆，基本还停留在十几年前，他离开中国后，对家乡发生的翻天覆地的变化知之甚少。

告别厨师，开车离去，偶然回头，我发现蹲在酒家门口的那个人，一根一根的烟在手指间燃烧变成灰烬，忽闪忽闪的红色火星在夜色中心酸地明灭着……

远在异乡，跌宕起伏，有成功的，也有苦苦奋斗谋求立足的。从"心心酒家"中国厨师的身上，我看到了中国海外移民在异国他乡打拼的辛酸，看到秘鲁华人在当地历经变迁的缩影。广大华人移民迁徙到海外，要适应的不仅是迥然不同的生存环境，更要适应与中国传统文化截然不同乃至对立的思想观念。人种和原生文化等因素的影响，使移民与本地人互为"他者"，彼此之间有理解有依存，但也有竞争有对抗。"华人"与周边"他者"之间呈现出错综复杂的互动关系，只有在当地统治者能够从他们身上获得利益时，他们才能在当地获得生存发展的空间。

突然想起以前在奇旺遇到的"驴哥"，开车两天，骑马两天，再徒步数小时，只为一探印度恒河的源头；想起尼泊尔巴德冈古城路上拼车认识的"眼镜帅哥"，毕业后未想清人生方向，或是有一定心理落差，暂时不太想工作，在家庭资助下，用一年时间看世界，思考人生方向；想起独自旅行的"退休豁达姨"，用三张A4纸复印过塑中英双语的日常用语，单骑走遍东南亚……

是什么驱使他们奔波在劳碌的旅途，甘愿苦中作乐？

我认为，人总会有凌驾于物质之上的追求。之于偶遇的旅行者们，除了增长见识、开阔视野外，更多的是寻找精神上的自我满足。有时是为了自我超越，有时为逃避现实，甚至是换一种活的方式……

这些旅途中遇到的人和事，是一道道别样的风景线，展现了多元的生活态度与个人价值观，没有高低、贵贱之分。孩子在与这些各异的人们短暂相遇、相交，如蜻蜓点水，或许用不了几年，有时候甚至是几天就会淡忘，但是他的视界却通过这些人物得以开拓，对生命、生活的理解，对不同地区的人们所选择的生活方式有直观的体会，对思考"我们该怎样活？""将往哪里去？"的生命哲理有初步的启蒙。旅行过客也镜面反照我们的生活状态，让我们见微知著，反过来调整自己的生活态度。

百食养百家，叶子有两面。各人不同的生活历程编织世间百态人生。无论选择哪种方式，我们都活在其中一种进行时。

游学在远方

（学习的终极目的）

游学，对于当今全球化背景下的中国青少年来说，可以看作是对"远方的呼唤"的第一声回应。

远方，既是外面的世界，也是未来的世界，更是我们心中的世界。

今天，我们来聊聊"游学在远方"这一话题。

游学（journey education），是世界各国、各民族文明中最为传统的一种学习教育方式。圣经中记载的东方五学士祝贺耶稣基督诞生的故事，以及意大利旅行家马可·波罗在中国的游历，都是我们熟知的古代东西方游学交流中的例子。

中文的"游学"一词出自《北史·樊深传》："游学于汾晋间，习天文及算历之术。"意思是指远游异地，从师求学；也指以所学游说诸侯，求取官职的人。中国民间自古以来就非常重视游学对人格养成和知识形成的重要作用。著名的教育家、思想家孔子周游列国的治学精神是现代的游学始源。孔子率领众弟子周游列国，增进弟子的学识，培养弟子的品质，开阔眼界。"读万卷书，行万里路"，更是中国传承至今家喻户晓的教育古训。

走在新时代，如今的游学（study tour）已被赋予了现代教育意义上的新含义，是20世纪随着世界和平潮流和全球化发展进程而产生，并逐渐成熟的一种国际性跨文化体验式教育模式（experiential learning model）。国内不少知名教育培训机构推出的针对中国青少年（小学生）、成人提供寓教于乐的暑假夏令营、冬令营游学服务备受市场欢迎，时间一般在1—4周左右，以学习语言课程、参观当地名校、入住当地学校或寄宿家庭为卖点，穿插参观游览国外的主要城市和著名景点，一时间孩子游学蔚然成风，异常火爆。

每年暑假，首都北京总会出现一种热潮，各种各样的游学团体、家长、孩子蜂拥至清华、北大等高等学府进行所谓的游学。未名湖、清华园人头攒动，已经严重影响了高校的正常运转。过量的参观访问，使得这些著名学府不得不出台相关措施以限制入校人数。然而这样的措施效果好像不显著，清华北大等著名高校门前依然有长长的人龙在痴痴排队等候入内。

不仅国内大学成为游学热门目的地，许多外国的名校也成为众多教育培训机构眼中的免费美餐。2017年的暑假，剑桥、牛津等大学出现被中国游学团"攻陷"的情景。事件背后，我们不难发现，假期的时候让孩子参加以国外著名学府为主题的游学团已成为中国家长新的教育投资方式。

相比不菲的游学费用，收获与付出成正比吗？游学真的可以达到培训机构所鼓吹的游与学结合，提升学习效果吗？到名校走了一圈的孩子，感受到浓浓的高等学府气息之后，就真的可以有新的学习动机与不同的学习视野吗？

学生参加海外游学团，能够增长的见识、学到的知识，其实跟参加游学团的类型、日程安排、人员配备、教学安排有很大的关联性。如果学生参加的只是与成人出国观光团并无二致的游学团，在短短几天内走马观花，匆匆游览当地的大小景点，此类纯旅游性质的夏令营，充其量只能在短期内给孩子带来感官上的刺激，孩子无法深入了解这些景点的历史、当地的文化习俗、风土人情，收获不会太大。

我家很多年前就开始"游中学"，注意：游—中—学，为什么强调中间的"中"字，一字之差有什么区别？

一字之差，区别很大，因为"游中学"更强调过程与参与的方式。

我是自由行主义者，一般不太喜欢参加旅行团，如果要参加，也是到达目的地的短途跟团游。旅行中有一件事是我非常乐意做的——在旅游的时候带孩子去参观不同国家的学校,除了大学,我更喜欢带儿子参观基础教育阶段的学校,让他从自己所处的环境横向进行一个对比,看看不同国家的孩子的学习环境、学习制度和学习状态,通过直观的对比,换一个角度来感受不同体制、不同文化氛围下的国家的教育差异。

尼泊尔是一个贫穷落后的国家,举国走遍,最好的建筑除了皇宫和寺庙,就是学校了。

在尼泊尔的山区那加阔,我们在观景的半山坡上参观了一个由台湾援建的学校。位于山谷的这间学校,条件还算不错,麻雀虽小,五脏俱全。一色干净的木头桌椅,小小的黑板摆放整齐,由于人数较少,所以教师不多,但是看得出,学校花费了很多心思。这所学校是我们见到的整个村落里最好的一座建筑,里面居然还有一个小小的篮球场,实在让人惊讶。

正在好奇地张望,外面进来一群学生,男生穿着整洁的英式西装,打着领带,配白色或深色长筒袜,女生穿着漂亮的裙装,脚下的皮鞋一尘不染,他们彬彬有礼地用英文向我们打招呼。

"妈妈,他们的衣服真好看!有点像澳大利亚的校服!"彬彬有礼、神采奕奕的学生,穿着笔挺的西装校服和锃亮的皮鞋,让Joas发出真心的赞叹。

几个大胆的男孩面带着微笑,自信地和我们对话,那英文虽然有尼泊尔的口音,但是肯定比我们的中式发音要流利、标准。

"这个国家那么穷,街上的人穿的衣服也不好,但校服和校车可都是让人眼前一亮。"

Joas继续发挥着自己敏锐的观察力:"这里的校车可都是奔驰的,明亮的黄色远远就可以看见,方便大家让车。校服也应该是他们最体面的衣服了,比他们家里的便服要好多了。"

统一配备的校服在尼泊尔是普通家庭最体面的衣服,由国家统一免费提供。校服的设计明显受英式传统影响,上装都是衬衫,秋冬套上英国风格的鸡心领毛衣或线衣，有的打领带或领结。穿上校服，男生帅气女生漂亮，让人赏心悦目。小学生们西装革履下的洋气小脸，与滚滚黄尘中穿梭的百姓形成鲜明的对比。

在尼泊尔公立学校读书完全免费，包括书、校服甚至是书包。无论穷乡僻壤还是都会城市，总能看到三三两两结伴而行的学生，或母亲牵着，或兄长带着，像在湿漉漉的黑色枝条上的许多花瓣在各处绽放，我们常常被他们的笑脸吸引，伫立观望。

一衣一车虽简单，但让我们感受到尼泊尔这个国家对教育的投入与重视。纷杂中，黄色校车缓缓行驶着，穿着整洁校服的学生目光炯炯，凌乱不堪的城市街上的乌烟瘴气和陈旧破烂的市政设施突然淡去。一个重视教育的国家，它的民众是可以看到未来与希望的。

在大洋洲的澳大利亚，我们在当地朋友的带领下参观了三所学校。第一所是著名的国际学校，收费昂贵，教学设施非常先进，教师配备也很好，有中文教师与体育项目专业教练等，孩子能在学校里参加丰富的课外兴趣活动，如钢琴、小提琴、篮球、网球等，条件特别好。简洁的校园里面有着绿草如茵的操场，干净明亮的教室，宽大的室内篮球场、游泳馆，还有中国学生做梦都想不到的实操训练教室，里面有非常专业的模具制作、烹饪、烘焙等工具。这些工具并非摆设的花架子，学生在校期间可以真真切切地利用这些设备提升自己的技能，学到国内学生体验不到的手艺活。

带我们参观这所学校的朋友姓刘，英文名叫Lisa，是一位深圳姑娘，在深圳读完大学以后来到悉尼留学攻读国际贸易，毕业以后没有找到与专业对口的工作，她又转读了教育学和心理学，拿到了教育硕士的学位，成为国际学校的一名汉语老师。

Lisa把我们带到她的教室，学生们正在课间休息。孩子们给人感觉特别自信、阳光，一见到我们，老远就纷纷热情地用中文跟我们打招呼，各种腔调的问候语同时响起，有点熟悉又分明不太地道的中文，让一心想用英语问候的Joas很不好意思地用中文回应。有一个小男生特别热情，还给Joas送上一杯可乐，尽量多找机会练习自己的中文口语。

教室的布置很用心，墙壁上、柱子上、黑板上到处都贴满汉字，有的是老师写的，有的是孩子写的，虽然歪歪扭扭的，还是能够辨别出来他们写的是什么字。如十二生肖，汉、唐、明、清等朝代，还有按照中国的编年史改编的漫画，有模有样，让我和Joas大为惊叹。每个月，Lisa与学生们都会举行相应主题的中国文化研究，作品就放在教室里展示，所以我们才会见到这遍布中国元素的学习成果。

开始上课了，Lisa和学生们忙碌起来。Lisa有一个搭档——来自爱尔兰的Sarah。基本上，两个教师就要负责一个班级，他们要负责整个班级从早到晚的各项事务，并任教所有的课程，办公地点也设在教室里。相比国内班级动辄几十人的体量，这里的班级学生人数都不多，一个班就十来个人。上课的时候大家席地而坐，围在一起认真地聆听老师讲故事。学生们也很有礼貌，要发言的时候会举手示意一下，和老师进行对话、大家讨论兴起的时候会哈哈大笑，课堂气氛十分活跃、融洽。

我们还参观了一所当地的公立学校。这所小学校藏在一片丛林里，学校特别小，大部分的建筑由木头制成，教室是木头的，游乐设备也是木头的，学生们仿佛就在一个露天的园林里面上课，偶尔有小鸟、松鼠、孔雀，还有小袋鼠来凑热闹，分外有意思。

到达学校的时候，学生们正在享用着自己带的午餐便当。有的孩子带来的是小小的三明治，有的是牛油果抹面包，还有的孩子带来的是一些简单的蔬菜、意大利面条，没有见到谁的便当有很多肉。

爱吃肉的Joas按捺不住好奇："妈妈，这些小朋友不吃肉的吗？怎么都是青菜面包，能吃饱吗？"

这个的确是问题。"澳大利亚这么热，便当是早上上学的时候带来的，中午才吃，估计他们怕肉放的时间长会变质吧……"我只能这么推断了。然而，当在澳大利亚住了一段时间后，我们发现，这里的人吃得真不多，而且对肉类远远没有中国人执着。

在布里斯班认识了朋友John，他的儿子Jack就读于布里斯班的一所国际男校，每天下午三点多放学后，John夫妻俩轮流接送孩子去学中文、网球、足球、萨克斯，费用昂贵，老师、教练要求特别严格，如果没有达到要求会进行体罚。John的小女儿读当地著名的私立高中，每天晚上经常熬夜写论文。有一天半夜，我起来喝水，发现小姑娘还在电脑前敲敲打打。

"Sarah，怎么这么晚还不休息？"

已经处在"火眼金睛"状态的姑娘推推眼镜："我的论文还没修改好，明天要交给老师——"

谁说西方教育就是快乐教育？出了国，才发现以前对国外"快乐教育""素质教育"的理解实在是太片面了，以为外国的教育很放松，孩子学得很轻松，真的直面现实时，才知道公立学校与私立学校存在天壤之别，私立学校的作业一点也不少，课外兴趣班还特别多。国内不少家长只看到表面，未深入领会内里，整天嚷嚷"西式教育"，让孩子快乐的"素质教育"。学习从来不是简单、轻松的事情，要想学到真本领，必须下苦功。

在澳大利亚住的40天，我带着儿子和几个家有读书娃的当地家庭亲密接触，同吃同住，真正深入当地社区和普通居民的生活。除了必要的景点参观以外，还体验了不少西方教育特色的互动教学模式，在日常交往之余参加了当地传统的体育活动、社区公益活动等多种活动，了解了语言之外的东西，知道外国人的生活方式是怎样的，从东西方价值观、家庭教育观、不同体制的学校办学理念与育人模式等不同的隐形文化中体验"游中学"，真正达到"长见识"的目的。

后来的旅行中，我们还陆陆续续去过越南、柬埔寨、秘鲁等国家的学校，身临其境从多角度游学，更新对不同国情下基础教育的认知，也总结了几种游学的形式：

①语言类游学：语言类游学是以学习语言为主题的，例如在游玩的过程中学习英语、西班牙语、法语等，其中以英语游学最受欢迎。

②特色游学：到各国学习当地特色的技能，此类游学具有一定的专

业性，例如到泰国学习泰式料理，到新西兰学习酿酒，到马来西亚学习潜水等。

③定制游学：根据个人需要，量身定制适合自己的游学方案，综合考虑游学国家、学习内容、出行时间，定制游学已经成为当前最时尚的游学方式。

游学在远方，不仅包含着"远方"这一空间概念，也明确了"游学"这一认识世界的方式，有时间纵横，也有空间的联结。在我看来，游学的本质是文化的融合，是协助开阔视野、培养国际观和树立坚韧的世界观的一种绝佳方式。它不是一种享受，而是一种感受，是人生的体验。孩子在国外亲身体验风土人情、接受异域文化氛围熏陶的活动，增长阅历和见识、培养全球化角度的思维习惯，通过旅行教育打开通向世界大课堂的大门，有效培养孩子的旅商及其他方面能力，成为日常教育的补充。

第6篇

安全篇
考虑周全才能安全

亲子旅行的安全修炼

（亲子安全锦囊）

时下对亲子自由行有几种比较流行的看法：

第一种：认为孩子还比较小，看完了没什么收获，对旅行的经历也记不住，想等孩子大一点再去旅行。

孩子年龄越小，智力开发优势越是明显。孩子的视角，往往跟大人不一样，他们对世界的理解总有一份诗意和天真。对于孩子来说，他在意的不是在旅行中学会了什么、记住了什么，更多是从探索的角度去发现新鲜的事物，他会以"哦，这里居然有……这是什么？为什么会有这个？"等提问的方式来认识世界。他们常常会用更直观的方式来学习，接纳新鲜事物的丰富认知和理解，激发了他们无限的想象力，为他们培养创造力和发展潜能打下了基础。当然，孩子大一点，父母带出门会相对来说容易简单很多，毕竟孩子太小，出门在外的确不太好照顾，若注意一些小细节，幼儿家庭也能快乐地亲子游，这方面的内容我们会在另一个章节详细展开。

对于"年纪小对旅行的经历记不住"这种观点，我不太认同。什么时候才算长大？孩子永远在成长当中，随着年龄的增长，事件发生的时间越近可能记忆相对会深刻一些，但不要忘记，孩子和你相处的时间是有限的，长大意味着父母能享受到亲子共处的时光越来越少。亲子旅行是一种愉快的陪伴，陪伴的时间越早、陪伴的时间越长，亲子关系正面的激励作用会更明显。而且，孩子在旅行当中遇到的一切，包括看到的、触到的、感受到的、尝到的、听到的，都会潜藏在他的身体、记忆里面，在他成年之后，某一个时段，某一个片段，或者某一个情境，都可能使他突然联想起来，激出他脑海里的记忆，成为他宝贵的人生财富。更为珍贵的是，在和睦的亲子陪伴过程中，开阔的视野会让他更早接触到这个广阔的世界，初步形成个人的格局。

第二种：带孩子出门不太安全。旅行中的安全问题是第一位的，即使你有再多的亲子游自由行经验，也绝不可以掉以轻心。旅行时，磕着碰着等皮外伤往往是小事，这对孩子来说是一种历练，因为没有人可以保证你的孩子在成长的过程当中不受伤，所以对于这一类担心，我觉得是次要的。当然，每次旅行的时候，家长要做好充分的准备，带上一些急救的药物。

在旅行中遇到比较严峻的安全问题，是孩子的丢失、被拐卖、可能潜在的性侵犯以及生命危险等问题。孩子年龄小，语言表达和应对危险的能力有限，如果是国外旅行可能还会有语言的障碍。所以在沟通不便的异国他乡，要特别注意孩子的安全问题，要随时随地与孩子在一起，不可让孩子单独自处，因为孩子一个人的时候，他遇到危险难以独立处理，甚至都没有办法求救。

如果旅行目的地的治安不太好，甚至是存在着战乱、恐怖袭击、民族纷争、罢工起义，或者是地质灾害比较严重的地区，以此为目的地的亲子游尽量还是要避免。另外，我们也要随时随地尽量做好预防意外的准备，凡事多考量一下绝对没错，如在孩子身上多放一些护照复印件、求救的小纸条等，并且平时就要对孩子进行相应的安全教育。

记得有一年春节，我们带着儿子去香港的海洋公园玩。Joas那时候才5岁，还在上幼儿园大班。节假日的海洋公园人满为患，到处是游客，园区内景点多，景点之间连接的道路复杂，容易发生孩子走失的事件。于是在进公园前，我们就再三地跟儿子强调，不能离开爸爸妈妈的身边，身上带好爸爸妈妈的电话号码、家里的地址以及相关的姓名等信息的小纸条，如果万一不小心和爸爸妈妈走失了，不要着急，也不用大声哭泣，尽量留在原处或去过的景点，在人比较多的地方等待，因为爸爸妈妈肯定会回去找你，如果看到有穿警服的叔叔阿姨或穿统一服装的景区工作人员，可以适当地向他人求助。

果不其然，在山顶看完海豚表演后，我们随着浩浩荡荡的人流下了山，在准备去坐缆车的时候，我回头发现找不到Joas！当时我和大Z心急如焚，真是感觉天都要塌下来了。不过，我们很快冷静下来，快速商量拿出方案，然后按方案顺着原先的浏览路线分头去找儿子。过了20分钟左右，我们在缆车站附近很快就找到了那个穿黄衣服的、可怜兮兮地站在路边的小男孩。他正咬着手指，紧张地左右张望着，看得出来，他发现与我们走失以后，就有目的地待在原处等我们。

我马上冲过去，紧紧地抱住他，使劲表扬："你找不到爸爸妈妈，怎么办的呀？是不是就留在这里等我们呀？"

儿子这个时候才开始哭出声音来，一边抽泣一边小声说："妈妈，发现找不到你和爸爸，我特别害怕。不过想起你叫我留在原来去过的地方等你们，我就不敢走了，我知道你们肯定会回来找我的！"

孩子的爸爸大声地表扬他："对，你记住爸爸妈妈教的安全小守则，还做到了，真是个了不起的男子汉！"

一家人紧紧地拥抱在一起。当天比较庆幸的是，孩子穿的黄色棉衣非常鲜艳，这种鲜艳的衣服不仅拍照好看，更重要的是非常的醒目，在人群中可以较容易地发现孩子的踪迹。

十几年过去了，比起我们当年的朴素教育，现在的家长更喜欢用一种神器——儿童手机。这种儿童手机像个小手表一样戴在孩子的手上，可以通电话还可以定位，非常方便。万一丢了孩子，利用儿童手机打电话来联系孩子，或者让孩子把手机给工作人员听，孩子外出时的安全系数将大大提高。

"不怕一万就怕万一"。亲子旅行有特殊性，与成人旅行非常不一样。孩子作为未成年人，抵抗风险的能力有限，不少安全措施要比成人旅行更严密、谨慎。对于说走就走的任性，短途尚可，如果打算和孩子到国外亲子旅行，建议先制定计划。

不太建议无明确目标的亲子旅行。国际亲子游距离远、时间长，外国的语言、国情、宗教、环境和风俗等与国内不一样，没有目标的旅行危险系数远高于计划旅游。在一个陌生的国度却不知何去何从，则是险上加险。如果事先能决定过夜的地方，最起码使你先有个方向和目标，不至于带着孩子一头雾水不知从哪里走起。如果行程中有局势不太稳定或有比较明显的民族冲突的地区，还是建议改变行程。

无论长途短途，国内还是国外，建议大家在亲子旅行出门前，事先多训练几次孩子的应急处理技能，让孩子记一记"亲子旅行安全十招"，事半功倍。带着孩子旅行的我们，不想遇到"万一"，也经受不起"万一"。

亲子旅行安全十招：

①孩子随身带救命小纸条，上面有家长紧急联系方式。

②可以配备带定位功能的儿童电话手表或非贵重的通信工具（强调非贵重，以免引起别有用心的人的歹意）。

③不要轻易相信陌生人，尽量找警察或固定场所的穿统一服装的工作人员协助。

④穿着颜色醒目的衣物，在人群中可以轻易地发现孩子的踪迹。

⑤在孩子身上多放一些护照复印件。

⑥如丢失不要乱走，可以留在原处等待父母或亲人。

⑦远离危险的马路和设备。

⑧在人多杂乱的集市或景点，尽量与孩子不离身。

⑨进入室内大型建筑前要看看建筑平面图，了解出入口和逃生通道。

⑩熟记旅行目的地报警、急救等电话。

戴眼镜的怪叔叔

（远离性骚扰）

越南的芽庄以前是俄罗斯人躲避严寒的度假胜地，近几年成为国人的旅游热门地区。旖旎的海岸线，清澈的海水，漂亮的越南姑娘，美味的海鲜，秀气的珍珠岛，一切都是阳光下灿烂的魅力所在。

我们和朋友两家人报了个海岛一日游，团里都是国内来的散客或网站团购产品的游客，天南地北凑在一起，虽说互相都不认识，语言倒是相通的，我们也就放松了警惕。

游船满载游客渐渐驶离港口，随着微微漾起的海浪摇摆着，不一会儿就到了第一个海岛。Joas和球队里的小伙伴帅帅年龄相仿，平日经常在一起玩，两人一边说说笑笑一边拿起泳裤跑向更衣室，我们大人也没在意。船上游客真多，男更衣室人满为患，许多年轻的男孩便迫不及待地换好泳裤从船上跳下海去。我是没有什么游泳的念头，就坐在船上看守大家的财物。

过了好一会儿，帅帅跑了回来，上身的衣服已经脱了，但是泳裤还没有换上。不是要下海游泳吗，怎么还不换泳裤？我正纳闷，帅帅悄悄地跟他妈妈说："妈妈，那边有一个怪叔叔，他老盯着我，还想帮我换泳裤，我不敢看他的眼睛，特别害怕，就跑出来了。"

啊！居然还有这种事！两个妈妈一听，吓坏了。这时，Joas也跑了出来，他的泳裤倒是已经换好了。

"你自己换的泳裤吗？有没有怪叔叔骚扰你？"我的心都快停止跳动了。

"没有啊，那个怪叔叔老盯着帅帅，没看我。"儿子把手上换下的衣服递给我。

帅帅人如其名，鼻子高挺，眼睛又大又精灵，长得特别好，因为是足球小子，身段特别匀称有力，充满阳光活力，估计就成了怪叔叔的目标。

两个还不知道发生什么事的爸爸，这时候也换好泳裤回到甲板上，我们马上把孩子们遇到的事情告诉他们，两个大男人惊呆了，尤其是帅帅的爸爸更是气得快要跳起来了："没想到，居然还有这样的事！帅帅，你快告诉我，是哪个叔叔，长什么样的？"帅帅指着人群中一个个子不高、有点发胖的中年男子，说："那个戴着眼镜的怪叔叔，就是他，就是他说要帮我换泳裤，眼睛很吓人，笑起来怪怪的，我跑掉了。"

我们看过去，仔细打量这个戴着眼镜的中年男人，的确很怪。他身穿一件简单的浅色T恤衫和短西裤，脚下穿着一双凉鞋，没有换泳裤，背着一个小背包，手上拿着一台旧相机。他既不像别人一样去看海里的年轻人游泳漂浮，也不像我们一样坐在船上欣赏风光，而是眼睛诡异地东张西望，尤其喜欢靠近小男孩，如果有家长不注意的时候，他还会悄悄地贴上前去，用手轻轻抚摸小男孩的身体。我的天哪！原来，这是一个恋童癖！

遇到这样的突发状况令人非常紧张，两个爸爸悄悄地对孩子说："孩子，要小心，一定要远离这个叔叔。如果这个叔叔再有单独上来要骚扰或者碰你的身体的时候，你一定要跑开，并且告诉爸爸妈妈。"接下来的时间，两个爸爸紧紧地看着孩子，无论去游泳、去浮游，还是到岸上参观，一步都没有离开过孩子。与此同时，我们还时不时地注意那个诡异的怪叔叔的一举一动。

那个怪男人发现我们把孩子看紧了，觉得无从下手，便开始转移目标。有时利用表演或者摄影的机会，有的时候装着拿食物，故意贴近团里另外那些年纪比较幼小的男孩，把手从人家的脸上拂过，或是把身体贴近对方，占别人的便宜。特别可恶的是，有的时候他装作看不清前方风景，踮脚把身体倾倒在小男孩身上，如果对方没有注意的话，往往会让他得逞。

看着这个戴眼镜的怪叔叔屡屡得手，我们实在忍不住了，**悄悄用手机拍下视频**，然后找到导游，出示我们拍下的视频，让他私下善意地提醒有小男孩的家庭，要尽量保护好自己的孩子，避免让这个男人骚扰自己的孩子。在导游和我们的善意提醒下，团里带着小男孩的家庭开始注意保护起自己的孩子，这位怪男人发现大家已经警觉，他的意图难以实现之后，居然还不收敛，又开始把目光转向当地的孩子。海岛上有部分从事旅游行业的人，他们的孩子往往就在海滩附近玩耍，有的时候还会跳下海去游泳，这个男人就利用相机、手机等拍摄设备来拍摄小男孩换衣服的场面，甚至趁小男孩不注意的时候，还跑上去跟人家聊天，时不时做出一些猥亵行为，看来是个惯犯。我们想过报警，但是考虑到语言和国情问题，我们觉得报警估计解决不了问题，只好尽力提醒并看好孩子，直到离开海岛，我们的噩梦才结束。

世界之大无奇不有，所以在外面旅行的时候，家长不仅要跟孩子们强调交通、人身、财物和饮食等方面的安全问题，还得跟孩子讲一讲，注意防范特殊人物的性骚扰和性侵犯。中国家长比较含蓄，对谈"性安全教育"有点躲避，可是你不教育不代表坏人不惦记，早点进行性别安全自护教育更利于孩子的健康成长。父母进行性别防护教育要分性别进行，不仅要针对女孩，男孩也要接受必要的自我性保护教育，爸爸妈妈与孩子之间进行同性别之间的谈话教育更容易操作。

旅行途中应该传授的一点性别安全小常识：

①不管你是男孩还是女孩，都不要和家人以外的男子单独处在一个封闭的环境，或单独去人流稀少的地方。

②可以给陌生人指路，但是绝不要带路。正常情况下，成年人是不会让一个未成年的孩子带路的。

③不要随意接受陌生人的食物和饮料，也不要随意接受陌生人送的

财物。

④危急情况下，请报警或寻求家人的保护。如果遇到性骚扰，不要自责，也不要胆怯，一定要告诉家长。

这个世界不仅有光明，也有黑暗；不仅有好人，还有坏人，有善良也有邪恶，我们千万不要忘记告诉孩子：在你成长的路上，总有家长看不见的地方，一定要多留个心眼，不要过于轻信他人，任何时候保护好自己才是最重要的。

好奇食物不要轻易尝

（旅行的食品安全）

世界美食美味多元又诱人，在中国这个民以食为天的国家里面，到一个地方去旅行，如果不品尝当地的食物，简直是暴殄天物了。但是，在异地国他乡旅行，不是随便什么食物都可以随意品尝的，一不小心，还可能导致悲剧发生。

2017年的柬埔寨之旅，我们请了一个当地的帅小伙当司机，他经常会开车带着我们到暹粒的各个角落去找寻好吃的当地美食。

这天我们从塔普伦寺参观出来，天色已晚，大家要求试试当地老百姓喜欢的特色食物。司机把我们带到了离暹粒的游客服务中心不远的大夜市。白天酷热，当地人一般躲在建筑物里，到了晚上，男女老少纷纷盛装出行。他们最爱消遣的地方并不是游客云集的酒吧街，而是这个热闹非凡、巨大的露天夜市。连绵几千米的夜市，灯火辉煌，沿着公路两边，一溜的大排档，还有数不清的连成一条长龙的烧烤店，不少当地人拖家带口地盘腿坐在烧烤店里面，吃着香喷喷的烤肉，品尝着美味的烤鱼，各种食物的香味飘荡在空气中。

走在熙熙攘攘的人群中，大家都很兴奋，红红的炉火里面香喷喷的烤肉、烤鱼以及烤鸡，让人食指大动，我们迫不及待地找了一家人流量比较大的大排档坐了下来，开始点菜。烧烤摊上有许多我们没有见过的美食，除了烤鸡烤鱼以外，还有很多的动物内脏、小螃蟹和当地的小鱼在烤着，其中还有一些我们没有见过的小动物。本着旅游要品尝当地食物的宗旨，早已饥肠辘辘的我们忽视了食物的卫生问题，点了满满的一大桌，就着当地的啤酒、美味的酸辣菜，好好慰劳自己的"五脏庙"。

大快朵颐之后，我们心满意足地回到酒店洗澡睡觉。才睡下一会儿，我和儿子就开始发烧了。儿子痛苦地捂住肚子："妈妈，我的肚子好疼！"没等我缓过劲来，他已经冲到洗手间里面吐了起来。Joas不停地跑到厕所里去吐，一整晚没睡，还发起了高烧。正是半夜时分，人生地不熟，当地的医疗条件比较差，加上对当地语言和环境都非常陌生，我只能从自己的旅行箱里找了一些应急的药物让他服用。幸好第二天就回国了，一下飞机，我们马上带Joas去医院，经过检查，医生判断他得了急性肠胃炎，折腾了一个多星期才好，整个人足足瘦了七八斤。

朋友一家去马来西亚旅行的时候，也发生了同样的事情，不过他们不是吃路边摊的食物惹上的麻烦，而是在参观植物园的时候，孩子好奇品尝植物果实而闯的祸。

马来西亚有不少植物园，热带雨林里有很多新奇的花花草草，颜色艳丽，造型奇特，特别漂亮，好奇心强的小孩子很容易被吸引。朋友家有一个6岁的小男孩，看到一朵非常漂亮的花，花儿很香很美，黄色的花蕊上结着几串红红的果实，有点像樱桃，但果实颜色比樱桃要更鲜艳一些。这个看上去应该比樱桃更好吃哩！孩子这么想的，也是这么干的，他趁大人不注意的时候偷偷摘下来一个放到嘴巴里去品尝，结果闹出了大事。

回到酒店，小孩子就发现自己的嘴巴全肿了，有一种被火烧的痛感。孩子年纪小说不清，一家人非常害怕，马上把他送到了当地的医院。朋友的英语口语不错，但遇上医疗的专业术语就词穷了，一家人急得又马上请求支援，最后找了一个华人导游帮忙做翻译，医生才看上病。

经过细致的询问和诊断之后，医生告诉家长，小孩子吃的这种植物果实是有毒性的，对人的黏液以及口腔有刺激作用，孩子的口腔包括食管已经被这种植物果实的汁液给灼伤了，要进行输液和一段时间的住院治疗。欲哭无泪的家长抱着孩子从快乐的旅行度假变成异国留医治病，孩子也为自己的好奇付出了代价。

亲子旅行，孩子一旦生病，说不定一家人就要在医院里度过，经济损失先不提，孩子的健康、安全就足以让家长担心不已。建议在旅行时一定要跟孩子们明确，注意食物的安全，不认识的食物有可能是有毒的，不要轻易去触摸或者品尝，否则后果非常严重。

分享我家的健康小锦囊：

①小小医疗急救包，装上常用的药物，感冒药、肠胃药、烫伤药不可少，创可贴、独立包装的酒精棉片和纱布最实用。

②蚊叮虫咬在所难免，植物精油、驱蚊贴、驱蚊水不可少，功效通常可以保持12个小时以上，非常简便好用，还可以减少疾病的传播。

③购买旅行保险，降低旅行就医的风险与费用。

④每个国家和地方水质标准不同，最保险的办法是购买当地的瓶装水、矿泉水。

⑤最好了解一点旅行目的地的食物知识，当地的特殊食物要谨慎品尝。与孩子订好约定，遇到好奇或特别想吃的食物但安全性不确实时，最好咨询家长后再决定是否食用。

不一样的交通规则

（交通注意事项）

没有规矩不成方圆。在我们生活的各个角落无不充满着各种规则，就拿交通来说，也有交通法律法规要遵守。各国的交通法规是不同的，汽车的驾驶习惯也不一样，我们在不同国家和地区的出行中要特别留意当中的区别。

尼泊尔是英联邦国家，汽车的方向盘在右边。方向盘位置不同，道路注意事项完全不一样，交通安全教育的注意事项也随之变化。位于山区的博卡拉是尼泊尔著名的旅游城市，以徒步和山区极限旅游项目吸引世界各国的游客。知道山路不好开，但作为老司机，大Z还是决定租车自驾去郊区的村子里转转。

一路上，大Z开得很小心，我在旁边一再强调是往左边行驶。一开始的时候十分顺利，但开着开着，一个转弯之后，他就忘记了交通规则，习惯性地按照国内的常规把车开到了右边。正在这时，对面来了一辆车，眼看着两辆车就要亲密地"接吻"了！车上的司机吓坏了，使劲按喇叭。原来开错了方向！大Z马上反应过来，把方向盘一扭，避免了一场车祸的发生。一场虚惊之后，对面的司机气得破口大骂，我们使劲道歉，对方见我们是外国人，态度又比较好，说了几句就走了。

这样惊险的事情，还发生过一次。澳大利亚也是英联邦国家，汽车方向盘同样也在右边。当时我和Joas两个人从图书馆出来，一边讲话一边过马路，看到没有车就习惯性地通过马路，完全忘了当地汽车行驶方向与国内不一样。"吱——"耳边突然传来了急刹车的声音，原来一辆汽车正转弯飞驰过来，看见我们俩后急刹车停了下来。车辆停在离我们不到1米的地方，实在太危险了。澳大利亚的车速是非常快的，要不是司机反应快，可能我们就要被车撞飞了！我俩吓坏了，儿子紧紧地抱住我，缓过神来的我们拼命向对方表示抱歉，司机也吓得直拍胸口。

安全无小事，不同的国家有不同的交通规则，交通安全的教育注意事项也随之变化，给孩子进行一定的交通安全教育是相当必要的。出门前了解这个国家与中国交通规则的不同之处，与家人和孩子强调一定要遵守交通规则，否则没有注意到细节的区别，一不小心就可能遇到危险。

一、不同行驶方向的国家和地区

（1）靠左行的主要有

日本、印度、印度尼西亚、巴基斯坦、新加坡、斯里兰卡、泰国、澳大利亚、新西兰、南非、英国、爱尔兰、马耳他、马来西亚，以及太平洋岛屿等。

（2）靠右行的主要有

中国、美国、俄罗斯、加拿大、古巴、巴西、德国、希腊、墨西哥、摩洛哥等。

二、常见的交通规则提醒

（1）行人拥有绝对的路权

"行人优先、汽车让人"是基本的交通规则，行人走上人行道，大小车辆都必须停下来，等行人通过后才可通行，不然一旦发生意外，法律是偏向行人的。

（2）遇STOP标志一定要停下

在美国每个路口不是有红绿灯就是有STOP停车标志，红绿灯就不用说了，与我们国内一样，而STOP标志我们国内也有，但是基本遇到都很少停的。而在美国，遇到STOP标志，一定要停下来确认没人才可通行，即便是在人少的街道，也要停下车，否则面临的就是罚单。

（3）遇校车谨慎行驶

如果你刚好跟在一辆校车后面行驶的话，你除了要保持车距之外，还要注意当它停下来，你就得老老实实停下来，不要试图从旁边超车，不然校车司机会把你的车牌记下来，等待你的就是罚单。

（4）有小孩乘车须装配儿童安全座椅

如果车内有小孩子必须要坐儿童安全座椅，这在不少国家是强制措施。如果想在美国开车自驾游，一定要记得给小孩子配一个。

（5）停车时注意车位

不少国家区分了停车位性质，比如用不同的颜色区分临时/短时间停车位和长时间停车位。还有残疾人停车位，这种停车位相对要好停好开，因为是给残疾人准备的，停车时要注意区分清楚，不然罚单又要来咯。

（6）熟悉当地的交通规则

发生车祸后，不管是谁的错都不要马上认错，因为即使是礼貌性的歉意表达都将导致赔偿责任，正确的做法是让保险公司去和对方协调责任归属。并且一定要问清对方的地址、电话、姓名、车牌号码、保险公司电话、公司名称、车辆注册证等信息。如果有目击者，也一定要向目击者要姓名及电话。

（7）过马路时，如果有人行通道请一定要走人行通道

一般发达国家的人行通道都有交通灯，按一下交通灯的按钮，等交通灯变绿之后再过马路。如果附近没有人行通道，在横穿马路的时候，一定要左右两边都观察，在确认两边都没有车的情况下，才能过马路。提醒大家千万不要与快速行驶的汽车去较劲，这样的代价往往超过想象。

国际大巴的惊魂事件

(国外丢失护照及后续补救)

茫茫夜色中,阿卡塔玛沙漠在点点星辰的装点下渐渐融入漆黑的天幕,小镇在汽车的摇摆中渐渐远了。

这是从智利开往秘鲁边境的国际客车,车上基本都是前往秘鲁旅行的来自世界各地的游客,12个小时以后,我们就可以到达秘鲁境内了。南美有许多跨境的国际长途客车,因为车资和时间都很合适,所以成为背包客首选的交通工具。

沙漠公路的路况很好,柏油马路一直蜿蜒通向远方,偶尔有灯光从对面射过来,那是对开的夜班车。车窗外的沙漠辽阔无际,从座位与座位之间的空隙看过去,昏暗的车灯中,顶着黄、褐、黑、麻头发的脑袋分布在270°的躺椅上,没有活力地靠在上面,一车人已经开始进入睡眠的迷糊状态。

突然,一个体型偏胖的黄发女子一声惨叫"Oh, my God——"吵醒了我。迷茫之间,我睡眼惺忪,纳闷着发生了什么事情。

坐在后排的朋友德精神抖擞地还原了事件:"这个美国姑娘被偷了护照!"

"啊!什么时候?"

德耸了耸肩膀:"估计刚才大家睡觉的时候吧。客车从圣·佩德罗出来后,在一个小镇下了三四个男人,那个时候没有旅客上车,也不是上客的终点站,比较不正常。"

哦,好像是有这么一回事,我迷迷糊糊地记得当时好像从车站出来不久就停了一下车。

"你没睡吗？怎么记得这么清楚？"我小声地问德。

"没睡呀！我坐夜班车从来不睡的，一方面是睡不着，另一方面也是担心，护照和现金都在身上，丢了可就麻烦大了！"

不愧是资深旅行家，看看睡得跟猪一样的我的队友——大小Z，我有点无奈："她就丢了护照？其他财物有没有事？"好奇的人继续追问着。

"她有两个包，其中小的那个有护照和一点现金。估计刚才上车查票的乘务员跟小偷是一伙的，一上车就以查票和检查护照的方式观察旅客的财物放在什么地方，物色作案的目标，然后等目标放松警惕的时候伺机下手。"

聪明的德叔叔开始普及安全教育，我开始崇拜地赞叹他："老司机就是老司机，开车技术牛还这么警觉，感谢你为我们服务啊！"的确，这一路来，他们夫妻俩在出行安全方面给予我们太多的贴心提示。他们夫妻的经济条件比我们好，旅行经验比我们丰富，虽然说旅行计划是我做的，机票也是我提前半年抢购的，可是这一路上，分明是这两个可爱的人不停地迁就我们一家子：酒店尽量选择价位适合我家的，交通工具、饮食也更多地考虑我的经济条件，更别提路上多次对我们"马大哈"一家在财物安全上的关照了，很多次我和大Z不知不觉睡着的时候，夫妻俩强打精神金睛火眼地看守大家的财物，有这样的旅伴，真放心！

这时，丢了护照的美国姑娘急得掩面小声地哭泣起来，同伴赶紧安慰她，从她们断断续续的交谈中，我们知道她们已经结束在智利的行程准备前往秘鲁，可是护照的丢失让一切成为泡影，她们连边境都无法通过，住宿、交通甚至门票随之失去意义。她们开始打电话联系美国驻智利首都圣地亚哥的大使馆寻求帮助。虽然是半夜，但是大使馆的电话很快就接通了。使馆的工作人员让姑娘在前方的海边大城市伊基克下车，当地有美国的领事馆，可以提供相应的帮助。

客车渐渐驶入险峻的山区地带，泛太平洋公路悠长的曲线并未缓解美国姑娘的焦灼。无助的姑娘不停地拨打着电话，取消自己接下来的各种预订和行程，争取尽量降低自己的损失，我们同情地看着她，却无力相助。客车的乘务员也是中等个子的男子，装模作样地安慰一番后，便提醒姑娘在前面的伊基克车站下车，可怜的女孩子收拾自己仅有的行李一个人下车了，而她的同伴在无奈地和她拥抱之后无精打采地躺在座位上继续自己的旅程。

车上的人经历这一事件以后，纷纷检查自己的行李，我也赶快查看了自己的贴身小包，看到暗红色的中华人民共和国护照安然无恙地向我闪光，我的心并未安定下来，谁知道半路还会发生什么事？大小Z也醒来了，两个人还懵懵的不知发生了何事，但看到车厢里的人个个神色紧张，他们也觉得不对劲。当得知事情的原委后，两人才醒悟过来，使劲摸索口袋翻找自己的手机和钱包，看到财物都在才长吁一口气。

人在旅途，安全有时不仅仅靠运气，时刻提高警惕可以防患于未然，不怕一万就怕万一，有时一个不经意的"一"就可以让你前功尽弃。半夜的国际长途客车更是盗抢事件的高发区，智利这个国家也由于这段不愉快的经历而失去了对我们的吸引力。到了和秘鲁交界的小镇，我们也没有兴致再逗留了，只想快快离开这个安全让人担忧的国家。

旅行小tips：

南美洲的治安问题一直使各国旅客忧虑，尤其对于中国游客来说，喜欢携带现金的习惯最吸引小偷及劫匪。贵重财物特别是护照在随身携带的时候，尽量放在双肩背包里，背包建议背在胸前，钱财不外露，人少的地方能不去就不去。现金分几个地方放，护照多复印几份，出国前在邮箱放一份电子版的护照资料，两寸的白底照片多带几张，如果不是政府机关或必须出示原件的场合尽量提供护照的复印件。一句话，多留几个心眼，凡事小心，不要让贵重物品离开可控范围就对了。

附：

（1）外交部环球领事保护与服务应急电话：

12308

（2）领事馆官员协助事务：

①颁发、换发、补发旅行证件或回国证明；

②所在国发生重大事件时，帮助你撤离危险地区；

③当你遇到意外时，将事故通知国内亲属；

④当你遇到费用困难时，协助你同国内亲属联系；

⑤与当地人发生民事纠纷，为你推荐当地律师、翻译、医生，帮助你进行诉讼或寻求医疗救助。

（3）补办护照材料

①近期正面免冠彩色证件照片2张（3.5厘米×4.5厘米）；

②原护照的复印件、身份证或户口本复印件（非必需，但如果提供可以大大缩短办证时间，省去使馆人员向国内相关部门确认的麻烦）；

③护照遗失证明，留好当地的报警受理单据；

④"中华人民共和国护照/旅行证/回国证明申请表"，原则上，旅行证只能做回国证明，不允许做跨国旅行，且必须和护照复印件及护照丢失证明共同使用。

第 7 篇

能力篇
动手会变为能手

旅行的钱从哪儿来

（财商培养）

旅行是一件既花钱又花时间的事，所以有些人说：旅游就是花钱买罪受。不管买罪受还是享受，旅行都离不开一个非常重要的条件——钱。"银子的半径决定旅行圆周的大小"，真的是这样的吗？

我银子的半径不大，在旅行中遇到许多年轻人，他们银子的半径好像也不大，印象中兜里银子比较多的旅行者恰恰就是我们的同胞，反倒不少外国人是真正的穷乐穷游分子。

银子的多少不会阻碍我们获得欢乐。早些时候，我们在桂林旅行，在美丽清澈的漓江边，偶遇一个来自美国的年轻人，二十三四岁的样子。他个子很高，头发是棕褐色的，手里拎着一个红色的塑料袋，里面装着三个黄澄澄的橘子。他对我租骑的自行车很感兴趣，就询问了一下价格，一天25~30元的价格在旅游区并不算高，但是他却表示宁愿步行也不想花这个钱。原来他的旅费是2年打工挣来的，打算花2万块钱把中国和越南、泰国等东南亚国家转一遍。我估算了一下，他每天的花费不能超过100元，否则他就无法完成自己的计划。所以他非常节省，步行游漓江，手中的三个橘子可以补充水分并充当午饭。

一旁的Joas听了，看着美国哥哥手里的橘子咽了一下口水，开始悄悄琢磨我们的旅费问题了。

对儿子来说，这是他第一次思考旅行费用的问题。以前他只知道爸爸妈妈如何为了节省开支想办法买价格更优惠的机票，住性价比更高的地方，利用优惠证件争取买门票时可以打折，但他从来没有想过旅行的钱是从哪里来的。在他的小脑海里,爸爸妈妈有工作,每个月领到工资,自然有饭吃、有钱花,放假的时候就可以去旅行了。这一次与美国大哥哥的聊天,对方的旅行方式以及对旅费的节约让他大开眼界,他开始与我们讨论应该怎样支配旅行费用的问题了。

旅行的钱应当是工作或是自己用双手通过正当方式取得的(儿童除外)。这是Joas的第一个思考。南美洲之旅,我们遇到许多有趣的人,这一次儿子特地留意穷游的青年们。这些来自世界各地的青年人,背着乐器,一边卖艺一边旅行。有的单独行动,有的三五成群组成一个小乐队,有的纯粹就是一个"游击小分队"。他们有时会在酒吧前面,有时在著名景点门口,地点不固定。席地一坐,奏起乐器,唱起歌谣,前面通常摆放着一两个吉他盒子,让观众把钱投放到里面。

穷游的年轻人一般在20岁左右,国籍不详,打扮都有共同之处:衣服非常简朴,旧旧的牛仔裤、快干裤,上身一件T恤或纯棉的卫衣,无一例外配备一个超大容量的背囊,这就是他们所有的家当。他们通常席地聚会,或悠然地弹唱,或闭着眼睛,或摇头晃脑地轻轻弹着吉他、吹着笛子、吹着口琴、敲着鼓,一起演奏着各种各样的乐器凑成一首首好听的曲子,对吉他盒子里面有多少钱倒不是非常在意。旁边的不远处,或在树杈上,或在窗户边,或在屋檐底下,拉上一根绳子晾晒着洗了还没有干透的衣服,迎风招展的衣服仿佛在为他们的演奏翩翩起舞。

穷游天下,物质上是非常艰苦的。住的是简单的背包客、青年旅馆,吃的是非常简单的食物,有的时候一天可能只吃一顿饭,坐的也是最廉价的公共交通工具。他们带着年轻的朝气,用一种慢节奏的旅行方式来认识世界,丰富自己的阅历,锤炼自我,成就个人的修行。不用在意场所的外在条件,也不用关心他人的看法,只要稍微有空闲,遇上一个人流量较大的地方,带着乐器旅行的年轻游者们便会停驻下来,几个人凑在一起,演奏起熟悉的或是现场创作的曲子,有的时候兴奋起来,就马上拿出本子记录即兴创作的曲子,让人怀疑是不是某一个乐队出来进行采风之旅。醉翁之意不在酒,他们倒不像为攒旅费而弹奏,分明是

图 7-1　街头演奏的年轻人

在享受着一种休闲又自娱自乐的生活。每次见到这些年轻旅者自食其力在街头卖艺，Joas都会放下一些小心意，以表示支持和认可。

会演奏乐器的人，当然会选择以街头卖艺的方式来筹获自己的旅行资金，但若不会演奏乐器的旅行者该怎么办呢？

有一门手艺怎么也不会饿死。这是Joas对旅费的第二个思考。我们曾经在的的喀喀湖边的小镇科帕卡纳见到一对夫妇带着一个孩子在街头卖工艺品。从肤色发色和穿着打扮看，他们应该是旅行者而不是当地居民。湖边的斜坡是酒吧街，这对夫妻在高原的寒风中背着大大的背囊，在地上铺上一块印加手工编织的旧彩色毯子售卖一些廉价的小饰物。他们把手工的皮革割成细细的皮绳子，上面系上一些银质的小饰品，做成项链、手链、指环、耳环等小工艺品，式样简单大方，价格也不贵。旁边，他们将一小块布铺在一块小木板上，用架子撑起来，做成一个临时的小摊子，上面摆的则是一些手工编织的帽子、围巾之类的东西。当然，光顾这些小摊子的人，看热闹的居多，购买的反而不多。

Joas和我观察过了，大约一个下午，他们好像才卖出三样物品，总收入也不过几十块人民币。

我们之所以关注他们，倒不是觉得他们有多潦倒，而是一个非常关键的因素——他们还有一个小宝贝。2岁左右的小姑娘被妈妈抱在怀里，非常懂事，没有哭闹，渴的时候妈妈会给她喂水，饿了爸爸会拿一个印加人常吃的面包给她。寒风中，小姑娘褐色的头发被高高地吹起，小脸被吹得很红，亮亮的眼睛滴溜滴溜地转着，非常生动。我不知道这对夫妻的生活常态是怎么样的，或许这是他们一种独特的旅行方式吧。带着孩子，售卖自己制作的手工艺品换取简单的旅费以延续自己的旅行，也算是用手艺吃饭的一种旅行方式吧。

我们在秘鲁乌鲁班巴小镇参加了一个短途的旅行团，认识了一对在街边卖零食的小情侣，他们的经济情况应该更差一点。当天中午吃饭的时候，我来这对情侣的摊位前买小零食，他们制作的是一种南美洲常见的街头小吃。正是吃饭的时候，客人不多，我们就聊起天来。这对小情侣来自阿根廷，大学毕业以后，两个人在家乡工作了一段时间，觉得对工作和生活的现状不太满意，于是就分别辞掉了工作，带上各自喜欢的乐器一起出发旅行。男的在餐馆当过小工，厨艺不错，会做一些南美特色小吃，于是他们一边做生意一边到处旅行，从阿根廷到玻利维亚、智利，然后才到达秘鲁。一路上，他们的经济并不宽松，有的时候生意好就有不少收入，生意不好的时候就要靠积蓄来维持。不过，靠着小手艺，他们进行着自己简单的旅行，生活也很快乐。用他们自己的话说，有手艺怎么也饿不死。对此，我和Joas非常同意。

市场营销很重要。这是Joas对旅费的第三个思考。摆摊的位置很重要，售卖的物品也很关键，在秘鲁看到的两个卖艺人的不同境况让儿子有了这样的认识。

婉转悠扬的印加盖那笛（quena）在高高的安第斯梯田上飘荡回旋，狂风阴雨下的皮萨克遗址流露着淡淡的哀愁，寒风斜雨中小伞已被吹弯了伞骨，冲进了卖艺人的小避雨棚里，我们静静地端详着这个戴着印加传统小羊毛花帽的男人。他穿着传统的印加节日表演服"篷丘",一种用羊驼毛织成的大披肩,胸口开V字领,形状像长方形的毛毯,披在身上呈宽松的倒三角廓形,两侧有黑白相间的传统花边。由于时间久远,他身上的"篷丘"红色已蜕变成暗红,面料质地已不再细腻,披肩周边的流苏也有些脱落,变得长短不一。脚下一双沾满泥巴的黑色旧皮鞋,皮肤比一般的当地人更黑,脸上纵横的皱纹更深,如被岁月用刀子镌刻在脸庞,可能是户外风吹雨打讨生活的缘故吧。

山顶上静静的,游客非常少,不远处就是皮萨克的印加人墓葬群。不像马丘比丘和纳斯卡这些热闹的景点人头涌动,能来这里的一般是深度游的游客,所有人在呼啸的风雨中挤在小木棚里,面无表情地看着远处的梯田,期望恼人的雨水赶快消停,以离开这个阴寒的地方。

高原的雨季,天气异常恶劣,游客屈指可数,没有一个人光顾卖艺人的小乐器摊子购买他的货物。没有人有说话的欲望,连另外的两个卖工艺品的小贩也提不起兴趣招揽生意,只有卖艺人的盖那笛为寂寥的山脉歌唱,他前面装钱的小陶罐里只有零星几个索尔硬币。

他算是我们在秘鲁见到的最落魄的卖艺人吗?应该是的,他可没有其他地方卖艺人的排场,基本的装备——麦克风、电子喇叭,也没有售卖的自己录制的个人CD,他只有地上的一个小摊子,为数不多的笛子很多是手工制作,整齐地摆放在一块手工的毛毯上,和他吹奏的盖那笛一样。这些笛子是南美洲的传统乐器,流行于玻利维亚、秘鲁等国家。一般为竹制或木制,7孔(前6后1),直吹,吹孔和箫类似。通常是G调(7孔依次放开为G A B C D E#F),长约38厘米,音域可达三个八度。低音的"quena"叫作"quenacho",通常是D调,长约51厘米,声音有点像中国的埙,但是音域更宽,声音更好听。Joas有点想买一个当纪念品,但我考虑到家里的人不会吹奏,带回国内路途太远,于是就不忍再看,拉着孩子冲到山下找到大巴车准备离去。

像这样的印加卖艺人我们一路上遇到很多,在库斯科、马丘比丘都有。我曾在马丘比丘很豪气地花了100 soles买了一个"流量艺人"的笛

图7-2 我与秘鲁库斯科街头的艺人

子演奏CD专辑（回国后发现有一个放不出来）。为什么称他为"流量艺人"？首先，这个卖艺人衣着讲究，从上到下精心打扮，身上的火红"篷丘"鲜艳夺目，传统图案的花纹和长长的流苏点缀其间，头上还有像印加酋长一样的鹰毛饰物，眉宇之间散发着一种自信。他选择卖艺的地方是整个马丘比丘最热闹的地盘——火车站，所有进出马丘比丘的人络绎不绝地经过他卖艺的候车室，人流量非常大。游客候车时，整个候车厅响起的是经过他的专业音响设备放大后的音乐，空灵动听，引得不少游客停步驻留。当然，他的乐器种类也琳琅满目，有十多种，长笛、短笛、排箫还有一大堆穿山甲鳞片做成的类似响铃一样的乐器。他个人演奏的CD价格不菲，每张卖30 soles。优美的特色音乐、高超的演奏技艺，引得一个又一个候车的游客纷纷解囊。不一会儿，他的乐器盒子里堆满了各种面额的钱币，可谓生意兴隆。

"棚丘"之下，进行着同样的营生，境况有如天地之别，可见卖艺也是需要加点营销技巧的，如何进行外部包装？选择什么地点？会有什么类型的顾客？演奏什么曲目？什么时段是人流高锋？如果没有一定的调查准备，我想这样的区别会越来越大。

旅行有千百万种方式，我所举例的不过是弱水一瓢。对于大多数的国内游客来说，选择上述方式攒旅行费的人应该是凤毛麟角的，因为中国人的保守与稳妥思维，人们更多会选择利用余钱或专项的费用来进行旅行，如果带着孩子不上学在外面卖艺旅行，估计家中的老人第一个站出来反对，肯定让小夫妻先安好家再给孩子找个好学校，处理好种种大事才肯让你花钱去旅行。毕竟在勤劳的中国百姓眼里，旅行是一种休闲娱乐、茶余饭后的消遣。

借旅费引出旅行的财商教育，是基于当今社会对家庭教育提出更迫切的财富教育要求。金钱很重要，财商教育的实质是幸福教育，金钱教育的实质是人格教育，一个人的金钱观，会影响他一生的幸福。不少中国人耻于谈钱，觉得一谈钱就俗就功利，所以大多数中国父母，从不教给孩子关于金钱的知识。在"缺钱"教育下长大的孩子，不仅对金钱缺乏正确的认识和了解，更难以理清金钱和人生的关系，所以人生总是"钱恼"不断，甚至因为金钱而毁灭了人生。

我们不滥用金钱，也不夸大金钱的力量。大人引导孩子能够平和地看待金钱，那么孩子对金钱的态度自然也是理性的，我们并不把金钱和物质占有进行直接的联系，但是通过这样的耳濡目染，特别是经过一定的观察与思考后，孩子的金钱观念有了一定的提升，Joas开始关心旅费的组成、支配了，生活中懂得珍惜父母的工作成果了，他开始感恩父母的努力工作让他有条件可以出门增长见识。

在当下网贷、透支信用等超前消费带来的冲击中，亲子之间这种看似简单的对旅费的分析和交流，不仅促进了孩子旅商的提高，还让孩子更加理性地看待金钱，对金钱的必要性也有更加明确的认识。有多少钱办多少事，当孩子建立起这种思维方式和逻辑时，可以更好地帮助他学会思考、审视、分析和考量，对今后孩子形成正确的金钱观念有一定的帮助。

揭秘博物馆

（实战博物馆攻略）

Real museums are places where time is transformed into space.

真正的博物馆是一个时间转换成空间的地方。

漆黑的博物馆里，昏暗的灯光静静地打在冰冷的千年干尸上，青春艳丽的楼兰少女，在岁月的流逝中已经成为无声息的干涸木乃伊；当年美丽奢华的丝绸长裙，已经扭结成了灰褐色的干块、硬物，无从分辨纹路和式样。

当年的她是什么模样？她的眼眸必定如闪亮在天边最耀眼的明星，红唇如最鲜的樱桃，高高的鼻梁，红润的脸庞上有着活泼可爱的酒窝，长长的秀发，扎成许多根细细的小长辫子，在红红的篝火旁边载歌载舞，回眸一笑，灿如天山纯洁的雪莲花。

当年那个美丽的皇族少女，如今静静地躺在冰冷的玻璃棺材里面供千年后的人们观赏，人们对着已风化的干尸形象，产生了诸多美好的想象。

吐鲁番的博物馆，是中国最著名的木乃伊收藏馆，也是来吐鲁番旅行绝不能错过的好地方。世界上出土干尸最多的地方，除了吐鲁番就是埃及。两者的不同在于，吐鲁番地区发现的古干尸是一种未经人工处理而在特殊条件下自然形成的，埃及出土的木乃伊是经过专业的人工防腐处理后形成的，干尸外观、处理手法和形成过程都有很大区别。吐鲁番有着特殊的地理环境，它位于海平面下156米处，是我国陆地最低的地方。盆地光照强烈，四周群山环绕，热气都聚集在盆地内，形成了长久高温的环境；其次，盆地干燥少雨，每年降水量仅16毫米，但其蒸发量却多达3000毫米；而墓室所处的位置大多地势高，尸体下葬后迅速被脱水，干燥的环境下细菌很难繁殖，所以就有了保存完好的干尸。

自古以来，吐鲁番一带是丝绸之路的重镇，经济文化很发达，自然有不少的墓葬，使得这个文化交融的地区自然保存完好的干尸拥有很高的价值，他们穿戴的衣物、陪葬品、墓葬仪式都给现代提供了很多考古的依据。我看到的陈列的几千年前的干尸，无论是夫妻葬，还是夭折的孩童，面容轮廓清晰，牙齿毛发依稀可见，不少衣物和陪葬的丝织品据说出土时还保有原来的颜色。这所有的神奇，来自吐鲁番得天独厚的干燥气候。

静静地透过玻璃棺欣赏着这些千年前的木乃伊，我们沉浸在对历史的追忆当中。

"啊——"一声惨厉的尖叫划破静寂，"是谁——"Joas一转头，后面居然没有人！

"妈妈，有东西碰我！冰冰的，捅了我一下！"大家闻言，吓得毛骨悚然，赶紧转过身子，没有发现后面有人。究竟是谁用冰冷的东西触碰了儿子呢？

此刻，我们面前的玻璃棺内正好陈列着一个小小的婴儿木乃伊，这是1985年出土于新疆且末的一具婴孩干尸，距今约3000年，年龄不到1岁，颇引人注目。令人费解的是婴儿的七窍用特制的东西封着，双眼均盖有长3厘米、宽2厘米的小石片（有人猜测这是一种原始宗教的残迹，或是保护灵魂、免遭打扰的习俗）。面对着儿子遇到的突发事件，大家觉得非常的诡异，陷入一种莫名的恐怖当中。

正在这个时候，屏风后面出来一个理着平头的小男孩，10岁左右，不好意思地招手向我们打招呼。原来是另一个家庭带着小孩进来参观，小孩子背着爸爸的相机，悄悄地从后面碰了一下Joas，马上又跑开了，所以当我们回头去看时并没有发现他。在弄清楚前因后果后，大家才放下心来，而刚才确实被活生生地吓出了一身冷汗，在那种昏暗环境下，周围弥漫一种特别恐怖的气息，大家都在专心致志参观着古干尸，来这么一下子，能不害怕吗？

博物馆肩负购藏、修复和展示文物的重任，是一座神奇的历史庄园。遥远冰冷的过去通过博物馆的文物讲述无声的故事，把历史从长河的远处拉近到我们的身边，用真切的实物与现代世界产生着联系，所以我们家特别喜欢带孩子参观博物馆。

在博物馆中，我们看到的不仅是大师们的杰作、历史的痕迹，更是几代人收藏鉴赏、学术研究的积累，好比是一项浩大的、永久持续的人类文明艺术史的工程。它为我们带来了精彩的艺术、历史和科学体验。大家能透过文物观赏追溯历史源流、了解世代的生活环境和探求当中蕴藏的思想文化。博物馆凝聚着不同国家劳动人民的智慧和血汗，馆里面的每一件展品，都是一本不会说话的历史古籍，可以让我们学到许许多多的东西。

博物馆那么大，展品那么多，参观一次最少要几个小时。由于行程安排紧凑，很多博物馆只有一次参观机会。机会难得，又不想错过当中收藏的珍品，博物馆该怎么参观呢？

（1）提前在网上购票和进行预约

热门的博物馆在寒暑假和公众假期一票难求，我试过暑假在网上抢布达拉宫的门票，几乎是秒杀，连续抢了一个星期都没有抢到，最后只能在万能的某宝找了一间旅行社多花了一些钱买到团体门票。春节的故宫每天限售七万张门票，提前一个星期就可以买到，并可以预约进馆的时段，不用到现场排队，很是方便。卢浮宫博物馆也一样，提前在手机上买好门票并预约最早时段进馆，可以在旅行团进馆前抢先看珍藏三宝。

（2）进馆前的安全准备

在参观博物馆前，我通常会建议Joas在入口处拿一份博物馆的地

图 7-3　埃及卢克索博物馆展品

图，拿上地图以后和小伙伴先研究：这个博物馆有几层？每个楼层大概的分布是什么？主要的出口在哪个地方？这个不起眼的小习惯对人身安全非常重要。在偌大的昏暗的博物馆发生意外的时候，电力通常会中断，漆黑一片中如果记住了逃生出口的方位，没准就为自己多争取一线生机。

（3）了解不容错过的明星藏品

参观之前，我们通常会研究每个博物馆的镇馆之宝是什么，然后根据时间制定一个参观计划。想要知道哪些藏品最值得看，可以上网先查一下，或是直接在信息台询问。

进入博物馆以后，在地图上事先找出他们的位置并做上记号，画出线路图，就能一个不落地欣赏这些藏品。如上海博物馆，镇馆之宝就是青铜器；西安博物院当然就是兵马俑以及唐代的宫廷用品了；故宫博物院又有不同的馆藏。

每个国家的文化定位不一样，所以各国的国家博物馆馆藏也不一样。位居世界四大博物馆之首的法国的卢浮宫博物馆，以收藏丰富的古典绘画和雕刻而闻名于世。它的镇馆之宝是被誉为"世界三宝"的断臂维纳斯雕像、《蒙娜丽莎》油画和胜利女神石雕。法国吉美博物馆（Musée Guimet）由里昂工业家爱米尔·吉美（Emile Guimet）于1889年正式建立，位于巴黎第16区，是主要展现埃及、古罗马、希腊、中国和其他亚洲国家的宗教文化博物馆，是世界首屈一指的亚洲艺术博物馆。世界上历史最悠久、规模最宏伟的综合性博物馆，世界四大博物馆之一的大英博物馆，收藏了世界各地的许多文物和珍品，埃及文物馆、东方艺术文物馆是其重要的专题陈列馆，很多文物都是绝世珍藏，例如敦煌壁画、东晋顾恺之《女史箴图》的唐代摹本、西周的康侯簋、唐代的殉葬三彩等。

（4）读懂展品陈列方式

博物馆与美术馆在陈列方面十分重视学术性，由于其侧重点不同，导致了不同的陈列方式。有些是按照时间轴，有些是按照地区，有些是按照不同的艺术流派加以分类，其作用是让观众能更清晰、更直观地感受到策展人想要传达的知识。

（5）不要错过难得的临时展

博物馆中能看到"常设展"和"临时展"。常设展常年能看到，多数由馆藏的藏品构成。而临时展是有一定的主题，且展期较短的。

（6）尽量找到一个解说员

观展时间是有限的，不可能有充裕的时间把整个博物馆上上下下每一件藏品都研究一番，只能够选取当中最重要的几件来细细地品味。请一个专业的解说员，也并非每一件展品都详细讲解，而是挑最有代表性的进行讲解。如果在异国找不到中文解说员，可以借助解说器。如果连中文的解说器都没有，那么就要借助你手中的移动通信工具，通过手机的网络来了解这个博物馆基本的馆藏和镇馆之宝。我们在卢浮宫博物馆就通过手机登录博物馆的官网购买了中文语音讲解，可以自由操作、反复播放，也挺方便，可惜讲解的展品不多，很多感兴趣的名画和雕塑找不到中文讲解或上面都没有展开介绍。

（7）参加公开讲座和特别活动

博物馆因其教育大众的初衷，通常都具有权威的学术水准，会定期举办专题讲座，有时也会发布其研究项目的报告等，也会举行一些特别活动，比如体验创造、游戏，甚至有社交活动。这些信息及参加方式一般都可以在官方网站找到，你也可以直接打电话询问或预约。

（8）别错过书店/纪念品商店

逛书店以及纪念品商店是参观博物馆的乐趣之一。正是由于权威的学术地位，博物馆的书店出售的书籍质量都非常高，艺术爱好者们可以把艺术与知识带回家，继续自己的艺术之旅。前面所提到的特别展，许多都可以在书店找到相关的书籍，通过它们可以更深入地了解展览的背景与内容。

博物馆该如何参观？其实运用之妙，存乎一心，根据每个人的不同情况，参观的情况也不一样。带孩子去博物馆学习的需求却是中国家庭教育的新动向。

中国的家长越来越热衷于把孩子带到博物馆，如果把博物馆当成景点、商场、游乐场和主题公园，让孩子把所有的东西都看到，所有的东西都玩到，这最多只能称为"逛"博物馆，走马观花地逛博物馆对孩子没有什么意义。我们要学会把博物馆的学习带回家，理解带孩子到博物馆的真正意义和收获，找到自己内心深处的学习需求，才有可能真正影响孩子，让孩子在不会说话的历史中形成朴素的历史观，从孩子的视角重新观察这个世界。

另一方面，家长千万不要以为带孩子去博物馆就是为了让孩子学习，跟自己没什么关系。如果博物馆对家长没有任何吸引力，家长只是充当了司机、保安或保姆的角色，那孩子怎么能够学会利用博物馆进行深度学习？

跟随孩子的兴趣，有选择地对某些展览进行深度学习和思考，家长不断通过提问和探究来学习的过程本身就会影响孩子，才是不虚此行。家长思考的深度会影响孩子思考的深度，从一个兴趣点延伸出的学习机会是无限的。这涉及每个家长观念的更新，它会直接影响孩子的学习效果，如何最大化地利用博物馆的教育资源是每个家长的必修课，只有家长把这个观念更新了，参观博物馆对孩子来说才有了意义。

学习是不断重塑大脑的过程，而不仅仅是向大脑填充知识。好的问题可以鼓励孩子思考并且让亲子对话更加深入。如果家长在博物馆中发现了孩子感兴趣的东西，可以用这三个问题来开启一段非常有意思的对话：

你观察到了什么？

你对什么感兴趣？

你为什么会对这个感兴趣？

对话的目的不是传授给孩子什么知识，而是调动孩子的大脑进行思考，鼓励孩子用语言把所思所想表达出来。很多问题的答案其实并不重要，真正有意义的是孩子养成主动思考的习惯，找到自己的兴趣。这种能力的锻炼比记住某个展品的功能、年代要有价值。

2017年，我和我们班上的家长带一些孩子参观广州的南越王墓博物馆。作为海上丝绸之路的重要商都，广州有许多中国特色商品出口到海外。孩子们发现明清时期的青花瓷造型与其他同时期的瓷器很不相同，花纹也更富变化。肯定孩子有价值的观察后，鼓励他们去研究不同时期中国瓷器的材质、形状、颜色、功能，以及现代瓷器的种类，启发孩子思考为什么当时会采用某种特定的工艺和材料设计出青花瓷器；可能的生产过程是什么；不同产地的瓷器有什么区别；为什么会有这样的演变；这些青花瓷器背后有没有一些故事；当时中国这些瓷器出口到哪些国家；主要的交通运输工具是什么；如果让你来设计一种瓷器，会设计成什么样等。从一件青花瓷器开始，可以和孩子延伸讨论非常多的话题，跟随孩子的兴趣去讨论这些话题，其实是在进行艺术思维、系统思维、文化意识等一系列内容的学习。

保存这些宝贵的文化资产，让它们传承下去，需要的不仅是博物馆的不懈努力，也需要我们每一个人的支持理解和爱护。和孩子一起进入博物馆，把博物馆的秘密找出来带回家吧！

亲子参观博物馆的小tips：

①爱护展品和一切公共设施，不随便触摸展品。

②遵守安全检查；手机请尽量调到静音模式。

③不任意拍照或录像，请事先向工作人员确认，有些地方禁止拍照或使用自拍杆和三脚架。

④要做到自觉维护环境卫生，不抽烟、不吃零食、不随意丢弃杂物。

⑤一定不能让小孩随意走动或奔跑，第一是出于安全考虑，其次也是为了保持安静的环境。

⑥人多时不要拥挤，应该按照路线和顺序参观，从他人面前经过时注意打声招呼。

⑦在一件展品前不宜停留太久的时间，以免妨碍他人欣赏。

⑧可以带上一些笔和纸，让孩子记录自己感兴趣的展品或事件。

⑨讲解员进行讲解时认真倾听，如有疑问请在讲解后礼貌提出。

相煎何太急

（放手给予成长空间）

家，居住的地方。也许是古人生殖崇拜的原因，认为猪生育能力强，祈求家里人丁兴旺，所以家从"豕"字。比起"家"，我倒认为"字"更适合现在的家庭状态，因为家里的屋檐下有一个小小的孩子，这是我最初的联想。儿子的到来，让我和先生在异乡真正有了家，有了想要呵护的人。

我一向是个懒妈妈。在Joas小的时候，稚嫩的童声、白胖的小手，紧紧抓住我的裙角，让我抱他上楼，我总是装作机灵地说："妈妈太瘦，没力，快找爸爸去抱！"现在儿子长大了，将近一米八的个子，比我高多了，也不怎么黏我了，可是无法再抱动他的我，却深深后悔当初没有抱够他……

儿子做作业比较慢，读小学一二年级的时候，因为要参加足球训练，晚上七八点才开始做作业。当时间很晚了，作业才做了一半，本子上的字还写得东倒西歪的时候，我总是忍不住大声地呵斥："你怎么回事？作业一晚还没有做完？有没有专心啊……"甚至有的时候，实在炸毛了，忍不住还会动起手来用力拍桌子、扔本子，可怜的小人儿眼睛都睁不开，双眸泪水婆娑，可怜兮兮地望着我。当时只觉得自己气得不行，本来上了一整天班，回家还要操心家事，现在陪"太子"读书还没效果，真是特别无助。现在每每回想起来，都非常内疚，也常常后悔，不应该面目狰狞地训斥才不到10岁的孩子……

"悔"又是什么？"悔"就是母亲每每想起自己当年对心里热爱那

个小小的人儿曾经做过的不应该，自惭而又无法释怀呀！如果时间可以重来，我想自己应该会有不一样的做法，肯定会比当年有耐心、有方法，可惜没有重新来过的机会。

本是母子，有缘能够来世界共同走一段人生，是一件极为明亮而幸福的事情，可是当"学童娃"遇上"咆哮妈"的时候，总不免有一点"相爱相杀"的感觉。

孩子上幼儿园之前，母子之间的关系是很融洽的。有一段时间大Z在外地工作，周末才回来。家里就我、儿子还有一个帮忙的亲戚3个人。在阳光灿烂的日子里，我和Joas常常高高兴兴地手拉手一起上幼儿园。放学的时候，小家伙像一阵小旋风一样冲进我怀抱里，紧紧地抱着我，糯糯地叫一声："妈妈——妈妈——"整条回家的道路充满了芬芳，洒过一片温馨。

然而，当儿子开始上一年级的时候，我明显感觉到家里的氛围不一样了。小家伙精力比较旺盛，好奇心重，上课的时候经常会走神。回家做作业的时候，总有那么多忙碌的事情，要喝水，要上厕所，一会儿累了，一会儿出来转个圈儿，一会儿橡皮掉了，一会儿铅笔又要重新削了，总有无数的事情分散他的注意力，而作业永远只是完成了一点点。当时针一圈一圈地转过去的时候，他做作业的速度如蜗牛一般慢慢地蠕动着，总会让我轻易到达抓狂的状态。

拼音是每个一年级刚入学孩子的门槛，拼读不易，写出来的拼音字母简直令人无法忍受。四线三格，规规整整，可是Joas写出来的汉语拼音像"字母蝌蚪"一样，一个圈加一条竖，那能叫"a"，那分明就是"q"。不仅字形不像，而且字母还一上一下乱蹦，总在考验我这个母亲的耐性。开始的时候，我还很有耐心地引导着，抓着儿子的小手去示范、去摹写。但是时间一长，时针慢慢地指向10点、11点的时候，工作了一天的疲惫，加上面对孩子的无助，无名之火一下涌上心头，桌子一拍，作业本一甩，顿时化身为"女张飞"，各种尖叫开始响起，孩子眼泪进入喷泉状态，母子俩红红的眼睛无助地对视，让人深感疲惫。

这样的情景时不时地上演着，我以为读完一年级上学期顺利完成幼小过渡后情况会有所缓解，但是一年级下学期，儿子开始去训练足球了，每当他高高兴兴地踢完足球回来吃完晚饭，晚上8点才能开始做学校的作业时，我们又进入了母子俩的"搏杀"时间，而这个时间是如此的痛苦而又漫长。当时的我很羡慕别人家的孩子能够专注快速地完成作业，但是，我的儿子不是那样的孩子。

其实儿子也很努力，但是总有分神的时候，坐不住，他的注意力总会被小小的事物分散。估计上课也走神，回家的作业质量并不高，学校老师要求严格，不合要求的作业是要第二天重做的。迫于无奈和自己的面子，我总是用橡皮把他写得不好的字擦掉。这一下可引起大祸了，孩子觉得自己辛辛苦苦写完的作业被妈妈毫不留情地擦掉，心里特别委屈，加上经过两三个小时的足球训练之后，他已经非常疲惫了，并没有多少精力来完成作业。于是，母子俩搏斗的游戏又开始了，这个时候如果爸爸在家，他会让我出去把情绪冷静下来。可是没过一会儿，爸爸的嗓门也高上去了，再过一会儿听到"啪"的一声响，孩子挨打了，"哇——"开始哭起来。

这种"惨烈"的写作业状况在不少家庭也常见。到了二三年级，情况略微好转，儿子做作业的速度有所加快，不过上课还是会走神，作业认真书写的时候，字还是挺好看的，但是有的时候作业多时间紧，写在一起就变成"鬼画符"了。着急的爸爸、咆哮的妈妈、委屈的孩子，三部曲响起的声音互相交替，家里面的温馨场面已不复存在。在这种情况下，孩子的成绩也不见好转，大部分时间是处在中下游水平，发挥得好的话有中等水平，而这样的成绩，在小学里面也实在是一般。

作业、考试，让我们这个本来温馨的家庭，气氛变得有点严肃，母子俩的关系也慢慢地在争吵、批评和打骂当中变得紧张，孩子也开始越来越不自信，也变得爱哭起来。

打骂过后，孩子就会有进步吗？该怎么样去扭转紧张的亲子关系呢？我开始反思自己的教育方式，也思考如何帮助孩子更好地提高学习效率和学习质量，建立他的自信心。这个时候有一位大姐以过来人的身份跟我聊天："父母其实应该是孩子最坚实的后盾，当这个世界人人都在怀疑你孩子能力的时候，为人父母更应该给予孩子最大的鼓励与信心，否则连父母都不相信他，那孩子该多绝望啊！"

是啊，如果连生他养育他的父母都不相信自己的孩子是良玉，孩子在家里该多难熬？

那用什么样的方式，能够帮助孩子打造自信呢？

没有什么比孩子通过个人努力获得成就而得到他人的肯定更能够激励孩子了。大Z坚定不移地选择让孩子坚持去踢足球，通过足球训练锻炼身体，锤炼身心意志，培养孩子的团队精神。Joas也在这个平台中获得不少奖项，感受到自己的努力付出会有回报，比以前更自信；在学习方面，我也尽可能地去帮助孩子，利用周末时间查缺补漏，使他成绩慢慢提高，排名也升到年级中段了。更重要的是，我们着力重塑整个家庭的结构，修复了亲子关系，有了良好的亲子关系，更加信任、和谐的关系，才能够帮助孩子消除对父母的误解，减轻心理压力，全身心投入到学习当中去。

除了家庭内部进行亲子关系的重塑，我们还有一个法宝——亲子旅行。我和大Z都是老师，每年有两个长假期，这个假期里面我们经常会带着孩子回老家。但是自从孩子上学以后，亲子关系变得紧张了，有的时候孩子甚至会在外人面前发泄对父母的不满。这个时候我就开始反思，为什么我这个妈妈用心用力花费那么多时间、金钱和物力，而在孩子心目中却是那么一个狰狞可恶的形象？换一个环境，换一种新方式的亲子活动，是否能改善亲子关系，促进双方共同成长？带着孩子的第一次出国旅行——前往澳大利亚就这样开始了。

第一次的出国旅行，对我们这对"菜鸟"母子来说是一个莫大的考验。身在国外，语言是陌生的，国家是陌生的，没有亲朋好友，一切只能靠我们自己。我的英语水平基本停留在日常口语交流，Joas当时的英语刚刚入门，大概只会讲几个简单的单词。换了一个新的全英文环境以后，日常沟通竟是如此不易。面对共同的困境，我们内部的矛盾自然而然就转化了，母子俩在海外相依为命、相互照顾，那段时间我们的关系比任何一个时候都要紧密。

令我印象最深的是，在坐飞机的时候，他会注意提醒我登机的时间并且要注意按时间进行转接，提醒我要拿好行李，完全是一个小大人的形象。孩子与我互相鼓励支持，协助我完成了进入当地家庭进行公立基础教育调查的任务，也学会了管理时间和分工合作，从被照顾的角色转为了照顾他人的角色，有着非常了不起的进步。

"菜鸟"母子第一次运用"结巴"英语在外国长时间旅行，用双眼去感受不同的文化，手拉着手共同解决一个又一个的难题，也通过观察国外的母子关系来反思自己在家庭当中扮演的角色，在增长旅行见识的同时，也摒弃了平常在家庭环境中由于学业因素出现的不平等、不和谐的局面，使亲子关系有了可观的改善。

我在第一次的亲子出国旅行中尝到了甜头，回国后总结了不少经验，我开始重新思考亲子旅行的方式。

我们应该怎样更好地和孩子旅行？甚至是让孩子带我们去旅行？如何从旅行的快乐体验中促进家长和孩子共同成长？

从专制、犹豫、反思到慢慢改变观念，在一次次的旅行中，我开始不断反思，摸索和美的亲子相处之道。用了十多年的时间慢慢累积经验，在一次又一次的亲子旅行实践中寻找有效提高亲子行收获的方法，提升自身的旅商，开始规划更多愉悦的亲子旅行教育方式和活动，让孩子在旅游的过程当中，既学到东西又玩得开心，能力也得到锻炼，改变或修复陷入"不谈学习母慈子孝，一谈学习鸡飞狗跳"困境的家庭关系，让孩子在不同的环境中感受到家庭的温暖与幸福，实现旅行与教育的融合。

角度不同，对孩子的角色认知就不同，尊重程度也不同。"带孩子旅行"，孩子是处在从属的地位，所有的行动听从大人的安排与指挥，他更多是被动参与，甚至是被迫参与。而在"和孩子一起旅行"的方式中，孩子与家长是平等的、合作的。"孩子带我们去旅行"则是更深层次的主动探索、承担式的。那么提倡旅行教育、培养旅商的亲子旅行是一种怎样的旅行方式？

与其说提倡旅行教育、培养旅商的亲子旅行是一种旅行方式，不如更确切地说它是一种亲子教育理念。旅行教育更多针对有学龄孩子的家庭，旨在通过边旅行边陪伴、边旅行边学习、边旅行边教育，从三个方面对孩子进行从语言到财商、从毅力到动手能力、从文化交流到性知识启蒙的培养，让旅行教育成为一扇通往世界课堂的大门，有效培养孩子的旅商及其他多方面能力，成为日常教育的补充。我们建议家长与孩子利用亲子旅行暂时摆脱家庭熟悉的环境，脱离因学业成绩而造成的情感冲突，在短时期或长时期的旅行中置换一个远离焦虑气氛的环境。通过自己的视角亲身观察世界，了解当地人的生活状态，亲身体验不同的文化、教育和宗教，在旅途中重新用欣赏的眼睛发掘彼此的优点，使家长与孩子学会从欣赏的角度来看待对方，重新构建愉悦和谐的亲子关系，不断提升双方的旅商、情商水平，在陪伴孩子探索精彩世界的同时实现多维度的旅行教育，让一次次融家庭教育、亲子陪伴为一体的旅行，变成家长和孩子双方多维度成长的修行。

人生是一本大书，家庭教育是其中重要的章节之一。我们每个人都有多重身份，同时扮演着子女、父母、妻子（丈夫）等角色。为人父母后，才发现这个身份的责任重于泰山，孩子的独特性，家庭文化的差异性，使我们难以直接复制他人的经验，唯有自己摸索其中的门道。旅行教育只是我个人教养孩子的一种方式，希望大家可以从中有所借鉴，有助于亲子共同成长。还是那句话，当家庭教育出现问题的时候，"相煎"不要"太急"，孩子的成长是需要等待的，家长也需要提升自我，用心浇灌，不断改进，总会有回响。

边旅行边记录

（留下光阴的故事）

旅行的风景是相同的，但看风景的角度和心情永远不会相同。孩子在探索世界的实践中，有着自己独特的视角和感悟，他所看到的世界呈现的面貌与我们大人脑海里思索的画面是完全不一样的。鼓励孩子在旅行的时候记录下自己的看听闻想思，会成为他一本独特的成长日记，一段个人独有的世界探索史。

孩子年龄还小，怎么记录？

每个年龄段的孩子对新事物的认识是完全不同的。孩子旅行是潜移默化地吸收"养分"，每个孩子出门旅行吸收到的"养分"是不一样的，甚至有时候会超过我们的想象。孩子小的时候，由孩子口述，大人帮孩子记录旅行游记是个不错的方法，用亲子配合的方式记录了孩子的成长。

我家去旅行，不强求孩子非要记住些什么。有的时候，孩子也说不出来有什么收获，但这不代表在他的脑海中没有印象。旅行过程中的感悟、体会是对大脑思维无形的启发，只不过短时期看不见直接的效果罢了。

我们的旅行伙伴小罗是摄影发烧友，照片拍得特别好，大Z也喜欢摄影，有一年我们两家人一起自驾到广西和贵州旅行。烟雨桂林，多彩贵州，淳朴的民俗和俊秀的风景，使两位摄影爱好者频频驻足拍照。Joas也跟着手痒痒了，主动要求充当摄影助手。嘿！小家伙居然也有兴趣，两位大人开始一点点地教导他：画画和摄影是一样的，首先要完成构图，你要想好景深在哪里，人物大概在哪里，先在心里想好了位置，然后再拍照片。拍下一些照片后，又继续研究哪些镜头打动你、哪个画面让你感觉到美、什么样的照片更能给你带来回忆，并鼓励孩子不要掩饰自己的青涩，慢慢来。在爸爸和小罗阿姨的耐心引导下，Joas有点开窍了，居然也拍出了一些不错的作品。我们在朋友圈里发上一些，有时候也把他拍的一些照片送到学校参加摄影比赛作为一个激励，形成一个良性的循环和鼓励。Joas也在旅行当中慢慢喜欢上了摄影，每每看到自己拍的照片，他总能轻易忆起当初的旅行。是啊，有环境、有故事的照片远远比柔美的大头照可以承载更多的信息，当回首旅途时，更多美好记忆会涌上心头。

自媒体时代，记录旅行趣事的方法就更多了。一台智能手机能下载无数的APP，朋友圈里满是各种旅行的视频、音频和照片，更别说众多的媒体平台了。还有不少旅行者把自己的旅行拍成纪录片在网络上播放，点击率颇为可观。如果孩子的媒体技能不高，家长可以进行亲子合作，一起整理、记录旅行收获。过后回看，收获不同时期的回忆与快乐，不枉此行。

什么时候记录？

旅行是一件花钱买辛苦的事，一整天的行程下来，大人都累得不行，更别说孩子了。回到住宿的地方，吃个饭，整理一下行李，洗洗就睡了，有心想记录但哪还有时间、精力来整理或记录？这是不少朋友向我诉说的苦恼。

科学利用碎片时间就是一个非常聪明的策略。等车的时间，排队买票的时间，点好菜等待上菜的一小会，到达目的地完成参观任务坐下来休整喝咖啡的时间，轮候等待洗澡的时间，哪怕是上个厕所的时间……统统都可以利用起来。时间就像海绵里的水，只要挤挤还是有的，再用力挤挤，嘿，没准更多。至于工具，除了常用的相机和手机，千万不要忘记带上纸和彩色铅笔。

一天晚上，我们一家在拉萨大昭寺附近的网红餐厅"玛吉阿米"吃饭。这间小有名气的藏式餐厅很有情调，三楼的观景台视野很开阔，除了提供改良的美味藏餐外，还有精神的美食——窗台边堆放着一本本游客就餐之余写下的旅行日记集。等待上菜的闲暇空当，人们可以好好地细看这些多彩的旅行日记本，日记的体裁丰富，有对联、散文、漫画、素描和诗歌，语言有韩文、日文、中文、意大利文、英文，还有许许多多看不懂的小语种。精彩纷呈、各有千秋的旅行日记，让孩子很受启发，他也"依样画葫芦"，结合自己在尼泊尔加德满都猴庙见到的佛眼和大昭寺参观的感受，动笔用文字写下了自己的旅行足迹，还洋洋得意地画上一个佛眼作为插图，构思一点不比大人的逊色。

孩子的观察力比大人更敏锐，新环境中的一些更微小的细节，大人容易忽略，甚至永远不会发现，往往是孩子用诗意的眼光，帮我们去领略和捕捉。随身备好一些彩笔和纸，当孩子有感兴趣的发现马上记录，或巧妙利用碎片时间记录旅程的独特感受，让孩子积极运用五大感官（视觉、听觉、触觉、嗅觉和感觉）描述自己的旅行所得，有了替代物，孩子自然而然就会放下手机，也不会有"上车游戏，下车尿尿"的这种低体验的旅行。

用什么记录方式更好呢？

边旅行边记录，家长要跟孩子好好沟通，选择一些孩子自己感兴趣的记录方式，不要为了记录而记录。旅行结束的时候，可以跟孩子们相应地总结一下，大概去了哪些地方，用了哪些方式进行记录。那么最受欢迎、自己觉得最满意的一个记录是在哪里，用了哪些方式去记录，最大的旅行收获是什么等，希望通过愉快的谈话肯定孩子记录的方式。

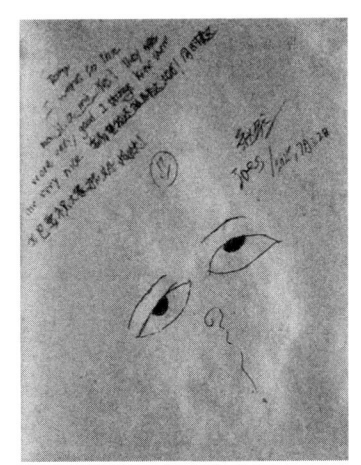

图 7-4 Joas 的旅行记录

孩子的思想深度和理解认知当然没法和成年人相比，但是他们有着成年人所没有的尝试新事物的好奇心。当大人用习惯的思维去判断不熟悉的事情的时候，我们可爱的孩子正用创造性的思维，轻而易举地展现出内在的天赋和能力，为我们提供积极和不同角度的思考和经验，他们的判断力和感受力，常常让大人非常惊讶。

吉吉是朋友小罗的女儿，和Joas同年，是一个心思细腻、爱画画的孩子。他们一家三口去加拿大自驾旅行时，小姑娘用手中的水彩笔描绘了许多沿途风光的风景画，回来整理成一本小册子，吸引了不少粉丝。一个小孩子能够用画笔把旅行中与未知相遇的点点滴滴变成另一种思维方式直观地呈现出来，用自己喜欢的方式创造性地记录独特的旅行感悟，是一种新的认识与思考，是基于自己对世界的朴素理解，为自己的成长留下了珍贵的回忆。

把经历做出成品分享，增强孩子的成就感，孩子会更加自豪。让孩子自主选择用喜欢的方式记录个人足迹，体现对孩子的尊重与放手。孩子做一件事情，会更多听从自己的内心，对他们喜欢做的事情，才会释放出无穷的热情和精力。对于孩子不喜欢做的事情，哪怕我们引诱、逼迫着他去做，他也会磨磨蹭蹭消极地抵抗。当孩子有了兴趣，会一头扎进去，尝试在探索发现的过程中自己解决问题，这是孩子即兴创作的灵感来源，可以让他们在好奇中有所发现，并进行创新，直至找到达到成功的方法。

下面分享一些常见又实用的旅行记录方式：

（1）自媒体

自媒体的出现，为孩子边旅行边记录提供了更多、更便利的方式，利用微信、QQ、抖音等媒体平台是孩子沟通和记录自己旅行的好办法。每到一个地方，我们也鼓励孩子用手机拍摄自己感兴趣的画面，配文可多可少，发在微信朋友圈里面，利用这种自媒体互动的方式，既展现了自己的内心感受，又从他人的点赞和评论当中进行了互动，表达了自己的旅行感受。

引导孩子把旅行见闻发到朋友圈，尽量把视角更多地放在表达个人感受上面，慎用写日记、写作文的方式，因为作文、日记更多的是从学业层面去要求孩子完成任务，当某样好玩的事情背负上了作业的包袱，当中的乐趣就会减少很多，慢慢地孩子对记录的兴趣也会淡下来，甚至抵触记录。

（2）家庭游记

一家人共同分享一本记录本，谁有空就记录，回到家里的时候，把自己在路上的所见所闻整理出来，就是一个有温度的家庭亲情小册子。孩子看看爸爸妈妈的记录，爸爸妈妈了解一下孩子的观感，为双方的沟通提供了一个有趣的渠道，理解与沟通往往是构建和谐亲子关系的法宝。

（3）旅行剪贴本

如果觉得没有精力写文字，做一本"旅行剪贴本"也是很有趣的。最常见的做法就是把旅行中的见闻和体会，用剪贴本的形式记录下来。比如在旅途中遇到的人和事，感动的小瞬间，用文字或图画记录下来，贴上照片，一本旅行剪贴本就完成啦！以后再翻开，满满的都是回忆！

（4）照片墙

剪贴本需要做图片文字编排，还是比较麻烦。做成相册或照片墙会更简单些。直接将照片贴到墙上，点缀墙壁。

（5）纪念品集锦

旅行中的硬币、门票、车票等其实都很有纪念意义，扔掉可惜。不妨制作成集锦，一看到这些纪念品，马上有重回故地的时光穿越感。

孩子的旅行记录不是出于功利目的，数量的多与少、形式的变换都不重要，也不要急于评论它的好坏，要让孩子学会坚持和形成习惯，在某一个特有感触的地方和时刻，用恰当的方式记录某一天的特殊收获，或者画画或者写几句话，用简单几个符号、一张图画、一张照片、一段随笔或是一段小视频都可以。

快和孩子一起试试用喜欢的方式记录下亲子旅行的足迹吧！若干年后再回看，会发现你和孩子共度的美好时光居然如此清晰而有趣！

饺子外交

（传播中国美食文化）

民以食为天，吃在中国人生活中的地位不言而喻。中国最有代表性的美食应该就是饺子了吧？饺子在不同的外语中都有相应的单词：英语"dumpling"，西班牙语"ravioles"。随便问个老外："中国有什么美食？"他们脱口而出的肯定就是"饺子"。

我是个典型的南方人，倒不是特别喜欢吃饺子，但是因为大Z是北方人，为了照顾他的饮食习惯，我也就学会了包饺子。万万没想到带着儿子旅行的时候，饺子充分发挥了外交使者的作用，让我们收获了许多的友谊。下面来分享一下我们的饺子外交故事。

我早期的工作单位有两个20来岁的加拿大外教，两个大男孩的英语发音挺不错。其中个子稍矮的小伙子叫Phay，是华裔，祖上来自福建，不过他除了几句简单的广东话以外，完全不会讲其他的中文，但他却遗传了爱吃饺子的"中国味蕾"。由于工作的关系，我们接触得挺多，有时周末的时候，我会邀请他们到家里吃一顿饺子解解馋，没想到两个"小老外"被饺子迷得不行，吃完一盘又一盘，不时地竖起大拇指："美味！太好吃啦！太好——吃啦！"从此之后，我就发现饺子是招待"老外"的一个绝佳的门面货。

光会吃怎能充分体现饺子背后博大精深的美食文化呢？动手包饺子的过程才是中华美食文化的精粹。后来，再有外国朋友来我家，如果时间充裕，我都要教他们包一下饺子，让他们感受一下中国的传统美食文化。此招一出，对于在饮食习惯上与我们迥异的西方人来说基本是"杀手铐",个个难逃饺子的"情网"。在他们眼里,中国的饺子简直是一种神奇的魔法,肉和菜剁碎以后加上调料做成美味的馅儿,面粉做成白白的面皮,馅料还有无穷的、无尽的、意想不到的配方,羊肉、牛肉、猪肉馅的,白菜、胡萝卜、酸菜、芹菜馅的,韭菜鸡蛋、白菜香菇、胡萝卜马蹄馅儿的……只要你想得出来,都可以把它做成馅包到饺子里去。因馅料的不同,饺子也就有了不同的风味和门道;烹饪方法各异,饺子也有了不同的特色,水饺、蒸饺、煎饺、酸汤饺,可以变出无穷无尽的花样来,饺子也有孙悟空的"七十二变"!变着花样的饺子作为我外交的秘密武器,着实为我圈了不少"老外吃货"粉丝。

初到澳大利亚的时候,饺子继续发挥了它强劲的外交功能,堪比高效糖衣炮弹。我们寄宿家庭的屋主曾经在广州的一家跨国软件公司当过主管,家里的两个小姑娘也在中国住过半年,他们对中国的食物非常熟悉,特别是对广州的早茶印象深刻。他们家的厨房有很多西方人家庭中少见的中国调料:酱油、花生油、辣椒酱、醋、麻油等,甚至还有擀面杖!既然寄宿在别人家里面,怎么样也得露两手吧,于是我和儿子商量,准备给他们包一顿白菜猪肉饺子。

超市里的食物非常多,培根、奶油、香蕉、奇异果……最便宜的就是澳大利亚的牛奶了,平时在国内买进口的牛奶,怎么也要20块左右一瓶,而在这里满满一大瓶1.5升不到10块钱。我比较关心的是各种各样的蔬菜,价钱不算便宜,几片叶子一包装就要人民币30多块了。但是找遍了整个超市,都没有发现像中国那样的白菜,没有白菜怎么包白菜猪肉饺子呀?我们开始考虑其他的替代品。

这个时候,美食小侦察员Joas发现,在超市的新鲜蔬菜区整齐地摆放着一排排新鲜的胡萝卜,既然做不成白菜猪肉馅的饺子,那做一点儿胡萝卜玉米猪肉馅的应该也不错吧?我们买了几根胡萝卜、一些玉米,还有一些猪肉馅,又开始寻找面粉。但是仍然失望,超市里面的面粉基本上都是做蛋糕面包的高筋面粉。没有像国内那样做包子、饺子皮的中筋面粉,我只好向屋主寻求帮助。

屋主说："我们做饺子的时候，通常都是买现成的饺子皮。包饺子已经不容易了，还要做饺子皮，实在太难了，没有几个外国人会乐意花时间擀饺子皮的。"

我不禁好奇地问："澳大利亚超市居然还有卖饺子皮的？从哪入货呀？从中国进口吗？"

"才不是，澳洲本身有很多华人移民，他们可聪明了，只要有商机就会有人马上行动。类似饺子皮、腊肠、咸蛋和皮蛋这些华人爱吃的奇怪又难以进口的货物，他们会找工人在本地生产。"

在超市的一个角落，我们果然找到了现成的饺子皮。饺子皮分成两摞，大概30个左右装在一个透明的小包装袋里面，小小的一袋饺子皮价格是30~40元人民币，这饺子皮可是比饺子馅贵多了。

买了包饺子所必需的材料，我们兴冲冲地回到居住的地方。由于外国的饮食习惯与中国很不一样，他们的厨房非常干净，油烟很少，没有用煤气，用多头的电热炉。我看了一下硬件设备，发现没有像中国那样的大铁锅，于是打算做蒸饺。

大家满脸好奇地围着厨房的操作台，站定以后，我和儿子轻松登场，对于制作饺子，我早已经是熟手"大厨"，在国内包饺子我们还要自己做饺子皮，而今有现成的饺子皮，这活当然就很轻松了。洗干净胡萝卜切成丁，剥好玉米粒，拌好肉馅浇上麻油、盐等所有的调料，香喷喷的饺子馅就做好了。房东家的两个小姑娘早早地坐在料理台面前，蓝蓝的大眼目不转睛地盯着我们，冲她们期盼的眼神，我觉得她们已经是迫不及待地等着饺子下锅了。我做了一个月亮形的大饺子，又拿了两块饺子皮捏成一朵花的形状，小家伙们情不自禁地鼓起掌来。

"儿子过来给妈妈帮忙！"

"没问题，我可是饺子大师！"Joas高声应道。小姑娘们崇拜的眼神，让他心里也有了优越感，他可是在家里帮妈妈包过几次饺子的大厨！他利索地拿出小勺子和保鲜膜，把保鲜膜铺在桌面上，这样等会我们包好的饺子就可以先放在保鲜膜里，面皮就不会变硬了。

母子俩开始动手进行弘扬中国文化的"饺子外交"了。

"亲爱的Rose,请问你可以教我们包饺子吗?"屋主的大女儿Stella小心翼翼地请求。

Joas爽快地一口答应:"当然可以!我来教你。"

小家伙拿起一张饺子皮放在自己的小手上摊开,用勺子装上适当分量的饺子馅放在中间,然后左右手开弓一捏,一个小饺子就包好了。说实话,七八岁的小男孩能把饺子包得多好?歪歪扭扭的形状,有一些肉馅没包好,从饺子皮里露出来了。可是对于一个五六岁的小姑娘来说,眼前这个不懂英语的小男孩的尴尬形象顿时因为这个技艺变得高大起来。

儿子有耐心地帮小姑娘拿过一块饺子皮,摊在她肉嘟嘟的小手上。Stella害怕肉馅过多包不住,就学着我们把肉馅塞一点点,然后就开始对折。但是无论她怎么对折,也没有办法把饺子皮的"嘴巴"合上,饺子做出来也是软塌塌的一坨,不像我们做出的半月形的饺子。看到Stella做的饺子,Joas没有嘲笑她。虽然他们平时在相处的时候,如在画画、游泳的时候会产生一些小矛盾,但这个时候化身为点心师傅的他认真地教授着自己的小学徒,再次为两个小妹妹做示范。

这次,Joas手把手地教Stella:"要想把饺子做成半月形的月亮形状,就不能够完全对称地对折饺子皮,要从饺子皮2/3的地方开始捏收口,而且注意要在饺子皮边缘抹一点点水,这样饺子才能够包得更牢固!"(这些方法就是平常我们在国内教他的)当然,他说的是中文,但是奇怪的是,中文加上动作示范,这两个小姑娘居然听明白了,好家伙,第二个饺子包得有点模样了!

有了三个小伙伴的加油,饺子虽然做得不是很好看,但是这一天下午我们过得异常愉快。想象我们在灿烂的阳光下和睦地包着饺子,大人时不时给小朋友指点一下,几个小脑袋碰在一起叽叽喳喳地说一说自己的看法,比比谁包得最好看,互相说几句表扬、鼓励的话,欢乐的场面成为孩子美好的回忆。

两三个小时后，桌面上就出现了一堆东倒西歪形态各异的"饺子士兵"，孩子们心满意足地拍照留念。我觉得饺子的形状不太重要，因为最终结果也是要吃到肚子里，所以快乐地烧开水，开始蒸饺子。饮食习惯的差异也铸就了电器功能的差异，外国的抽油烟机好像没有中国的吸力强，不一会儿美食的香味飘满了整个厨房。

饺子终于做好了，掀开锅，透过白白的饺子皮隐约可以看到里面红色黄色的馅儿，太诱人了！所有的小家伙发出惊叹的声音，眼睛瞪得大大的，但是没有人抢，他们排得整整齐齐地坐在餐桌面前等着我端上来给大家分享。再做上一个沙拉，美味的饺子蘸上酸酸的醋，中国饺子强大的外交作用由此体现。

在澳大利亚寄宿的20多天，我们充分发挥饺子外交的作用，把饺子与当地人的饮食习惯结合起来，不断地推陈出新，做出更多花样的饺子。我们把蒸好的饺子再煎炸一下，做成煎炸饺，口感更加丰富，也更加符合西方人的饮食习惯；在饺子皮上浇上酱汁，做成不同口味的"盖浇饺"；调出不同的馅料，把饺子包出不同的造型……

由于饺子外交作用强大，这一项活动自然而然从我寄宿的家庭延伸到他的邻居家去了。时不时有邻居家的人来邀请我们一起到他们家去包饺子，当然所有的材料都是对方准备好的，我和儿子负责传授包饺子的技术。借助饺子这一中国美食的代表，我和儿子在澳大利亚也交了不少的朋友，为自己的旅行带来了更多的乐趣。

2017年夏天，在澳大利亚认识的朋友John的女儿Alex来到广州的一所跨国律师所实习，寄住在我家。有朋自远方来，不亦乐乎？用什么好东西招呼客人？当然也是饺子了。

2011年我们在布里斯班寄住在John家时，Alex在昆士兰大学才读大二，现在都已经毕业了。姑娘成熟了一些，样子也更漂亮了。而当年跟在Alex姐姐后面的Joas，已经从一米二左右的小不点长成了一米八的大个子，英语也有了很大的进步，最重要的是他包饺子的技术也比当年进步了很多。

时光总是那么神奇,几年后的中国广州,在我的家里,Joas用纯熟的英语口语和Alex交流着,两个人在灯下,包着美味的白菜猪肉馅饺子,圆鼓鼓的小月亮饺子一个个地摆放在面前,那个极其喜欢吃饺子的姑娘也要开始走入社会工作了,时间真的过得太快了。

Alex对饺子的热情没有减退,可是她包饺子的技术却一直停留在当年。她说,妈妈曾经试过在家里包饺子,不过经历几次失败后就放弃了。看着如同姐弟俩的两个人用中国的手艺包着一个又一个饺子,我心里十分感慨。如果说足球让儿子和Alex的弟弟结识,让我们两家人变成了朋友,那么在今天,饺子这个美食依然发挥着连接两个家庭友情的桥梁作用。

民以食为天,当饺子这种特色食物被赋予了文化内涵,变成拥有其他能量的时候,它的魅力是无穷大的。

第 8 篇

自然篇
快乐对话自然

 **陪你去看海**

（海边旅游事项）

人们喜欢大海，几乎是一种本能。孩子们喜欢大海，因为那里有蔚蓝的海水、金色的沙滩，还有无穷无尽的自由。

把海当作亲子旅行的热门地点，是因为在工业与科技的迅猛发展下，孩子们较少与自然亲密接触，容易引发儿童出现缺少安全感，性格孤僻，缺乏合作、共享精神等行为和心理问题。提倡儿童回归大自然的生态活动场所，审视人类初始的生存环境，感受非人工锻造的天然生态，换视角探索生命的神奇，在与自然生态积极互动的过程中增进知识和能力，培养情感态度和价值观，利于孩子持续发展成为具有健全人格的人。

人类这种神奇的生物，未出生时就在母亲子宫的羊水中奇妙地游泳，从基因中就携带对水的亲近与向往。脱离母体后，对于母亲的眷恋和情感渐渐减少，但亲水、向水的天性未曾有过多的改变。海，便成为又一种情感舒缓和发泄的场所，是集探索、娱乐、放松、沟通、发泄等多种功能于一体的自然生态场所。

一、海南岛

国内最美的海滩当然在海南岛。冬天的时候，在海南三亚进行一次环岛游是一个很不错的亲子旅行选择。城市温暖宜人，海水惬意，空气特别清新，是中国难得一见的海上旅行好去处。

孩子们喜欢在海滩上堆积"魔力城堡"沙雕，看着自己精心做好的城堡被海浪冲垮，然后又重新再造，一遍又一遍地重复着，不知道疲倦，这是一个适合各个年龄段玩耍的游戏。当然还有一些大家很熟悉的活动，如退潮的时候带上小桶和孩子去海比较浅的地方，在确保安全的情况下，可以观察跳鱼、抓小螃蟹、小虾和捡贝壳等。

海南最好玩的不是那些卓有名气的海滩，有名的海滩人太多，少了几分安静。三亚的海岸线很长，不少家庭亲子游的朋友遇到风浪不太大、游客比较少的海滩就会扎下营。灿烂的阳光，金色的沙子，还有一波一波席卷而来的海水，真是孩子们的乐园。岸边野餐一顿，孩子尽情游戏，家长躺在沙滩椅上发发呆，欣赏一下中国南部的海上美景，放空身心，体验家庭生活的美好。大海让亲子时光慢下来。

考虑安全问题，不建议在非游泳区域下海游泳、戏水，如果要游泳还是要到有救生员和允许下海的海水浴场。毕竟安全是旅行第一宗旨。

海边旅行必备装备：

①防晒用品：遮阳伞、墨镜、高度数的防晒霜。

②游泳用具：泳衣、泳裤、泳帽、泳镜、浴巾、拖鞋，一个都不能少。

③医疗用品：创可贴、消毒用品、胃药、治拉肚子的药（如最普及的利特灵）、清凉油（免得有人中暑），有其他病史的自己多备些常用药。

可选品：耳塞、大毛巾。

二、越南芽庄

离开国内，走出国门，可以玩海的地方就更多了。

越南芽庄也是近年来中国人旅行的热门地点。海岛一日游是当地一个王牌的旅游项目，旅客坐上游船出海，很快就可以到达离陆地很近的小岛上欣赏近海最美的海域。消费不高，海水干净，美食众多，使这里成为很多俄罗斯人的旅游目的地，满大街都可以见到高大健硕的金发俊男美女，特别养眼。

芽庄珍珠岛周围的海域是潜水者的天堂。游船开到海岛附近，船家选一片开阔而没有风浪的海域，就让游客带着泳圈下去浮潜。岛周围的生态非常好，海水很清澈，五六米深的海底清晰可见，不过看不到珊瑚。阳光折射在海面上，海水如同蓝绿色的巨大翡翠，好看极了。从海的左边望过去，可以看到芽庄巨大的海上缆车，轻松地把游客从芽庄送到珍珠岛上的酒店和乐园当中，这是在世界其他地方体验不到的特色旅游项目。

海滩上，有不少东欧游客在进行日光浴，身体一会儿翻过来一会儿覆过去，在阳光下炙烤着自己的皮肤。对于老外执着的日光浴，Joas总觉得很奇怪，不明白拥有白皮肤的外国人为什么那么喜欢把皮肤晒成小麦色，最后小麦色没晒出来，却晒出了满身满脸的褐色斑，实在不是很美妙。

来海边肯定要吃海鲜。越南的海，温暖干净，海鲜的做法与国内的不太相同，但是新鲜味美，种类繁多。有美景、美食，物价也不高，我对芽庄整体印象不错。

三、澳大利亚

澳大利亚也是海上娱乐的天堂。除了著名的黄金海岸，阳光海岸也是世界级的海滩，是世界冲浪者的天堂。

阳光海岸位于昆士兰州的首府布里斯班的东北部。阳光海岸，顾名思义，拥有灿烂的阳光，金色的沙滩，更重要的是这里的人特别少。这里的海岸比起世界闻名的黄金海岸安静不少，海水更清澈。

阳光海岸海域的浪不算大，浪头的高度适宜冲浪初学者。一波又一波的浪翻卷而来，阳光将海水映成一块蓝一块绿，颜色变化极多，构成一幅妙不可言的海景图。波浪中若干的冲浪者不知疲倦地尽情驰骋着冲浪板，仿佛奔腾不息的海浪。不远处，一个父亲带着年幼的儿子也赶来了，父子俩手拉着手来到岸边，儿子4岁左右，一个浪过来，儿子吓得把冲浪板一扔，转头就往岸上冲，此景真让人忍俊不禁。

远处，几个年轻健壮的金发小伙子正在冲浪。一个海浪翻滚着，年轻人一个俯冲轻松从水面滑过，又一个大浪从远处漫卷而来，高高的浪头托起冲浪板，浪潮过后，颜色各异的冲浪板在水里飘着，而所有的冲浪者已经"纷纷下马"落到水里。百折不挠的冲浪勇士再接再厉，瞄准时机又把冲浪板投到海里，无畏地迎浪而上。看着这些孜孜不倦与海浪搏斗的人们，Joas心里一片敬佩。

这里的海滩沙子极细，白中带黄，强烈的阳光肆无忌惮地照在沙滩上，映出一片金黄，耀眼得让人无法正常睁眼，于是人人都戴上一副或大或小的墨镜。海水蓝中带绿，一圈圈的波浪平缓推来，爱抚着细腻的沙滩。沙滩上有几把太阳伞和为数不多的沙滩椅。大大的木质露天阳台上，从太平洋吹来的海风带着寒意，吹在我们的身上。这样偏安的一块沙滩显得特别舒适，因为人多的地方永远不会给人带来安静惬意的旅行感受。

沙滩上的人不多，虽然是冬天，但海风不大，来往的游客穿着各种各样的衣服：有穿比基尼和泳裤的、有穿T恤短裤的、有穿长袖的、有穿套头卫衣的，当然也有像我这样怕冷穿夹克的人。来之前在网上就知道这里可以见到四季服饰齐聚一堂的情况，但当真的置身此景，还真觉得有趣之至，果然是"四季无暇知，唯有己自悉"。

皮肤白皙、满头金发的沙滩上的比基尼美女们，戴着太阳眼镜躺在沙滩上自在地晒着太阳。美女身上抹着防晒油，如同在阳光下炙烤的小烤串，过一会儿再翻一个身。有的晒热了，干脆把上身束缚的最后一条带子扯下来，耷拉在沙滩上，旁边的游人对此景象见怪不怪，并没有人用多余的色情眼光去看待他们。

大洋洲的冬天是暖和的，漫步在蔚蓝的大海边，永不停息的白色海浪一波接一波冲上金色的沙滩，轻轻地挠痒着你的小脚丫。我和Joas远远地望着远处海里逐浪的人们打发时间。过了一会儿，比基尼美女们又翻过身来，等阳光均匀地照射在背部，圆翘的臀部、修长的美腿让我这个亚洲人羡慕不已。

西方白皮肤的女子比较喜欢小麦色的皮肤，有空闲时间都争取到海边去度假，当地人也把皮肤被晒成均匀的小麦色当作是时尚。对于中国

图 8-1 澳大利亚大洋路

美女来讲,"一白遮三丑",在我们的审美观里面,白和细腻的皮肤是美的终极目标,所以朋友圈里大家都在强调敷面膜的美白、补水作用。我实在对小麦色皮肤不太感兴趣,所以戴了一顶大大的太阳帽,在一众晒阳光浴的比基尼美女中特别惹眼。另外,几度左右的海风和沙滩对黄种皮肤的亚洲人来说还是有距离感的。看看自己,实在是没有勇气脱下厚厚的棉衣去体会蓝得如同丝绸一般的海水,对于比较怕冷的我来说,十几度到几度都是需要棉衣保暖的温度。

　　正在海岸边陶醉着,Joas发现海边有一条小道可以走向上面的山坡。我们沿着木栅栏静静地往山坡上走,两边的树木茂盛,古木参天,很多都是要几个大人拉手才能环抱的大树,估计是没有人砍伐的原因吧。大部分都是桉树,空气特别清新,在林间可以隐约闻到桉树特殊的味道。顺着小道沿山而上,树荫下有点阴冷,海风微微吹来,让人有点打哆嗦。小道尽头就是沿山公路,道路两边都是漂亮的别墅,风格各异，为海岸增添了不少亮色。

这里的海，多了浪漫，少了做梦的空间。对于来自东方的我们，明显有距离感，并不亲近。

四、马来西亚

相比之下，物价不高、机票便宜的马来西亚更富有吸引力，海水宜人、暖和。这里四季如春，海洋项目丰富、成熟，与海有关的玩法太多太新奇，更能抓住年轻父母的心。

孩子好奇的天性会让他们对一切新鲜的事物感兴趣，比如在海里游泳、浮潜、冲浪等，跃跃欲试的孩子很难让家长拒绝，最好的办法就是爸爸也参与其中，妈妈做好一切的安全措施带着孩子跟着。浮潜也是如此，家长带着孩子先参加培训班，大人和孩子都要认真听从教练指导，先在海滩浅水处进行简单的练习，等到稍为熟练以后才到大海里面体验。蔚蓝海水里，孩子看着旁边游来游去的热带鱼、五彩斑斓的珊瑚兴奋不已。尤其对于男孩子来说，这些户外的极限运动可以激发他们的男子汉气概，调动他们渴望探险的勇气。

有的海湾风浪很大，很刺激的海上运动项目也很多，如海上摩托艇、沙滩四驱车，甚至还有海面降落伞，不过这些活动的危险系数比较高，带孩子玩耍并不合适，不太建议年龄较小的孩子参与。

陪孩子去海边玩，和海水阳光沙滩亲密接触，实在是一件非常舒适和放松的事情，在开阔的大自然环境中，家长和孩子的天性得到很好的释放，在共同嬉戏、玩耍中增进亲子感情，同时增加与其他伙伴的沟通、交往能力，更好地适应群体生活。

然而欺山莫欺水，要注意的事情很多，最主要的就是要时时刻刻都看着孩子，以免疏忽，导致意外发生。

海边亲子旅行小tips：

①天气预报必须看，天气状况不稳定时，要避免到海边戏水或从事水上活动。

②要注意海水的浪头，建议先观察一下海浪再下水。

③不要在非游泳区游泳，不要尝试在不清楚水域状况的湖泊或海边游泳戏水。

④忌游泳时间过久，上岸后要注意保护皮肤，防止暴晒。

⑤忌饭前饭后游泳，酒后不能下海游泳。

⑥如果有海滩救生员，可以咨询一些注意事项，留意当地海域有毒的海上动植物。

另外，还要注意一些小细节：

带一条干毛巾，及时给孩子擦干身体或上岸时避免着凉；多准备一些矿泉水瓶子，事先在宾馆里灌好自来水带去海边，等在海边玩完离开海边时，用水给孩子洗洗手，冲冲脚和凉鞋，省得脚丫子里夹着沙子，走路时会不舒服；最好在第一时间给孩子擦干脸上身上沾着的海水，这样做一来是避免海水长时间停留在皮肤上，二来身上如果沾了一些沙子，也会感觉不太舒服，尤其是手上的沙子，要是揉进眼里就麻烦了。

火山与地热

(认识自然力量)

大自然对我们人类来说,永远充满了未解之谜,这也是它的魅力所在。这颗美丽的星球的形成和演变,对我们来说既是一个漫长的历史,也是一个恒久的探索过程。相对于宇宙而言,地球是渺小的。

学过自然科学的孩子都知道,地球内部拥有着足以毁灭地球一切的力量,比如说地震、火山爆发。不少家长在旅行的时候,经常会带孩子们去感受自然,去体验地球的奥妙之处,让孩子深入到自然环境中去感受自然力量,从而对大自然产生敬畏之情。

记得曾经有一部灾难片是取景于美国黄石国家地质公园的,火山喷发、地震的壮观场景给观众留下深刻的印象,堪称灾难大片之最。火山喷发出来的岩浆,形成的各种奇形怪状的火山石,规模宏大,给人以极大的震撼。2017年,我们到达了玻利维亚的国家地质文化公园,近距离感受活火山巨大的力量和壮丽。

玻利维亚是一个高原内陆国家,行驶在无论是首都街道还是国际过境公路上,都是一如既往的颠簸。进入乌尤尼后,我们就开始忘记柏油马路的样子,无论什么车,坐在上面都有开解放牌手扶拖拉机的错觉。

离开乌尤尼的天空之镜,我们彻底告别了人工智能世界,手机完全没有信号,司机基多的收音机罢工,反复播放的两张西班牙流行歌曲CD是仅有的娱乐设备,伴随我们在泥泞、颠簸的土路中向本次旅程的最高海拔处出发。

风景太美,地貌如此丰富多样,让我们忘了环境的恶劣。每每看到美景，贴心的司机都会停下车让我们拍照，在此期间还为我们准备了午餐和下午茶，吃完后不忘回收所有的垃圾并放回车内，我们也配合地帮忙整理。有时不得不感慨，文明与经济的发展程度无关，此次南美之行，无论在哪个国家，都发现当地人的卫生习惯极好，虽然房子简陋，基础设备落后，但道路、乡间什么时候都是干干净净的，随地丢垃圾的事情还真的没碰上。

汽车随山势上升渐渐到达海拔4600多米的玻利维亚国家地质文化公园，开始见到山上铺着的雪花，植被与中国完全不一样。乌尤尼附近巨大的仙人掌早已经不见踪影，许多从未见过的苔藓类植物渐渐多了起来，羊驼成群结队地在山间的河边、溪边悠闲漫步，时间在这里变慢了。

与智利接壤的国家地质文化公园里有大量的活火山，火山下的矿物湖里，美丽轻盈的火烈鸟惬意地在水里觅食。最让人激动的是亲密接触海拔将近5000米的火山口，从一个个或大或小的火山口里喷出的白色蒸汽，顺风飘来阵阵浓烈的硫磺味，自然的力量是那么惊心动魄。火山口

图8-2 玻利维亚国家地质文化公园火山口的白色蒸汽

之间有喷涌的火山泥浆池，沸腾状的泥浆鼓起一个又一个的泥泡泡。

孩子置身这样神奇的地貌当中，眼界大开。在这个奇妙的国家地质文化公园里面，能看到神奇独特的火山地热形成的泥浆喷射，令人敬畏的火山峡谷，宁静悠远的草原、湖泊、温泉等，孩子首次接触到一片如此原始神秘的地域，学到许多书本上学不到的地理地质知识。

由于高温，温泉中没有生物生存，或大或小如镜面般的温泉池，含有丰富的矿物质，在阳光的折射下，从内向外呈现出黄、绿、蓝、红等不同的颜色，特别像一块块巨大的镶嵌在金子中的宝石。雾气腾腾如仙境，吸引了许多不怕冷的游客在水里嬉戏。一个日本女孩换上泳衣，在0℃左右的温度中蹑手蹑脚地试水温，一不小心脚下一滑，整个身体失去平衡，一个倒栽葱丽地摔进温泉池里，引起池边池中的游客一片善意的笑声……

两国国境边上的活火山，也是海拔将近6900多米的雪山，几缕白云飘扬在山顶上，蔚蓝明净的天空成了衬托，只能说实景太壮美，每一幅都赛过《国家地理》杂志上摄影大师的巨作，像素再高的相机都无法替

图 8-3　玻利维亚国家地质文化公园的温泉

图 8-4　火山下矿物湖里的火烈鸟

代眼睛所看到的景象，也拍不出来那种感觉。

　　西藏的山与景被赋予了更多宗教和民俗的色彩，是一种取天地人三者融汇的圣洁之美。这里，纯粹就是地球天姿自成的素颜，天那么蓝，阳光很亮，雪山很美，火山依然在活跃状态，广阔的高原静谧地在天地间展开天然的无雕琢的瑰丽画卷，天空之下任何东西都会显得多余，地球的大美尽收眼底。

　　西藏的羊八井是一个奇妙的地热观赏点，它位于拉萨西北部念青唐古拉山下的当雄县羌塘草原上，是一个海拔4300多米的高寒地区。这里不仅有各种珍稀的动物，高耸入云的雪山、冰川，还有绿草如茵的草甸，是一个充满神奇和活力的地方。

　　开车沿着青藏公路去纳木错的时候途经羊八井，作为第一个地热开发试验区，已经建有热电站、地热温室和温泉浴室。羊八井地热发电厂在1977年10月开始投入运行，2007年已经累计发电21.3亿千瓦时，被誉为世界屋脊上的一颗明珠。如今的它，已经融入了周围的生态环境，成为一道山青、天蓝、水绿的高原美丽风景线。

　　来到羊八井，千万不要错过雪域高原温泉浴的奇妙经历。每天清晨，空气还比较寒冷的时候，地热田里弥漫着白色的雾气，巨大的蒸汽团从湖面冒起，如人间仙境。如果运气好，碰上热水井喷发，就可以目睹沸腾的温泉由泉眼冲向云霄的场面，波澜壮阔，分外妖娆。

圣洁的高原上，方圆40平方千米的地热区域绿草如茵，远处的珠穆朗玛峰隐约可见，碧绿的青稞一望无际，腾腾雾气从地面源源不断地袅袅升腾着，有经验的爸爸妈妈会和孩子在冒着热气的温泉里边放上几个鸡蛋，三五分钟便可煮熟，一家子在高寒的青藏高原剥鸡蛋，温热的食物下肚，这种体验难得珍贵。

来到羊八井不仅仅是观看景色，更多的是体会这里独特的人文宗教氛围，人与自然和平共处、共同发展的特殊韵味。

我们敬畏自然，也学会巧妙地利用自然资源为我们人类的生活增添更多的便利；但是我们也要与自然保持一个适度的距离，不要过度地去使用和破坏它，一旦失去了平衡，我们人类将首当其冲，受其反害。

自然有力量，力量非人力可至。火山与地热，无一不告诉我们，人类有多渺小。对自然永存敬畏之心，这也是我们让孩子通过所看所感形成的朴素的环保生存法则。

高热危险景区旅行小tips：

①一般火山附近都伴有地热温泉存在，注意温泉是否对外公共营业，不可私自下水。

②硫磺对呼吸道有一定的刺激作用，孩子呼吸系统发育并未完全，不宜在硫磺密集的地方停留太久。

③近距离参观火山要留意，保持安全距离，小心不要踩到蒸汽喷口，以免烫伤。

④在规定的范围里面拍照，以免被烫伤。

⑤不要让孩子离开你的视线。

⑥带上一些治疗烫伤的药膏以备用。

大地之理——彩虹谷的下午茶

(认识大地之理)

旅行,是我们在大地上的平面迁移。上天与入海,源自我们的不拥有,无法长时间涉足而产生的替补性渴望。

脚下有大地,是我们的依托,是我们的底气。大地之理谓之于地理,是关于我们生活的这片土地上的道理。大地无言,怎么会讲道理呢?实际上,不但会讲,而且这些道理还非常深刻地影响着我们的生活。

大地之理,古有《水经注》《徐霞客游记》,现有《说给儿童的中国地理》,简至方位,如东南西北,深到天文、气候、高山、水流,无一不与我们的生活息息相关。如果没有地理知识,就无法真正了解地球的奥秘,也无法深入研究人类赖以生存的地球环境。

教孩子学习地理知识,先让孩子建立空间观念很重要。大Z首先买几张地理挂图,一张世界地图,一张中国地图,一张广东省地图,分别挂在客厅和儿子房间,此外,我们还订阅了《中国国家地理》杂志;准备了一些有地形图、交通图、行政区划图的地图手册;平日里让孩子认识七大洲、四大洋以及四大河流;结合历史文明、重大历史事件、历史人物了解世界上主要国家的地理位置、经度和纬度;等等。旁敲侧击结合环境熏陶,孩子好像对学习地理知识也不太排斥。

有时,我也会和他懒洋洋地趴在墙边或者书桌旁,叽叽喳喳一边看地图一边研究。跟他说:"儿子,你看世界上最大的岛屿是格陵兰岛,那里生活着很多因纽特人,这个岛屿属于丹麦管辖!冬天的时候可以欣赏到极光，我们以后有钱了去看极光吧！"

Joas目不转睛地看着这个大岛屿，没有发表意见，对于老妈的惊人之语，孩子早就见怪不怪了。

"每年的七八月份，非洲的肯尼亚可以看见动物大迁徙！"我继续说，在世界地图上，跨越大洋去找非洲，我们找到了东非大裂谷和肯尼亚西南部的大草原。

我喋喋不休地说着，Joas就这样跟着地图认识国家，进行地理启蒙，增长知识的同时，激发了他对外面世界的好奇心，萌生了想去这个国家看看的美好愿望。

地图终究是"死的"，它所呈现的仅仅是一个平面的形状，而非立体的存在。很多时候，Joas会看着地图上的某个地方，好奇地问我："8 000多米的珠穆朗玛峰究竟有多高？"如果仅靠给孩子看地理书，孩子就可以足不出户认识世界，那只是天方夜谭。哪怕我给他讲一万遍，看一千遍纪录片，他顶多也是停留在觉得珠穆朗玛峰是世界最高的山峰的粗浅认知上。百闻不如一见，世界是真实的存在，是立体、多面的，让孩子真实地感受世界，那些艰涩的地理学专有名词、枯燥无味的数据才会在他脑海里鲜活起来。

大地在脚下，地气接通底气，旅行帮助我们把地图与地貌贯通起来，让理论与实践结合，让地理变得有趣、亲近，更有生活气息。

智利作为世界最狭长的国家，国土南北长4332千米，东西宽90~401千米，从北部的沙漠地带到南端的冰川极地型地带，景色各具特点。圣·佩德罗作为智利北部最壮观的景区中心地带，小镇只有几条风景尚算可以的土路街道，旅游业的过快发展，让这里的物价飞涨，但是它独特的地理位置使它成为智利必不可少的景点，阿卡塔马沙漠的星空、玻利维亚的天空之镜，以及火山温泉、沙漠滑沙、小盐湖等丰富的景色可供选择。

炎热干燥的阿卡塔马沙漠有一个彩虹谷，有三四千年历史的印加古代岩画遗迹，是印加古人向puchamama祈福的印记。从阿卡塔马沙漠

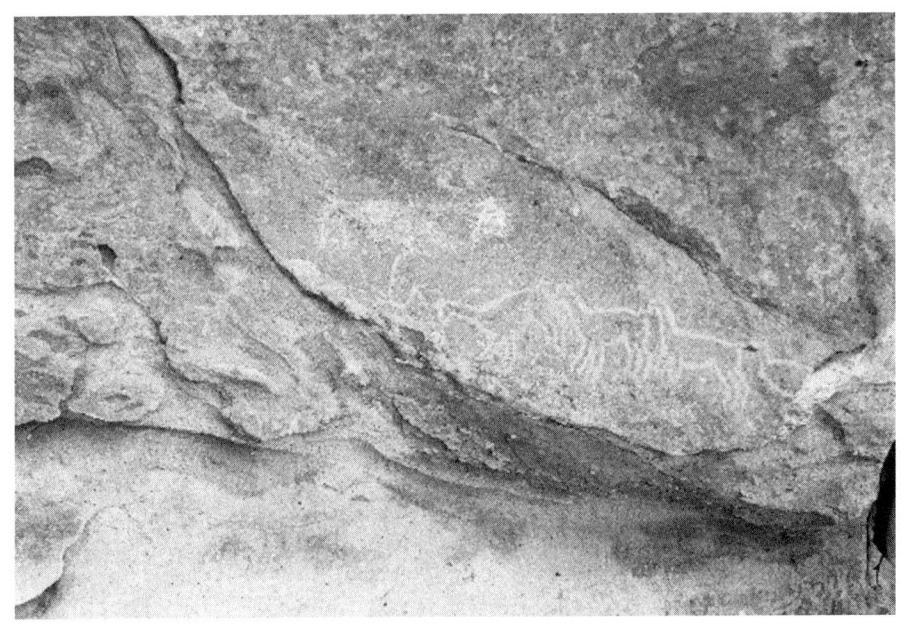

图 8-5　两三千年前的印加岩画

小镇去秘鲁的阿雷基帕的过境大巴是夜班车,我们有一个下午的空闲时间,为了打发无聊的炎热干燥,我们报了一个彩虹谷半日团,下午2:30出发,傍晚7:30把我们送到国际大巴车站。

南美旅游业比较成熟,参加了几个当地的旅游团,感觉服务相当到位,只要事前谈好细节,旅行途中司机和导游非常细心体贴,充分让游客放松身心游玩,绝对不会有强行带到某个指定购物点购物的行为。这个小型的下午旅行团只有8个人,除了我们6个人,另外的是一对智利的夫妻。司机年纪有点大,开的奔驰中巴很稳。导游是一个胖乎乎的中年女人,她估计才从别的团回来,没时间吃午饭,手上拿了个饭盒就来开工了。

沙漠公路蜿蜒深入世界的"干极"——阿卡塔马沙漠,世界最干燥的地区之一,在最好的情况下其降雨量也很少,而在最坏的情况下这里几乎没有什么降雨。

阿塔卡马沙漠为什么如此干燥呢?一部分原因在于来自南极的寒流

产生了很多的雾和云,但并没有降雨;另外一部分原因是东面的安第斯山脉就像一道屏障,挡住了来自亚马孙河流域可能形成雨云的湿空气。

但在这里却生活着100多万人。没有水,他们就用一张张稠密网幕,捕捉翻滚过山峰上的浓雾。浓雾在网表面凝聚成水滴,再用管道引来使用。他们凭借这种方法及从蓄水层中采集的少量地下水,种植橄榄、西红柿和黄瓜。而在高原上的人们则依靠高山雪水种植作物,放牧骆驼、羊驼。虽然没有亲眼看见神奇的蓄水方式,但人类非凡的生存智慧常常超出我们的想象。

夏天的沙漠非常干燥炎热,一开始还能看见一些低矮的沙漠小植物,慢慢地,海拔开始高起来了,偶尔还能见到一两只的羊驼。Joas一路无聊地研究路边两种羊驼的区别,时不时看一下植被,看到与中国的戈壁滩相似的植物也会分享一下。

汽车开始爬上高山了,道路越来越险,弯道越来越急,两边的沙漠广阔开远,一直延向无尽的天边。中午的太阳高高悬挂着,智利的狭长体型已经深入人心。

图8-6 智利彩虹谷

岩画遗址在路边，荒无人烟的一处空地上，突兀的有一片红如火的小山，买了门票以后我们跟着导游粗略地转了一圈。几千年前的印加人采用洞穴居住的方式群居，门口围上石头，红红的石壁上用石头刻画了日常的动物和人物图形，还有一些奇形怪状的人的纹路。印象最深的是猴子和一个盘腿席坐的巫师，体现了印加人祈求通灵和预知未知的愿望。

彩虹谷的山脉非常特别，可以清晰地看到山的纹理皱褶，导游认真地摊开随身携带的地图给我们上了一节地质课，讲解智利的地形，地壳运动及彩虹谷的形成原因，认识石膏、油尖石……

Joas和吉吉两位好学的孩子在各自爸爸的引领下进行了寻宝活动，瞪大眼睛，细心寻找，果然从地上的石头堆里找了不少石膏、油尖石、石英石等。专业的英文单词不太懂，查查百度，翻翻有道词典，跟着导游读一读，开心极了。翻过彩虹谷的小山坡，大家继续认真地观察山脉中的纹理皱褶，一层又一层清晰的岩层无声地诉说着大地的故事，钴、石膏、煌斑岩闪耀着绿色、蓝色、粉色和黄色，照亮了被遗忘的河道侧翼，大自然是一位神奇的画家，用不可思议的魔力创造了神奇的五彩画卷。

欣赏完独特的大地之画，回到奔驰中巴处，看见幽默的司机已精心准备好了下午茶，居然还有著名的国酒Pisco sour（当然小孩不能喝酒）！美妙的彩虹谷下午茶时光，我们喜悦地交流今天的收获并总结，对地球复杂的地质活动有了更深刻的认识，对智利这个地震多发国脆弱的地理形成条件也算是管中窥豹。这一场地质活动的短暂旅行如同多彩的岩石一样，升至记忆的空中，定格。

阿塔卡马沙漠还是星空爱好者、天文学家及冒险家的天堂。它拥有地球最干净的星空，空气干燥、没有云层、高海拔，造就了可怕的正午，也带来了几乎完全没有光污染、景色宜人的晴朗夜空。因为这里的条件太完美，欧洲南方天文台在此开设了两个基地：拉西拉天文台和帕瑞纳天文台。另外，在南半球能够观测到在北半球无法看到的天体，例如银河的中心部分。因此，在智利北部这片沙漠区域聚集着全球三分之一的天文基地。如果时间允许，参加晚上的观星团，没准可以像《来自星星的你》的都教授一样拍下一些美丽的星空图发发朋友圈。

充满地理元素的旅行，不仅仅可以开阔眼界，认识不同国家的地理地貌，还因为旅行总会遇到许多未知，也会遇到许多知道但是未曾亲身理解体会的直接经验，这比起间接从书本、电视、网络所看到的来得更打动内心，心灵的感受只可意会无法言传，视界的角度也会转化，他们将从自己的角度去体会眼前看到的世界，而不是他人强加的意识形态，有助于养成善于观察、乐于观察的习惯，培养孩子从小习得一种真正的地理精神。

有人说过这样一句话，"对于孩子而言，播种下一个行为就会收获一种习惯。形成一种习惯，就会收获一种性格。塑造一种性格，就会收获一种命运。要培养孩子对周围世界的观察力和好奇心"。旅行教育提倡玩中思、看中学，不要只简单地停留在风景的观光。家长在前期策划的时候要考虑可以开发什么项目使孩子提高对旅游目的地的观察与思考，更多地从"我为什么要来这个地方""我可以收获什么""我可以提升什么"的角度进行高层次的旅游并进行总结，这样的亲子地理旅行更有开展的价值。

地理元素旅行，让我们的五官都投入进来，看看地球上不同的自然环境，如火山、洞穴、沙漠、热带雨林、海洋等，不同自然环境下动物植物的生长。还有各个有趣的地理知识点，如山峰的高度、河流的长度、季节的差异、气温的不同、时差的秘密。

找寻不一样的亲子旅行方式，让地理"活"起来，而不是死气沉沉的地图、表格与数据。

野生动物园一二三

（动物养护）

看到同学家养的小狗，Joas特别羡慕，一放学，就不停地向我说同学小江家的狗有多神奇："妈妈，你知道吗？小江家的狗名字叫小米，可好玩啦！个子特别小，可以装在他妈妈的包包里。最厉害的就是它居然会游泳！"

"妈妈，小江家的小米做妈妈了，生了好几个小宝宝……"

"小江把小米的宝宝叫小卡，今天他妈妈接他的时候把小米和小卡都带来啦！妈妈，你知道……"

从小学一年级到六年级，同学小江家的狗一直是Joas热衷的话题，每每讲起他都眉飞色舞，向往不已。

可惜，我这个懒妈妈工作很忙，养个儿子已经很不容易，而且Joas有过敏性鼻炎，出于健康考虑，一直没能满足他的愿望。

小孩子们可能都会喜欢养点小动物，因为动物可以改善人的情绪，带给人们欢乐，宠物确实有助于孩子培养爱心、学会沟通、增强责任感。有关研究表明，在和动物的相处的过程中，人体内会分泌出一种激素，可以减缓压力、疏导情绪。能够有效提高孩子的社交承受能力，同时也能带给孩子较高的自尊感受。儿童常常把宠物当作好伙伴，特别是现在的独生子女家庭，孩子会经常与小动物说话，就像他们常与动物玩具交流一样，宠物是孩子秘密的接收者和分享对象。孩子与宠物一起分享内心的情感，这在很大程度上也弥补了平日孩子与父母缺少沟通的遗憾。

同时，宠物也提供了让孩子接触自然的机会，不自觉中给孩子上了一堂生动的教育课，了解到一个生物是如何成长、繁衍的。在这个过程中，孩子也学会了如何尊重其他生物，体会到动物和人类一样，也有喜怒哀乐，也会害怕孤独，也需要别人的关心。当孩子对动物有这样的心理的时候，那么他们看到街上的野狗或流浪的小动物，也会产生莫大的同情与关爱，而不容易出现粗鲁地对待和虐待小动物的行为。

但是当实际情况没办法满足这一愿望的时候，怎样帮助孩子建立和动物的沟通渠道，让孩子学会关注动物的生态并爱护动物呢？

去动物园看看动物表演？那些被禁闭在笼子里的动物，实在是毫无生趣的。城市的动物园，也不过是一个空间有限的、禁地型的动物空间，主人是人类，动物是待参观的附属品、展览物，动物也未处于真正自由的生存状态，捕食功能已被人类强行禁止，只能被动地等待饲养员的喂养，非常可怜。动物表演项目背后的动物的辛酸就更不用多说了。

如果不能亲自养动物，又不愿意去观看被人类强迫驯养的动物表演，不妨带孩子亲身感受一下野生动物园，在保证安全的状态下观察野生动物。

袋鼠和考拉是澳大利亚特有的野生动物。澳大利亚境内也有很多野生动物园。作为亲子游，带孩子逛野生动物园是必不可少的。

悉尼市郊的一个大型野生动物园，汇聚了世界最大的自然野生动物群，涵盖了280多种、总数达1700多只澳洲本土的野生动物，尤其园内拥有40多只考拉，部分可供游客近距离拍照顾或者抚摸，有些情况下需要付小部分的费用，有的情况下则是免费的。

动物园人很多，很多动物是自由放养的，大部分动物可以零距离与人类接触。绿色的孔雀在身边漫步，小袋鼠在林间的地上跳动。园内空气特别清新，环境很好，周围还有不少的纪念品店和咖啡店，累的时候可以坐下来喝杯咖啡，看看身边的动物与人类互动，我们觉得这里是人文气氛最好的一个野生动物园。

考拉园是全天开放的，照相也是免费的。我们手上有一台数码相机，这台小相机就成为Joas拍摄小动物的好帮手了。一个孩子的摄影没什么水平可言，但按下快门的声音让Joas感觉很自豪。

动物园里，小考拉躺在树上懒洋洋地睡大觉，他看了又看，非常兴奋："妈妈，小考拉太可爱了！"

"喜欢就给考拉拍张特写吧！"身为照相白痴的妈妈大胆地鼓励他。

小男孩把镜头对准树上可爱的考拉，变换着不同的角度拍摄着。这个时候，旁边一个工作人员仿佛看透了他的心思，转头从树上抱下一个小小的考拉，举到他面前，和蔼可亲地说："你来试试，抱抱它吧！"闻言，Joas激动坏了，眼睛发出了惊喜的亮光，他小心翼翼地把手伸过去，把小考拉紧紧地抱在怀里。懒洋洋的小考拉在转换怀抱的过程当中，稍微地睁开了一两下眼睛，手和脚也不情愿地挪动了一下，但是很快故态复萌——闭上眼睛睡觉去了。

第一次亲密接触考拉，抱着这么柔软而活泼的小动物，Joas虽然紧张，但眼中的光芒表明他处在一种狂喜当中。这个时候，我手中的数码相机发挥了巨大的作用，用录像功能把这精彩难得的一刻录下来，给他留下一些珍贵的回忆。当儿子万般不情愿地把小考拉还给动物管理人员后，赶快就把我手中的相机抢了过去，一遍又一遍地观看视频，不停地张合着小嘴巴絮絮叨叨向我介绍着当时的心情，再三地回味与考拉亲密接触的美好。看着他兴奋的样子，我知道澳大利亚悉尼动物园，特别是和小动物考拉亲密的接触，将成为他美好的回忆和怀念。

然而，当我们走到企鹅馆的时候，情况发生了一点变化。企鹅在炎热无比的动物园活得与我们想象的不一样。

"那只企鹅掉毛了，妈妈，快看！"孩子总能在第一时间发现新事物。

"还有那只热得都站在空调底下了！"Joas又发现了新大陆。顺着他手指向的地方，果然看到正在享受空调的小企鹅。

为了让生活在寒冷地带的企鹅更舒适，室内温度调得比较低，估计澳大利亚的夏天温度实在太高了，一部分企鹅在户外活动时还是出现了羽毛用脱落的情状。这对于自然生长环境里的企鹅是很不利的，企鹅身上短而宽，又很密集的羽毛用以减少摩擦和湍流；羽毛间存留一层空气，用以保温，有利于将皮肤和水隔开，让它在水里仍感觉温暖。一侧以及背部的羽毛突然开始掉落，它在寒冷环境中无法调节自身体温，皮肤也会直接接触到水，只能待在陆地上。

回到寄宿的家庭里面，我们与朋友分享了动物园的所见所闻，还特别提到企鹅掉毛的事情。朋友笑了，告诉我们，企鹅是地球上数一数二可爱的动物，种类很多，世界上约有20种。它们全分布在南半球，南极与亚南极地区约有8种，真正生活在南极的只有帝企鹅和阿德利企鹅两种。在炎热的非洲大陆南非，旅游城市开普敦也有企鹅。最重要的是，企鹅有换毛期，刚出生的时候他们身上的毛是棕色的，等到长大后棕色的毛会脱落，他们就变为成年的企鹅了。所以，我们在动物园看见的企鹅应该是换毛期的小企鹅。

看来，我们母子俩又闹了个大笑话。不过，对于生活在空调房间里的企鹅，我们还是觉得空间太小了，这样的动物生活太无趣了，动物们应该也觉得很郁闷吧。

我们的寄宿家庭在市郊的一个小山坡上，山坡下面就是一片森林，站在露台，远远就可以看到远处的太平洋，视野特别开阔。森林里有许多野生动物，袋鼠、笑翠鸟、松鼠，还有许多叫不出名字的，这些动物朋友经常会不邀而至，到访我们的庭院。

只要有空，屋主人和两个小女儿会叫上我们拿牛肉去喂笑翠鸟。我们对着森林大声地喊着："咕咕——咕咕——"鸟儿们很快就会飞来阳台的栏杆上品尝美食，我们不会经常喂养，怕笑翠鸟形成依赖。

野外的袋鼠其实有一定的攻击性，我们一般只敢远看不敢过度接近。当地人对动物也很爱护，开车时会避让动物，也没有人想着捕鸟烹饪羹汤，难怪动物们这么怡然惬意地生活在这里。在澳大利亚的40天里，我们体会到动物与人类的和平共处，人与自然的和谐。

真正的动物生活在自然中,想了解它们的最佳办法是在大自然中亲身观察野生状态的动物,但前提是保证安全。虽然不能触摸,不能太过接近动物本身,但是这才是真真实实生活在自然界的真实动物,这样的生活状态才是它原本存活在这个地球上的真实面目。相比城市中的野生动物园,在自然界中,我们只是访客,动物们才是主人。

野外探险练胆量

（户外生存与锻炼勇气）

对于英国探险家贝尔·格里尔斯（Bear Grylls），大家应该都不陌生。他曾因参加一档风靡全球的节目《荒野求生手册》而被大家所熟知，并被粉丝亲切地称为"贝爷"。像贝尔一样到野外去探险是Joas的一个心愿。

一个热带雨林就像一个星球，藏着许多未知等待我们去探索。从小生活在城市的儿子，在城市高高的大厦和美丽的珠江夜景中长大，男孩天生的好奇与对未知环境的向往让他渴望尝试一次真正的户外探险。一个10岁大的男孩和一对城市的"熊爸妈"，没下过田没种过地，更别说有多少户外生存技能，去哪里的热带雨林"探险"比较合适呢？

在世界地图前思索着，突然眼前一亮，我和大Z的视线都定格在一个美丽而且安全可行的探险目的地——尼泊尔。

奇特旺，全称为"奇特旺皇家国家公园"，位于尼泊尔南部拉伊平原的天然动物保护区，是印度和尼泊尔之间喜马拉雅丘陵地带中为数不多的未遭破坏的自然区域之一，也是世界上已经罕见的亚洲独角犀牛的栖息之地和孟加拉虎的最后藏身地之一。地处两个河谷之间的热带平原，占地面积932平方千米。东西走向的河谷在喜马拉雅山脉支脉西瓦利克山脚下，海拔150~760米之间，是全球唯一一个能在雨林看到喜马拉雅山脉的地域！

闭上眼睛想象一下，夕阳西下，在热带酒店的花园里泡上了一杯香浓的红茶，青翠的远山延绵到火红的天际，远方的喜马拉雅山脉若隐若现，雪山在夕阳的映衬下熠熠生辉，一切都显得那么平和；可是当你把目光再一转，旁边的纳拉亚尼河缓缓地流过，岸上正酝酿着一场"战争"，一头成年的大鳄和河马正在对视着，而一向自大的象群们若无其事地从他们身边走过；转过头，热带雨林旁边的小草原上，一只孟加拉虎正在追逐着一群水鹿……

行动派的我们准备了户外装备马上出发，在加德满都订好酒店和项目后坐七八个小时的大巴到达尼泊尔南部的奇特旺热带雨林。第二天一大早，导游伊索就开始让我们吃早餐，因为河边的独木舟已经在等了。一出酒店后门，便瞧见了一条长约8米的独木舟。整条小舟是用一棵大树干做成的，中间掏空，小木凳根据游客数量而摆放。

顺河而下，独木舟左右摇晃，保护区内人迹罕至，河水因连天的大雨而愈发浑浊。乘坐独木舟沿着纳拉亚尼河慢慢深入奇特旺皇家国家公园，人类活动的痕迹也随之慢慢减少。突然船夫指着约10米的水面肃穆地说："鳄鱼！"并用撑船的竹竿向四周指着。果然顺着竹竿的方向，我们发现独木舟已经被鳄鱼"包围"。不远处，一条长约3米的野生鳄鱼正在芦苇丛中潜伏！那榆树皮般的身体半露水面，让人心里发颤。

伊索告诉我们：河里有2种鳄鱼，一种嘴喙长，只吃鱼虾；而另一种就是我们刚才所见的Gharial鳄鱼，凶猛至极，村子里去年还有人被咬伤大腿。听到这，胆小的Joas吓得脸色都变了。他可是和爸爸上网查过的，知道生活在这里的鳄鱼属于沼泽鳄，它们最长可以长到4米，体重达到800斤，是无可争议的庞然大物。它们性情凶悍，会吃掉它觉得可口的一切东西，甚至生吞野牛幼崽和孟加拉虎。更有传闻说"二战"中一支400人的日本军队被困丛林，几乎全部被这群凶猛的野兽吃掉，只剩下20余人幸免于难。眼睛忙着环顾河岸，独木舟划至一个水流回旋的险滩，一条水蛇从小舟旁游过，一会儿又见另一种体型较小的鳄鱼潜入水中，心里可真是又惊又喜。

突然，Joas悄悄地拽了一下我的衣角："妈妈，我想尿尿！"

看了一下他的脸色，有点不对劲，跟平时活泼阳光的样子不同，看来近距离接触这么危险的动物还是让他感到害怕。

我们跟导游说了一下,船夫马上找了一个安全的小河滩把独木舟靠岸,小男孩飞快地解决自己的问题又上了小舟继续出发。

"儿子,怕不怕?等会说不定还会遇到老虎和河马哦!"

"男子汉大丈夫,我是小贝尔,就算害怕我也能坚持!我还要去看犀牛和河马呢!"

是的,勇敢不是不害怕,而是害怕后还会坚持去做。关于这个问题,我与孩子的爸爸有着一样的答案——勇敢,是另一种成长,就算害怕了,这也是他的人生经历,经历就是成长,能帮助孩子提高应对逆境的能力,促进自我认知,提高孩子的自我价值感、决断力和毅力。我们量力而行就可以,但不提倡瞎逞能。

摇晃间,我们把小舟泊好,开始进入原始的热带雨林。向导伊索开始讲安全注意事项:丛林中野生动物多,要保持安静,紧跟不要掉队,特别有可能遇到老虎,要冷静后退千万别掉头跑,那相当危险!忐忑中"怕死"的我和Joas非常乖巧地紧跟在向导身后。寂静的丛林里,伊索一边用木棍开路一边低声讲解,哪些是大象的脚印,哪些是老虎和犀牛的痕迹。看来在丛林中生存不容易啊!

这里也是鸟类的天堂。数不清的鸟类栖息于此,爱鸟人士一定可以在这里大饱眼福,只是请带好高倍望远镜和超长焦镜头,不然你只能匆匆一瞥它们的身影。

丛林中闷热非常,不时有蚂蟥、红蚂蚁和不知名的虫子袭击我们,精心准备的各种户外装备作用不大。向导也时不时停下,屏息凝神倾听各种声音和闻空气中的味道:"这是老虎的味道!"不会吧,还真有老虎啊!大家顿时严肃起来,忽然树上传来声响,我们吓去了半魂,发现是几只黄色的猴子,真是虚惊一场!不过想想,老虎怎会从天而降呢!须臾间,眼前又晃过一群梅花鹿,真美的生灵,眼睛灵动,体态轻盈,那奔跑的姿态飘逸之至!在全身湿透的几小时丛林探险中,还是没有直面虎威,多少有点失望。大Z安慰我:一只成年虎约需50平方千米作为活动区域，所以是很难见到它们的，道理虽然明白，但心里失落啊！虎虎虎！既盼望遇见，又希望别遇见，这种矛盾重叠的忐忑在一整天的丛林探险中一直伴随着我们。

渡过小河，我们看到一群野牛渡河，河边的草原上边有一群美丽的白鹭。正在欣赏白鹭之时，伊索通过望远镜看到了独角犀牛！犀牛是"近视眼"，看不清远处的东西，虽然是食草动物，但性格乖张，脾气暴躁，如果认为侵犯了它的领地，会毫无征兆地突然发起攻击，属于危险动物。要知道犀牛是体型第二大的陆生哺乳动物，仅次于大象，奔跑时速能达到40千米/小时，冲击力极大。众人保持安静悄然靠近，哦！犀牛黑褐的牛皮可真多皱褶，这家伙正享受它的凉水澡哩！旁边还有一只未长出角的小犀牛，萌萌的，就在不远的地方洗完澡慵懒地晒着太阳，对我们的到来不闻不问。

在奇特旺河里给大象洗澡也是一件新鲜事。

说是给大象洗澡，其实应是大象给我们洗澡才对。骑在象背上，象不停地用鼻子向我们喷水。象鼻如高压水龙头不时从前面和左右两侧向我们喷水，不一会儿便全身深透。Joas第一次与大象亲密接触，兴奋不已，不停地让大象用鼻子给他洒水。大Z骑的那头象特调皮，故意把他甩到河里，这下可好，此人干脆一个深潜，悠然自得地游起泳来，把我们逗乐了。

换好干爽的衣物后，我们开始骑大象继续向丛林深处进军。骑象真不舒服，一颠一颠的，茂密的枝叶时常挡住去路，这时象鼻就充分发挥了作用。只见象鼻往上一伸，极快一卷，再扭，树枝咔嚓应声而断，真是厉害。下午的雨林经常下雨，雨越下越大，冲锋雨衣仅能遮住大半个身子，裤子和鞋袜全湿透了。但是看到已经变成一个水人的儿子，几缕湿湿的头发贴在稚气的小脸上，小小的人儿一点没叫苦没叫累在雨水中坚持的样子，我心里暗暗为他骄傲：看来儿子比我这个娇气的妈妈能吃苦！

"野猪！"，Joas与大Z同时喊了起来，可惜等我反应过来，连野猪尾巴都没见到。遮天蔽日的雨林的确是下雨的野林，骑乘大象到丛林里面寻找野生动物也许是最佳的选择了。骑在象背上让你有了一个更高的视野，绝对比在地面能更好地观察雨林中的一举一动。相比喧闹的吉普车和徒步者，野生动物也更适应大象的脚步声。然而，这次依然没看到梦寐以求的犀牛，只看到了几只躲在丛林深处的梅花鹿和在树梢上的恒河断尾猿。

从热带雨林回来后，儿子又投入了紧张的足球训练中。虽然不知道这次探险让他胆子变大了没有，究竟勇敢系数提升了多少，但这肯定是一次难得的经历。野外近距离与野生动物接触，真正让孩子接触自然，不知不觉中孩子上了一堂生动的自然教育课，使他了解原始自然环境中不同的生物是如何成长、繁衍的。

孩子的勇气并非与生俱来，在很大的程度上需要父母后天的培养。胆怯也是不勇敢的一种表现，是一种常见的心理反应，是人类本能的一种防御反应，目的是为了保护自我。作为一个男孩子，如果胆怯过多过滥的时候，就显得不大对劲，需要家长给予引导。

其实很多时候，我们都低估了孩子的能力，家长认为周围所处的环境危险，整天担心孩子害怕，但是实际上孩子是可以面对的。对于男孩的个性培养，堵不如疏，保护好孩子的做法是让他摸爬滚打跑跑跳跳，鼓励孩子向困难挑战，放开他的手脚，鼓励他大胆去面对。如果出于保护的目的过于担心或疼爱孩子，不敢放手尝试，会让孩子失去磨炼胆量和心智的机会。

想要培养孩子的勇敢和大胆尝试，请放手让孩子去做事，不要过多地对孩子束手束脚甚至包办。同时还要适当鼓励，当孩子遇到困难的时候，父母耐心地给予安慰和鼓励很重要。过多的爱，如害怕孩子摔伤，害怕孩子会受到挫折，害怕孩子磕到、碰到，害怕孩子心理会受到影响，使孩子很容易认为周围的环境都是危险的，有类似惊弓之鸟的感觉，这样的孩子怎么可能会勇敢呢？

你想要收获一个勇敢的孩子，那必须要让孩子在面对困难、面对危险的时候，尝试自己去解决。当他真的是没有办法解决，甚至难度和危险度超出了他能承受的范围，家长也要给予必需的支援。学习使用接纳、鼓励、示范的教育方法，在大自然的引导与启发下，用最简单有效的陪伴式成长增进亲子关系，以全新的视角重新认识孩子和自己。

愿我们都拥有一个勇敢的孩子。

不可错过非洲动物大迁徙

(走进动物世界)

这是一个柔软的午后,阳光透过树叶的缝隙洒在狮子身上。

大雨洗刷过的马赛马拉,天空湿润而青蓝,远方的天际斜挂着神奇的双彩虹。除了刚刚喷洒出来的光影和间或飘过来的凉风,谁也不敢接近树荫下休眠的狮子。比邻汽车的发动机还是吵醒了呼呼酣睡的狮子,狮子夫妻很不耐烦地张开大嘴,伸颈环视四周,藐视了汽车里的我们,散漫地站起来往草丛走了几步,有点想交配的意思,但很快又消停下来倒头入睡,估计观众太多还是影响了它们的兴致……

说起非洲的马赛马拉,就会想起狂野浩瀚的动物大迁徙,在赵忠祥老师低沉浑厚的声音解说的《动物世界》里,肯尼亚是很神秘的——

"雨季过后,马赛马拉大草原空气中飘荡着荷尔蒙,又到了动物们交配的季节。成群结队的角马、斑马越过马拉河,迁徙到牧草更丰盛的地方,非洲狮子俯卧在草丛中,等待最佳的捕猎时机……"

而在我们的眼里,肯尼亚是这样的——

——夏天,嗯,天太冷了,容我烤个红薯吧!

——狮子!嘿,塞车呢,慢慢挪上前看吧。

——看原始部落?没问题,每人先给部落交20美元的门票再说。

——中国人,还有没有清凉油?

位于非洲东部的肯尼亚,赤道横贯中部,东非大裂谷纵贯南北。这里原是英国的殖民地,所以当地官方语言是英语,货币为先令。被誉为"非洲巴黎"的首都内罗毕位于埃塞俄比亚的高原上,物价很高,塞车严重。在广州热得不行的时候，7月的肯尼亚气温居然很低，真是感觉来到了非洲避暑，夜晚的野外才几摄氏度，每天都得穿上冲锋衣。

非洲旅游价格不菲，坦桑尼亚规定每位旅客每天最低消费220美金以上，肯尼亚略便宜一点。为了省钱，我选用"大撒网"的政策：

第一网：先从海量的肯尼亚官方旅游网上搜索了排名靠后的50个旅行社，编辑好行程用电子邮件海量发送（一定注明可以接受的价格范围）。

第二网：统计回复邮件的旅行社，筛选出合意的、价格相近的旅行社进行第二次细节沟通，确定价格、车型、酒店和行程，特别留意在肯尼亚和坦桑尼亚交接的旅行社。

第三网：敲定旅行社，签署合同和预付款项的比例，转预付美金。

繁琐的前期工作完成后，坐上埃塞俄比亚航空的飞机，就完全进入牙齿巨白的黑人兄弟的势力范围。东非的黑人五官比较耐看，身材高挑，特别能侃，见谁都一番海聊，往往都是头次见面的人硬生生聊出了相见恨晚的错觉。

省钱的后果就是车很破——一辆时不时要自助修理的尼桑Minibus。天线断了，干脆撇断不用！车门梁松了，绳子固定一下！车尾的保险杠断了，睿智的司机兼导游朱利亚斯用电焊修好了！一点不影响我们的行程！这辆"神车"外表虽破，胜在车里宽敞，天窗开阔。当我们在坦桑尼亚坐上豪华的丰田陆地巡洋舰的时候，在狭小的车厢里无比怀念肯尼亚那辆破旧的Minibus！

Minibus还有一个优点，开起来赛过拖拉机，动静大是当然的，时不时还会蹦跳一下，颇有过山车加海盗船的体验！司机技术很好，喜欢超车，真是要颠到胃抽筋，非洲国家公园的土路让专业的防尘口罩顷刻倒出泥土来。在我们变成"土豆"的时候，马赛马拉终于到了！

一直以为，肯尼亚马赛马拉大草原是非常神秘的动物世界，到这才发现，我们被屏幕误导了，我和Joas总结了一下——

①马赛马拉河有凶狠的鳄鱼和河马，大迁徙的角马经过这条河的时

候，会被鳄鱼或河马咬死！的确如此，但这种千载难逢的画面不是人人可以看到的！（反正我们没看到）很多时候，鳄鱼吃一顿就可以好久不再进食，尤其是大迁徙季节食物充沛，鳄鱼面对河里的死尸（角马溺水或者摔伤或者爬不上对岸）已经完全无动于衷了。岸上蜂拥的游客大呼小叫，各种长枪短炮外加手机"咔咔"拍个不停，一点神秘感都没有！

②马赛马拉草原早已开发过度，早出晚归看动物大迁徙，坐个"飞的"完全可以做到！早上，从首都内罗毕坐最早的班机直接进入马赛马拉草原腹地的简易机场，优哉游哉看完动物迁徙，下午四五点钟又可以搭乘最晚的一班飞机任性地离开！

③草原人满为患，还会塞车！遇上非洲五大动物，必定看到一大堆车挨挨挤挤地排长龙，喇叭是不可能摁的，司机们素养都不错，大家都能礼让。狮子、豹子、大象、秃鹰等近在咫尺，对于每天骚扰他们的"直立动物"熟视无睹，懒洋洋地该干啥就干啥。

④国家博物馆只有动物标本，很多很多鸟类标本，人文资料几乎没有！几万年前的非洲村落依然存在于如今的非洲大地，看到如此简陋的国家博物馆，刚从埃及享受文物盛宴的我们感到非常失落！

⑤马赛部落的人一点都不原始！虽然物资贫乏，但生意头脑不差！参观村落每人20美金不说，但凡公路损坏想要借道村前的小道，总会有一根简陋的木棍拦着，一两个的马赛男人就守着要买路钱，大有"此树我栽，此路我开"的气概。不过收钱的态度不错，交钱的气色也尚好，看来已是由来已久的潜规则了。

离开马赛马拉，我们前往肯尼亚南端的安博塞利动物保护区。

安博塞利动物保护区靠近坦桑尼亚，已经进入旱季。荒芜的大地干旱寂寞，看不见马赛马拉那般生机勃勃的景象了。这里也有不少的角马和斑马，但身上沾满了灰灰的土，估计是天热又缺水，角马没有在荒原上傻傻地横冲直撞，漫无目的来回奔跑了。大象们倒是无所谓，他们选择一片草丰水美的洼地过着自己的小日子。在旱季，这么一块有水有草的地方是多少动物以血肉之躯全力拼搏的奋斗目标啊！

为了保护生态环境，动物保护区全是土路。司机朱利亚斯的Minibus开得飞快，土路后面扬起漫天尘土。对面若是有车过来，仿佛置身沙尘暴中，伸手不见五指。等尘埃落定之时，帽子、衣服和睫毛都落上一抹黄，N95的口罩不到几个小时全变成黄褐色。

天气又干又热，路况糟糕，景致也雷同，大家有点昏昏欲睡。偶尔会遇到几个在保护区放牧的孩子，这些马赛孩子光着脚丫，手里拿着一条又细又长的木棍追赶着羊群，一整天都在外面奔跑着。对他们来说，水和食物是奢侈的。朱利亚斯见到这些放牧的孩子，总是很体贴地降低车速，从车窗抛出几瓶矿泉水和一些水果，孩子们总能身手敏捷地接住，并用当地语言致谢。有了一两次，我们也开始有样学样，拿出自己的水和食物分给牧童们。

在偌大的安博塞利开了2个多小时，我们终于在夕阳的照耀下到达位于保护区内的酒店。打开房间落地的门窗，迷人的非洲第一高峰乞力马

图8-7　恩戈罗恩戈罗火山口

扎罗静静地矗立在白云底下,让人满心欢喜。夜晚,仰望非洲的星空,长长的银河横跨天际,微凉的风中隐约传来马赛歌手们高亢的歌声,窗外的鸟儿也不再叽叽喳喳,大地开始进入梦乡了。明天,我们就要离开肯尼亚,从陆路入境坦桑尼亚,到世界自然和文化遗产——恩戈罗恩戈罗火山口继续动物世界之旅了。

进入坦桑尼亚,气温更高了,道路两边的植物枯黄枯黄的,地面上的草皮早已枯萎无法食用,难怪动物们每年都要冒着巨大的生命危险长途跋涉,前往遥远的马赛马拉度过旱季了。从坦桑尼亚的边境城市阿鲁沙到恩戈罗恩戈罗自然保护区约100千米,但要对接坦桑尼亚方的旅游公司,所以经历了等待和走走停停,下午才到保护区内。

恩戈罗恩戈罗自然保护区是国家天然动物园。保护区以恩戈罗恩戈罗火山口为中心,面积约8.1万平方千米,最高点海拔2135米,直径约18千米,深610米,形状像一个大盆,"盆底"直径约16千米,"盆壁"陡峭,面积达315平方千米,是世界第二大火山口,素有非洲伊甸园之称。这里也是非洲野生动物最集中的地方,在火山口内260平方千米地面上,估计约有30 000只动物,其中有50多种大型哺乳动物,包括狮子、大象、犀牛、河马、长颈鹿、猴子、狒狒、疣猪、鬣狗及各种羚羊,200多种鸟,包括鸵鸟、野鸭、珍珠鸡等。该火山口是整个东非野生动物世界的缩影。[①]

车开了一会儿,我们看见路边有3只狮子正在打盹,司机把车停在旁边,车上没有一个人敢说说话。动物之王就在车窗外不到3米的地方躺着,近距离接触让人既紧张又兴奋。Joas不断拿着相机和手机给狮子一家三口拍着特写。小狮子最可爱,时不时回眸看看我们,眼里是对人类的蔑视还是无可奈何?不得而知,反正大家各自安好,维持着安全的距离。

时间接近傍晚,Joas往远处一指,大家顺着方向一看,一只狐狸正

---

① 来自百度百科。

在偷鸟蛋，鸟妈妈发现了，尖叫着飞过来，用尖尖的嘴巴拼命啄狐狸。可惜双方的力量太悬殊，狐狸还是得逞了，鸟妈妈悲怆地绕着鸟窝一圈一圈地飞着，久久不肯离去……

在火山底部绕着大圈，时间一点点在随着落日消逝。突然许多车辆都在加速度往一个方向开去。前面有什么情况？人多车多肯定有好戏，这是在非洲观看动物得出的经验。原来，我们遇上难得一见的猎豹捕食。离路边十来米的草丛中，一只成年的猎豹耐心地潜伏在高高的荒草里，它的目标是一只落单的小羚羊。早就听说猎豹腿长，身体瘦，脊椎骨十分柔软，容易弯曲，像一根大弹簧一样，奔跑速度极快，跑起来的时候前肢和后肢都在用力，身体在奔跑中一起一伏，线条极健美，我们都伸长脖子等着它的出击。

猎豹一步一步在挪近小羚羊，它非常小心，不时观察身边的情况，尽量尝试不让猎物发现它。虽然奔跑速度快，但耐力有限，最多只能坚持3分钟左右，它能全速奔跑的距离也就大约几百米，所以它会在离猎物足够近的时候才开始突然发动攻击，以提高成功率。猎豹开始跑起来了，可是小羚羊也很机警，好像忽然感知到会有危险发生，居然在猎豹起跑的同时也朝着羚羊群跑去。小羚羊速度很快，体型优美又善于躲避，它不断地急转弯，转变着自己的方向，几分钟过后，它成功地脱险了，猎豹这次出击失败了。灰溜溜的猎豹无功而返，但又不死心，继续在羚羊群附近转悠，我们也开着车跟着它，感受动物世界的残酷。

生存不易，动物世界每天都发生着厮杀，不是你死就是我亡，强者胜，弱者亡。为保持平衡，不同种族的生物各有使命，强者数量少，而弱者依靠数量来延续种族，这就是生存法则。

两国动物世界的探秘之旅，虽然与预期有一定的落差，但东非动物大迁徙依然是旅行爱好者一生不可错过的风景。肯尼亚比起坦桑尼亚，旅行愉悦度和服务质量方面还是要高一些。相比两国的经济和旅游设施，如果只能选择一个国家欣赏动物大迁徙，那就肯尼亚吧。

蔚蓝的天空，彩虹依旧，成群的粉红色的火烈鸟，翩翩的白鹭，在静谧的博格利亚湖上起舞,犀牛夫妻在黄昏暮恋;安博塞利的大象、长颈鹿,正在悠闲地漫步,旱季的草原时不时卷起若干的小龙卷风,所过之处吹起淡淡的灰土墙;马赛马拉草原,则上演着血色黄昏,无数角马和斑马渡河而过,与鳄鱼展开一场厮杀……

欣赏动物大迁徙tips:

①非洲国家安全系数较低,白天尽量不要到偏僻的地方,晚上不要外出。

②听从司机和导游指挥,在保护区内不能随意下车,注意和动物保持安全距离。

③草原上蚊子很多,紫外线强,注意带防晒和驱蚊用品。

④动物保护区路况差,烟尘滚滚,多带点防尘口罩。

⑤早晚温差大,防寒衣物不可少。

⑥旺季的团费千差万别,特别是在景区中心和外围的酒店,直接影响团费,选团时一定要咨询清楚,讲清细节。

⑦马赛马拉附近有许多马赛人的村落,参观是要另外付费的,真要想参观,可以考虑非景区的村落,会便宜一点。

参考文献

1. 赵昱鲲.自主教养：焦虑时代的父母之道［M］.北京：科学技术出版社，2017.